Anna Hofacker (Hg.)

EIN 10/33 LEBEN

Ehrliche Geschichten von gelebter Barmherzigkeit

Eine Hommage an das Mögliche

GerthMedien

Der Verlag weist ausdrücklich darauf hin, dass im Text enthaltene externe Links vom Verlag nur bis zum Zeitpunkt der Buchveröffentlichung eingesehen werden konnten. Auf spätere Veränderungen hat der Verlag keinerlei Einfluss. Eine Haftung des Verlags ist daher ausgeschlossen.

FSC www.fsc.org MIX Papier | Fördert gute Waldnutzung FSC® C018236

Zum Schutze der in diesem Buch erwähnten Personen wurden einige Namen geändert.

1. Auflage 2024
Bestell-Nr. 821045
ISBN 978-3-98695-045-3

Umschlaggestaltung: Andreas Sonnhüter · grafikbuero-sonnhueter.de
Umschlagmotivfotos: Nico Stolz
Lektorat: Ellen Fritsche
Satz: Uhl+Massopust, Aalen
Druck und Verarbeitung: Dimograf
Printed in Poland

www.gerth.de

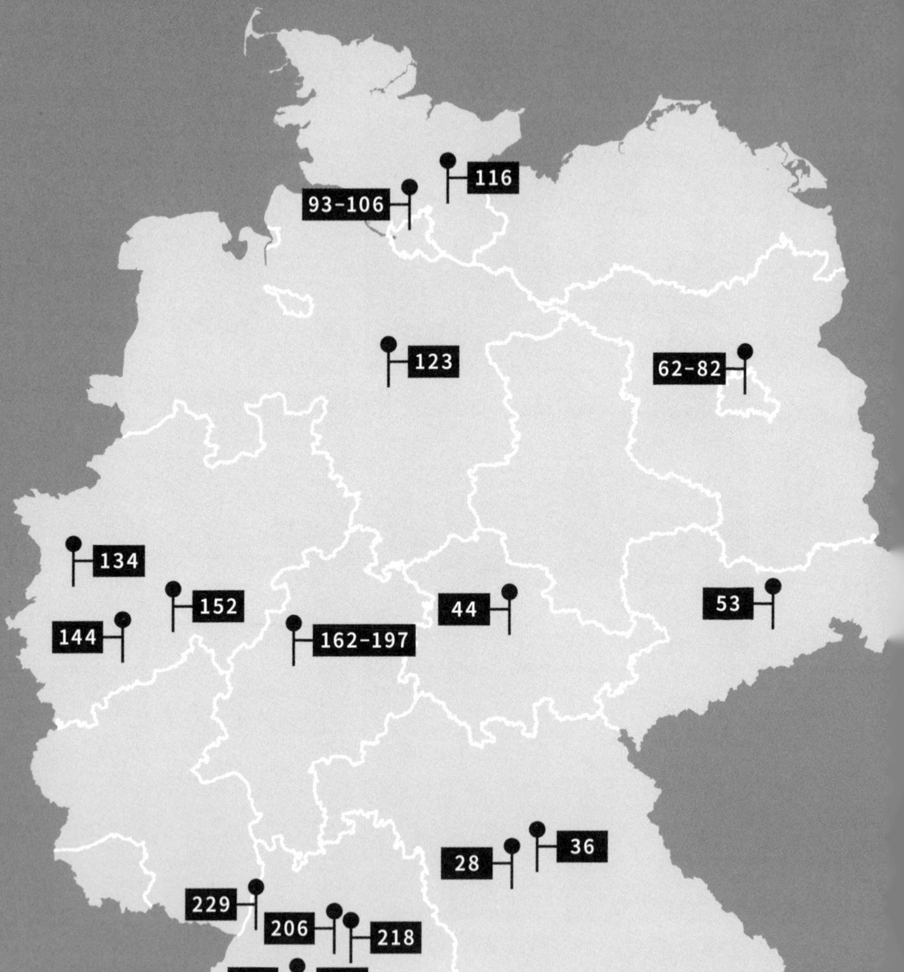
116
93-106
123
62-82
134
152
144
162-197
44
53
28
36
229
206
218
12
242
252

INHALT

HINSEHEN

DRANBLEIBEN

„Ein Mensch ging von Jerusalem nach Jericho hinab und fiel unter Räuber, die ihn auch auszogen und ihm Schläge versetzten und weggingen und ihn halb tot liegen ließen. Zufällig aber ging ein Priester jenen Weg hinab; und als er (ihn) sah, ging er an der entgegengesetzten Seite vorüber. Ebenso aber kam auch ein Levit, der an den Ort gelangte, und er sah (ihn) und ging an der entgegengesetzten Seite vorüber. ***Aber ein Samaritaner, der auf der Reise war, kam zu ihm hin; und als er (ihn) sah, wurde er innerlich bewegt;*** und er trat hinzu und verband seine Wunden und goss Öl und Wein darauf; und er setzte ihn auf sein eigenes Tier und führte ihn in eine Herberge und trug Sorge für ihn. Und am folgenden Morgen zog er zwei Denare heraus und gab sie dem Wirt und sprach: Trage Sorge für ihn! Und was du noch dazu verwenden wirst, werde ich dir bezahlen, wenn ich zurückkomme."

Lukas 10,30-35 (ELB)

Wände und Wege

Dieses Buch ist eine **Hommage an das Mögliche**! Ich bin der Meinung, dass man Fragen aus zwei Perspektiven stellen kann. Zum einen aus der Sicht des Möglichen und zum anderen aus der Sicht des Unmöglichen.

Ich möchte meine Zeit mit dem Möglichen verbringen. Selbst dann, wenn ein Vorhaben zunächst unmöglich erscheint. Wo es leichter wäre, still zu sein, möchte dieses Buch eine Antwort geben. Und um eine gute Antwort geben zu können, benötigt man die richtigen Fragen.

Fragen zu stellen, ist meiner Meinung nach eine unterschätzte Form der Kommunikation. Dabei ist es ein wunderschöner Ablauf von Suchen und Finden. Nicht nur über den Antwortenden, sondern genauso über den Fragenden kann der bloße Satzinhalt dabei viel Aufschluss geben.

Ob dein Gegenüber deine Gedanken versteht, entdeckst du oft daran, welche Fragen es dir stellt. Was die eigene Meinung deines Gegenübers ist, entdeckst du ebenfalls an seinen Fragen.

Es ist dabei nur ein feiner Unterschied in Form von zwei Buchstaben, ob ich eine Frage stelle oder mein Gegenüber *in*frage stelle. Ob ich wissen möchte, was jemand kann oder was er oder sie nicht kann. Oder, um den Kreis zu schließen, was möglich ist und was unmöglich scheint.

Die Antwort eines Möglichmachers lesen wir in der Geschichte des barmherzigen Samariters. „Ach, die habe ich ja schon tausendmal gehört", denkst du jetzt vielleicht. Ja, bestimmt, ich auch. Mark Twain soll auf die Aussage „Es gibt so viele Stellen in der Bibel, die ich nicht verstehe", geantwortet haben: „Mir machen eher die Stellen Sorgen, die ich verstehe." Ist es nicht ironisch, dass wir die Stellen, die wir vermeintlich am besten kennen und meinen, verstanden zu haben, häufig am wenigsten ernst nehmen?

Gehen wir doch einfach mal kurz mit dem Samariter seinen Weg entlang und stellen uns vor, wie die Geschichte womöglich stattgefunden haben könnte: Er steht morgens auf und packt seine Taschen. Wasser, Snacks und vielleicht noch eine Kopfbedeckung. Heute wäre es vermutlich das Dreiergespann Schlüssel, Handy und Geldbeutel. Dann macht er sich auf den Weg. Knappe vierzig Kilometer und damit ungefähr acht Stunden Day-Trekking oder auch die Länge eines Durchschnitt-Arbeitstags liegen vor ihm. Da sieht er unterwegs einen Mann, gebeutelt von seinen Umständen. Unfreiwillig ist dieser in eine Situation gekommen, in der keiner gerne ist. Abhängig von Hilfe. Der Samariter muss sich mit der Frage auseinandersetzen: Ist es mir möglich zu helfen oder ist es mir unmöglich? Der Samariter hilft dem Mann schließlich auf sein Reittier und gibt ihm damit eine Perspektive in der Perspektivlosigkeit. **Er begegnet Abhängigkeit mit Versorgung.**

Kurze Zeit später kommt der Samariter mit dem Mann bei einer Herberge an, wo die beiden Unterstützung erfahren. Obwohl der Samariter jetzt nicht mehr allein zuständig ist, bleibt er noch eine Weile an der Seite des Mannes und kehrt am nächsten Morgen, nachdem er sichergestellt hat, dass seine Anwesenheit nicht mehr benötigt wird, wieder zurück auf seine Route. Zurück in den Alltag.

Schön, oder? Helfen kann so einfach sein!

Offensichtlich ist es das aber nicht. Es gibt genug Hürden, die „einfach helfen" erschweren. Unsere Agenda ist voll, unsere Ressourcen erschöpft und wäre der Samariter „vernünftig“ gewesen, hätte er die zwei Silberstücke für Futter für sein Reittier und nicht für einen fremden Mann ausgegeben.

Doch es gibt in der Geschichte auch noch zwei andere Personen. Sowohl der Priester als auch der Levit sehen den Mann, bieten jedoch keine Hilfe an. Vielleicht haben sie, als sie die Not gesehen haben, mental erst einmal ihren Terminkalender gecheckt. Wollten die vermeintliche Verantwortung nicht auf sich nehmen oder ihren sicheren Abstand zur Not des Mannes nicht aufgeben. Auf jeden Fall entschließen sich beide, den Verletzten zu meiden.

So, dann schlagen wir die Kinderbibel mal wieder zu und nächste Woche geht's dann weiter mit der Weihnachtsgeschichte.

Schließlich ist das nur eine nette Bibel-Geschichte, oder?

KEIN GRUND ZU GEHEN

Es ist Sonntag, und ich stehe wie so oft im Eingangsbereich einer Gemeinde. Der Gottesdienst ist vorbei und verschiedene Gesprächsrunden formen sich. So auch der Kreis an Menschen, in den ich mich eingegliedert habe. Viele meiner Gesprächspartner kenne ich schon lange, man merkt, dass jeder sich wohlfühlt. Die Gespräche sind nett. Der eine redet über seinen geplanten Toskana-Urlaub und der nächste fragt, ob jemand wisse, ob ein *Skoda Fabia* ein gutes Auto sei. In dieser Situation befindend bemerke ich, wie sich ein junger Mann mit in unseren Kreis stellt. Er lächelt in die Runde und sagt zunächst nichts.

Seine Augen schauen erwartungsvoll in den Kreis von Leuten, die sich nun alle etwas hektischer bewegen. Ehe ich realisiere, was gerade passiert, sehe ich einen nach dem anderen aus dem Kreis verschwinden. Der eine muss noch was holen, ein anderer will sowieso schon lange gehen. Alle verlassen nacheinander das Gespräch und der junge Mann bleibt allein zurück. Er weiß selbst, dass er es schwer hat, Teil einer Gruppe zu werden. Mit einer leichten Behinderung und seinem etwas speziellen Aussehen passt er einfach nicht ins Bild.

Ein Bild, in dem sich inzwischen nur noch er und ich befinden. Ehrlicherweise suche ich in meinen Gedanken auch schon nach einem guten Grund, die Situation zu verlassen. Okay, ich muss nirgends hin und es ruft auch keiner meinen Namen, zu dem ich verschwinden könnte. So stehe ich ihm gegenüber und spüre, wie in meinem Herz etwas passiert.

Ein Riss entsteht. Ich spüre einen Schmerz über diese Situation und frage mich: **Warum war Gemeinschaft ein Exklusivrecht für die, mit denen es scheinbar easy ist? Warum ist es nicht möglich, auch Gespräche zu führen, die außerhalb der Komfortzone liegen?** Apropos Komfortzone, inzwischen habe ich festgestellt, dass ich mich mit meinem Gegenüber hervorragend über Kreativität unterhalten kann.

In dieser Situation bewegt sich nicht nur etwas in meinem Herzen, sondern auch in meiner Erinnerung. Ich erinnere mich daran, dass ich ein paar Jahre zuvor in Gesprächen mit der gleichen Thematik konfrontiert war.

ANIN UND DAMIN

Ich sitze im Frühjahr 2016 auf der Couch meines Bruders Damian. Ich nenne ihn fast nie bei seinem richtigen Namen, bei mir heißt er „Damin" und ich bin für ihn „Anin". Diese Spitznamen haben nur wir für uns beide. Wir reden über die Lebensabschnitte, in denen wir uns aktuell befinden. Er hatte gerade mit seiner Frau seinen ersten Sohn bekommen und ich würde in ein paar Monaten meine Jugendliebe heiraten. Es ist ein total ehrliches Gespräch zwischen Geschwistern.

Obwohl, oder gerade, weil er zehn Jahre älter ist als ich, gibt er mir immer gute Ratschläge – ob ich sie hören will oder nicht. Am Ende hat er sowieso meistens recht. Den besten Rat gibt er jedoch in Glaubensfragen. Seine authentische Art, nichts schönzureden und doch begeistert über und von seinem Glauben und der Freude, die er dadurch hat, zu erzählen, ist beeindruckend. Seine und meine Art zu reden, sind sehr ähnlich. Das Herz auf der Zunge zu haben und in jedem Fremden einen Freund zu sehen, ist uns irgendwie beiden immer ein Herzensanliegen.

Kurze Zeit später heirate ich die Liebe meines Lebens. Es ist ein wunderschöner Sommertag.

Was mein Bruder und ich jedoch nicht wussten: Es würde unser letzter gemeinsamer Sommer sein. Im Frühjahr des darauffolgenden Jahres verstarb mein Bruder Damian bei einem Verkehrsunfall. Der Abend, an dem ich den Anruf erhielt, ist nur noch bruchstückhaft in meiner Erinnerung. Und genau ab diesem Zeitpunkt habe ich auch für eine lange Zeit (und an bestimmten Tagen heute immer noch) nicht mehr Teil einer Gruppe sein können.

Die Gruppendynamik, die von Smalltalk und locker-fröhlichen Gesprächen getragen wurde, ist durch meine anhaltende Trauer gestört worden. Entweder ich fühlte mich unwohl und fehl am Platz, oder die anderen taten es. Und da ist genau das geschehen, was auch an besagtem Sonntagnachmittag der Fall war: Menschen gehen. Sie gehen Gesprächen aus dem Weg. Beide Geschichten sind Samaritergeschichten. In einer musste ich mich entscheiden, ob ich den am Rand Liegenden versorge, in der anderen war ich diejenige, die verwundet am Wegrand lag. Ich denke, dass sich jeder Einzelne früher oder später in beiden Situationen wiederfindet.

Ganz genau hier möchte ich mit dir reinzoomen. **Wir sehen, dass der Alltag von dir und mir voll mit Samaritergeschichten ist. Dass wir alle auf unserem Weg sind und uns entscheiden können, ob wir weiterlaufen oder stehen bleiben.** Aber Achtung! Dieses Buch dient nicht dem Zweck, dir ein schlechtes Gewissen zu machen, wenn du an all jene Situationen denkst, in denen du hättest helfen können. Hier wirst du keinen erhobenen Zeigefinger oder Appell finden, dich nun endlich um alles zu kümmern. Nein, dieses Buch ist keine Erinnerung an etwas, das du wahrscheinlich schon, seit du denken kannst, eingetrichtert bekommen hast.

Ich denke, dass wir viel zu oft aufgelistet bekommen, was schlecht ist. Was wir nicht sollten oder was sich nicht gehört. Ich möchte mit dir, wie am Anfang schon gesagt, aber über das Mögliche sprechen. **Ich frage dich nicht, wogegen du bist, sondern wofür.** Denn wenn ich dich frage, „Bist du gegen Ausgrenzung?“, ist deine Antwort vermutlich „Ja!“, und das Gespräch ist zu Ende. Lasst uns daher viel lieber zielführend überlegen, wofür wir sind. Ich kann mir schon denken, dass wir gegen Armut sind, aber sind wir auch dafür, gerecht zu teilen? Und was ist überhaupt gerecht? Kommt darauf an, auf welcher Seite man steht.

Und genau hier beginnt der Dialog. Hände werden einander zugestreckt. Dann wird es egal, auf welcher Seite man ist, denn jeder braucht irgendwann eine helfende Hand. Doch wer macht den Anfang? Wer streckt „einfach so“ die Hand hin? Und warum sollten wir das tun? Als sinngetriebene Gesellschaft brauchen wir einen guten Grund hinter dem „Warum“.

Und genau hier beginnt das *10/33 Leben*. Der Samariter hatte nicht einfach einen guten Tag oder sonst nichts zu tun. Er handelte auch nicht aus Moral oder Etikette heraus. Der Grund seines Handelns und das „Warum“ erfahren wir in Lukas 10,33 (ELB):

„Aber ein Samaritaner, der auf der Reise war, kam zu ihm hin; und als er (ihn) sah, wurde er innerlich bewegt[.]"

BAM! Und damit sind wir mitten im Thema.

Die äußere Bewegung war eine Reaktion der inneren Bewegung. Ein „Kippschalter" wurde betätigt, der so entscheidend ist, und den wir dennoch oft als Nebensatz überlesen. Auf den nächsten Seiten gehen wir ganz praktisch der Wahrheit auf den Grund, die sich in genau diesem einen Vers zeigt. Eine Wahrheit, die das Potenzial hat, Leben zu verändern. Alles beginnt mit einer Bewegung.

Reihenfolge der Bewegung:
Die Reihenfolge der Abläufe in dem Gleichnis betrachte ich als einen Schlüssel. Nicht nur der Zustand des verletzten Mannes verdient dabei genaues Augenmerk, sondern genauso der des Samariters.

Zuerst lesen wir, dass der Samariter selbst bewegt *war,* und erst dann, dass er den Verletzten bewegt *hat.* Das spielt eine entscheidende Rolle. Bevor wir das Herz, die Situation oder die Not eines Gegenübers verändern können, muss die Veränderung in uns selbst stattfinden.

Tiefe der Bewegung:
Der Ausdruck, der für uns im deutschen Bibeltext mit „innerlich bewegt" übersetzt wird, wurde im griechischen Ursprungstext mit dem Wort „σπλαγχνίζομαι" (gesprochen: splag·khni´zo·mai) ausgedrückt. Dieses Wort beschreibt ganz wörtlich ein tiefes Bewegtwerden im Inneren, das Zusammenziehen des Herzens oder ein Umdrehen der Gedärme. Das dazugehörige Substantiv zu diesem Verb ist „σπλάγχνον" (gesprochen: splag·khnon), was die inneren Organe, wie die Eingeweide, Magen, Darm und Herz bezeichnet. In der

ursprünglichen Wortwahl und Bedeutung wird also die beschriebene Kraft und das Ausmaß dieser innerlichen Bewegung deutlich, die den Samariter zu seiner äußerlich sichtbaren, kraftvollen Bewegung führt.

Kraft der Bewegung:
Das Samaritergleichnis besitzt auch über den biblischen Horizont hinweg große Bekanntheit und steht allgemein für die Motivation, anderen zu helfen. Dass Helfen grundsätzlich gut ist, stellt kaum einer infrage, doch wie bereits erwähnt, klärt sich erst hier das „Warum". Es steht im Gegensatz zu einer reißerischen Rede eines rhetorisch starken Motivationscoachs, der uns mit „Du bist der Unterschied!" und „Let's make the world a better place!" unsere Handlungsmöglichkeiten aufzeigen will. Jesus macht in seinem Aufruf klar, dass nachhaltige Nächstenliebe in uns selbst anfängt. **„Let's make your *heart* a better place!"** könnte man als Slogan wählen, jedoch nicht zu verwechseln mit dem oftmals viel oberflächlicher dahergesagten Rat, „Wir müssen auf unser Herz hören." Jesus selbst wird oft mit demselben Ausdruck für den bis in die Tiefe gehenden Schmerz beschrieben, den die Not eines anderen in uns selbst auslösen kann, und ermutigt uns in der Folge darauf zu handeln. Damit zeigt er damals wie heute, dass es um viel mehr und tiefer geht als um handlungsbasierten Aktivismus. Erst, wenn wir Not unser Herz erreichen und verändern lassen, können wir daraus im Äußeren etwas bewegen. Diese Anteilnahme ist meiner Meinung nach die schönste Form ehrlicher Verbundenheit.

Wenn du möchtest, mach doch folgendes Experiment mit mir. Schließe gleich für einen Moment deine Augen und überlege, was dir in den Sinn kommt, wenn ich dich frage:

Welches und wessen Leid hat dich das letzte Mal innerlich bewegt? Okay, ready? Dann Augen zu und zehn Sekunden Brainstorming.

Da du weiterliest, nehme ich mal an, du hast das Experiment durchgeführt oder übersprungen, beides ist völlig okay. Wenn dir etwas eingefallen ist, kannst du es gerne hier an den Rand der Seite schreiben, damit du es am Ende dieses Buches noch weißt.

In einer Welt, in der vieles übersteuert und Dopamin in Massen produziert wird, ist es gar nicht mal so leicht, auf diese oft leisen Impulse zu hören. Ich habe selten von jemandem gehört, der sagte, dass sein Herz angeschrien wurde. Innerlich bewegt zu werden, da, wo das Herz berührt wird, passiert meistens ganz leise. Man kann fast sagen, vorsichtig und *mit Gefühl.*

In einer Welt von Selbsterfüllung und Selbstverwirklichung umgibt uns eher Ich-Gefühl als Mitgefühl. Gefühle zu haben, ist zwar überall präsent: Frei fühlen, gut fühlen, sich selbst fühlen – aber *mitfühlen*?

Hat nicht jeder schon genug mit sich selbst zu tun? Und wenn wir mal von uns wegschauen, werden wir dann nicht von Weltschmerz und Ungerechtigkeit gehemmt? Ganz genau! Und weil genau das zu oft passiert und wir dringend mehr füreinander als gegeneinander brauchen, gibt es dieses Buch. Hier machen wir uns auf die Suche nach der unfassbar großen Kraft, die darin liegt, sich verletzlich zu machen und in dieser vollen Welt einen Platz im Herzen dafür offenzuhalten, sich berühren zu lassen. Genau hier können wir die unbändige Kraft des Mitgefühls erleben.

Wir sind nicht nur berufen, etwas zu bewegen, sondern auch dafür gemacht, innerlich bewegt zu sein. Weil es das

Englische besser auf den Punkt bringt: **We are not only called to move, we are made to be moved.**

To be – zu sein. Wie oft überlegen wir, was wir tun möchten, und wie selten, was wir sein möchten? Dabei heißt es doch barmherzig *sein* und nicht barmherzig *tun*. Ich ermutige dich deshalb, barmherziges Handeln nicht als etwas zu sehen, dass du *tun* musst, sondern Barmherzigkeit als etwas zu begreifen, was du *sein* möchtest. Denn bevor deine Hände *tun*, will dein Herz bewegt *sein*.

In mir drin war es, nachdem ich innerlich bewegt wurde, an besagtem Sonntagnachmittag in dieser Gemeinde, nun nicht wirklich „herzig". Da war eine Wut in meinem Bauch, die quälende Enttäuschung über die Ignoranz von Menschen, zu denen ich mich auch oft genug selbst zählen kann, und die Oberflächlichkeit in unserer Gesprächskultur. Ich nahm mir die utopische Aufgabe vor, eine Antwort oder vielmehr eine Lösung für diese Missstände zu finden. Also tat ich das, was ich sowieso gerne und oft mache: Ich redete.

Ich führte unzählige Gespräche und erhielt daraufhin manche fragenden Blicke, viele zuckende Schultern, zustimmendes Nicken und liebevolles Zuhören. Letzteres von einer Frau, die für mich Vorbild wurde. Sie sagte mir, nachdem sie mir eine Weile zugehört hatte: „Menschen ignorieren etwas nicht aus Aggression, sondern aus Überforderung. Sie nehmen sich aus der Verantwortung, um nicht zu scheitern. Sie trauen sich selbst nicht zu, mit der Situation umgehen zu können." Ich dachte viel über dieses Gespräch nach und es bewegte sich wieder etwas in meinem Herzen.

Dieses Mal war es nicht Wut, sondern Mut.

Mut ist Wut, die in den Spiegel schaut. Im wahrsten Sinne des Wortes. Sei es der Spiegel der Gesellschaft, der eigenen Grenzen und Möglichkeiten oder der des Gegenübers.

Wut reagiert destruktiv und baut Wände. Mut zeigt sich konstruktiv und sucht Wege. Du weißt ja inzwischen, dass ich lieber Wege als Wände wähle.

Um einen gesunden Weg zu finden, müssen wir uns jedoch den Wänden bewusst sein. Ein *10/33 Leben* bedeutet nicht, naiv zu sagen: „Daumen hoch, das klappt schon!" Nein, es bedeutet, trotz hartnäckiger Wände ein weiches mitfühlendes Herz zu behalten. Am Ende des Buches werden wir mit den Erfahrungen, die wir dann gesammelt haben, geeignete Möglichkeiten gefunden haben, mit den folgenden drei „Wänden" umzugehen:

1. Wand: Aus Liebe retten lohnt sich nicht

Es klingt simpel und doch ist sie eine hartnäckiges Stück Mauer. Die Liebe. Besser gesagt, die Liebe in *Aktion*. Der Mensch liebt von Natur aus als *Reaktion*. Reaktive Liebe hat eine Begründung und funktioniert als Erwiderung. Aktive Liebe hingegen ist bedingungslos. Der Samariter hilft dem Mann, ohne eine Gegenleistung dafür zu bekommen. Auf Dauer ist diese bedingungslose Liebe für uns Menschen jedoch nicht ohne Weiteres möglich.

2. Wand: Die Welt kann uns nicht retten

Wir leben oft in einem Widerspruch zwischen der Anwesenheit von Freude und Leid, Krieg und Frieden. Die gleiche Menschheit, die Atombomben baut, möchte Krebs heilen. Das nennt man die Dualität der Menschen. Der Begriff „Dualitas" (lateinisch für „Zweiheit") beschreibt die beiden Gesichter unserer Ideologie. In einem Alltag zwischen Zukunftsängsten und Hoffnungsschimmern, Krisen und Chancen, den Überblick und vor allem die Ausdauer zu behalten, ist eine extreme Herausforderung.

3. Wand: Wir können nicht die ganze Welt retten

Das dachten sich bestimmt auch der Priester und der Levit aus dem Gleichnis. Diese Einstellung führt jedoch dazu, dass Potenzial nicht genutzt wird. Die Angst, nicht **jedem** gerecht zu werden, hindert uns an dem Dienst für den **Einzelnen.**

Dieses Phänomen kann auch als „Engelskomplex“[1] bezeichnet werden. Die unrealistischen Ansprüche an unser eigenes Handeln nehmen uns den Antrieb. Engelsgleiche Perfektion, die nicht erreicht werden kann, führt zu Resignation. Oder anders formuliert: Weil wir es perfekt niemals schaffen, tun wir lieber gar nichts.

Diese (Ein-)Wände haben vielleicht recht, jedoch keine Berechtigung, uns davon abzuhalten, etwas zu bewegen. Denn nun folgt auf die Theorie die Praxis. Alles Wissen der Welt bringt nichts, wenn es keine Situationen gibt, in der wir es einsetzen können. Leben passiert in Anwendung. Doch wie kann eine Geschichte von einem überfallenen Mann, der auf einem Reittier ins Wirtshaus gebracht wird, Aufschluss darüber geben, wie ich heute Ungerechtigkeit begegnen kann?

Meine eigenen Grenzen waren mir inzwischen bewusster denn je, doch ich entschied mich dazu, dem Ganzen auf den Grund zu gehen. Der erste Schritt war in meinem Fall, eine Initiative zu gründen. Ich gab ihr den Namen *sick of pretending,* was auf Deutsch „leid sein, so zu tun als ob“ bedeutet. Ich wollte mit aller Kraft nicht mehr so tun als ob, doch was wollte ich denn stattdessen tun?

Um das herauszufinden, habe ich Losgeher, Vorbilder und Macher gesucht. Dieses Buch ist das Ergebnis davon. **Ich habe mich auf die Suche nach den Samaritergeschichten der heutigen Zeit gemacht. Zahlreiche Menschen haben mir gezeigt, wie und warum sie Wege gefunden haben.** Jeder und jede Einzelne in einem anderen Gebiet und auf einem anderen Weg. Damit wurde dieses Buch selbst zu einem Weg. Einem innerlichen Weg hin zu Gott und seiner Idee von Gemeinschaft – und das auf einem Weg einmal quer durch Deutschland.

Wir beide gehen zusammen auf eine Reise! Überrascht? Um zu starten, brauchst du zunächst nur eines in deinem Koffer: Ehrlichkeit. Ehrlichkeit zu dir selbst und zu anderen. Du wirst Geschichten von dreißig „ganz normalen", unperfekten Menschen lesen und das aus den unterschiedlichsten Themenbereichen. Und hier kommt deine Ehrlichkeit ins Spiel. Sie alle sprechen über ihre persönlichen Herzensthemen, aber damit müssen diese nicht automatisch zu deinen werden. Kilometer für Kilometer und Seite um Seite wirst du merken, wie der Wunsch nach Veränderung in dein Herz einziehen will. Welche Veränderung das ist, kannst du am Ende selbst entscheiden.

Sei ehrlich zu dir selbst. Das ist mein großes Anliegen. Wirklich. Ich wünsche mir wirklich so sehr, dass wir aufhören, so zu tun als ob. Dass wir weder sagen „Ich kann das nicht!", noch „Ich muss das tun!" Damit befinden wir uns in der richtigen Balance zwischen Resignation und Perfektion. Dort fühlen wir uns wohl, tätig zu sein.

Ach, wie gern würde ich jetzt mit dir auf einer Couch sitzen! Dich nach den Wänden und Wegen in deinem Leben fragen. Weil ich dich wahrscheinlich nicht persönlich kenne, geht das nur leider nicht so leicht. Trotzdem lade ich dich ein, es dir jetzt so richtig gemütlich zu machen. Lehne dich zurück und genieße die Fahrt. Ich erzähle dir, wie ich auf Sofas und an Küchentischen gesessen oder in Straßenvierteln und an Seen spazieren gegangen bin. Immer auf der Suche nach dem Möglichen. Ich freue mich so sehr, dich mit auf diesen Weg zu nehmen. Dabei gehen wir gedanklich Schritt für

Schritt mit dem Samariter mit. Wir folgen seinen Etappen: **Zuerst geht er los, dann sieht er hin und schließlich bleibt er dran. Dieses Verhaltensmuster begleitet uns durch die Kapitel von Menschen, die ein 10/33 Leben führen.** Geschichten, die zeigen, wie viel wir bewegen können, wenn wir uns innerlich bewegen lassen.

Bist du bereit? War jeder noch mal Pipi? Sitzt die Playlist und haben wir an 'ne Pulle Wasser gedacht? Also eine, die nicht seit fünf Wochen im Kofferraum hin- und herrollt? Ja? Na, dann kanns ja losgehen.

Ich drehe den Schlüssel im Zündschloss, setze den Blinker der Neugier in Richtung Abenteuer und suche den Schleifpunkt der Gesellschaft. Okay, genug Metaphern. Mein Weg startet südlich von Stuttgart über die A81 und A6 nach Nürnberg. Das waren übrigens die letzten Autobahnauskünfte, denn nördlich von Frankfurt ordne ich die deutsche Autobahn-Infrastruktur nur noch nach „linke Strecke, viel, rechte Strecke weniger Stau" ein. Oder wars andersrum? Wir haben ja Zeit. Genau eine Woche, um genau zu sein. Ich schaue auf die Uhr, es ist 8:30 Uhr. Und damit ist es Zeit, das zu tun, was du, indem du dieses Buch in den Händen hältst, schon getan hast: Es ist Zeit, loszugehen.

In den Geschichten, in denen die Autorinnen und Autoren in diesem Buch von anderen Menschen erzählen, wurden deren Namen aus Personenschutzgründen geändert.

GEHEN

Daniela Mailänder

In der Nähe von Nürnberg bin ich mit Daniela (Jele) Mailänder verabredet. Diese Route ist zwar rein geografisch sinnvoll, doch während ich die kleine Straße in das Wohngebiet abbiege, bemerke ich, dass keine Person besser an den Start der Tour gepasst hätte als sie. Jele ist „Anfangs-Expertin". Ich parke am Straßenrand und hänge mir meine Tasche voll mit Fragen um.

Kurze Zeit später stehe ich mit einer Tasse Tee in der Hand in Jeles Küche. Während sie die Kartoffeln in Viertel schneidet, spricht sie euphorisch über die Zukunft der Kirche – hier verbinden sich Alltag und Pioniergeist in einer Handbewegung. Sprudelnd vor Ideen könnte sie vermutlich ein Hochregallager mit ihren Gedanken füllen. Sie befasst sich mit zahlreichen Initiativen, in denen es darum geht, neue Wege zu finden, um das Morgen von Gemeinschaft, Glaube und Kirche zu gestalten. Dabei geht Jele unglaublich ehrlich und liebevoll vor. Trotzdem lässt sie es sich nicht nehmen, auch mal Klartext zu sprechen. Starker Rücken, weiches Herz – eine Mischung, die mich neugierig macht. Eine Abenteuerfrau, die zwischen Berggipfeln, Schreibtisch und Kirchenbänken unterwegs ist, steht vor mir und grinst, während sie schon zum nächsten Schritt der Essenvorbereitung übergegangen ist und mir mit einem Leuchten in ihren hellblauen Augen aus ihrem Leben erzählt:

DEN EIGENEN RHYTHMUS FINDEN

Ich bin unglaublich gerne in Bewegung. Draußen in der Natur, mit meinen Gedanken oder mit Menschen, die Freude daran haben, etwas zu bewegen. Das „Abenteuer Leben" macht mich dankbar. So sehr, dass ich tatsächlich jeden Abend an meinen zehn Fingern abzähle, wofür ich dankbar bin. Doch trotz, oder vielleicht sogar gerade wegen der Liebe für Bewegung, gehe ich immer wieder zurück in die Ruhe. Ich fokussiere mich und komme bei mir selbst, meiner Seele und meiner Herzheimat an. Ich habe gelernt, Jesus, der in mir lebt, zu begegnen, und mich immer wieder auf ihn auszurichten. Gott ist mittendrin. Wenn ich Berge erklimme oder durch Täler schlürfe. Ob ich laut bin und meine Stimme erhebe oder beobachte und zuhöre. Alles hat seine Zeit. Eine Zeit, zu der ich immer einen Wecker gestellt habe, ist zwölf Uhr mittags. Dieser Wecker erinnert mich daran, dass der Gott, der mir am Morgen einen neuen Tag schenkt und dem ich abends die Gedanken über diesen hinlegen kann, auch mitten im Trubel des Alltags komplett am Start ist. Ich staune immer wieder über die Kraft, die ich aus diesen Gedankenroutinen schöpfe.

Staunend zu bleiben und mit Neugier und geöffneten Augen durchs Leben zu gehen, ist mir in meinem Glaubensleben genauso wichtig, wie einen sicheren Rückzugsort, Routinen und Rituale zu etablieren.

DAS GEFÜHL VON VERÄNDERUNG

Nachdem ich in meinen ersten Berufsjahren als Dekanatsjugendreferentin eine Jugendkirche mit aufbauen durfte, habe ich erlebt, wie wichtig es ist, ein gesundes Wachstum in Projekten zu fördern. Im Bereich Kirchenentwicklung arbeite ich inzwischen bei der *FRESH X* Initiative *Kirche Kunterbunt* und bei der *ELKB M.U.T* mit. In beiden Projekten werden neue Wege für innovative Ausdrucksformen von Kirche gebildet und gefördert. Außerdem arbeite ich für den *CVJM Landesverband Bayern.*

Für ein gesundes Wachstum braucht es einen gesunden Start. Einen Start, der von Faszination, Mut und Unzufriedenheit beflügelt wird. „Moment, Unzufriedenheit?!“, denkst du jetzt vielleicht. Ja, ich denke, dass es eine „heilige Unzufriedenheit“ gibt. Einen Schmerz, den man über die eigene Situation oder einen Zustand im eigenen Umfeld spürt. Einen

Frust und das dringende Gefühl, etwas ändern zu wollen, unterstützt von der Faszination und dem Träumen von dem, wie es sein könnte. Da ist eine Freude, die einen überkommt, wenn man nur daran denkt, was durch Veränderung alles möglich sein könnte. Und dann kommt ganz konkret der Mut dazu.

Das Problem ist oft, dass sich Mut manchmal weniger wie Mut, sondern mehr wie Angst anfühlt. Jeder Aufbruch hin zur Veränderung oder in die Wildnis, wie ich sie gerne nenne, bringt immer auch ein Stück Unsicherheit mit sich. Doch wenn wir im Bild der Wildnis bleiben, ist diese Unsicherheit in Veränderungsprozessen gar nicht unbedingt etwas Schlechtes. Die Unsicherheit lässt dich wachsam werden. Gerade bei Veränderungen ist es wichtig, ganz genau hinzuhören, was gebraucht wird, und Details nicht außer Acht zu lassen, sondern genau hinzuschauen. In die Wildnis der Veränderung zu gehen, ist kein Spaziergang, doch es lohnt sich. Es gibt unglaublich viel zu entdecken.

Zieh dir gute Wanderschuhe an, pack dir genug Proviant ein und suche dir gute Begleiter. Menschen, mit denen du lange Strecken zurücklegen kannst. Dein Veränderungswunsch kann dabei ganz unterschiedlich sein. Ich begleite die verschiedensten Pionierprojekte und manche der Gründenden würden sich gar nicht als Pionier oder Pionierin bezeichnen. Es sind Menschen wie du und ich, die aus der heiligen Unzufriedenheit heraus einen neuen Weg einschlagen. Sie wagen sich hinaus in die Wildnis. Oft ist es die „Struktur-Wildnis" oder die „Unverständnis-Wildnis", fernab der „Das-haben-wir-schon-immer-so-gemacht-Zivilisation".

In meinen verschiedenen Arbeitsbereichen liebe ich es, genau diese Menschen zu begleiten. Menschen, die nicht mehr so tun wollen „als ob" und die leidenschaftlich um Veränderung ringen. Zahlreiche Herzen, die bewegt wurden und nun etwas bewegen wollen. Oft schütteln die Leute um sie herum die Köpfe und hinterfragen den Sinn hinter ihren Ideen. Umso mehr geht mir das Herz auf, wenn ich sehe, was passiert, wenn sich im Alltäglichen durch das Wirken eines „Trotzdem-Machers“ Türen öffnen. Das müssen nicht immer Kirchentüren sein, auch Kneipentüren sind bestens geeignet. Ein Teamleiter einer großen Automobilfirma hat zum Beispiel erstaunt festgestellt, dass er Gott eher in seiner Lieblingskneipe beim Bier erlebt als sonntagmorgens im Gottesdienst. So hat er begonnen, immer donnerstags zu „Bibel und Bier“ einzuladen. Die Freunde, zu denen er früher in den Hauskreis gegangen ist, haben nur mit dem Kopf geschüttelt.

Oder die Familie, die, nachdem in unmittelbarer Nähe Geflüchtete untergebracht wurden, den eigenen Konsum infrage gestellt und die Nähe zu ihren neuen Nachbarn gesucht hat. Der Vater der Familie hatte eine innere Unzufriedenheit und ging über die Straße, um Hilfe anzubieten und Nächstenliebe zu zeigen. Aus den Unterhaltungen mit Händen und Füßen entstanden ein ganzes Nachbarschaftsnetzwerk und Patenschaften für geflüchtete Familien, obwohl viele zuvor kritisch eingestellt waren.

Ein anderes Beispiel ist die Pfarrerin, die in einer kleinen Landgemeinde aktiv ist und der eines Tages blitzartig ein Gedanke kommt: Anstatt sonntags nach dem Gottesdienst zum Kirchencafé einzuladen, würde sie lieber mit einer italienischen Ape, einem dreirädrigen Rollermobil, mittwochs auf dem Dorfplatz mit wem auch immer einen Espresso trinken. Der Dekan hat nur den Kopf geschüttelt und gemeint, sie könne das schon machen, wenn der Gottesdienst am Sonntag nicht zu kurz käme. Das kam er nicht.

BALANCE FINDEN

Darauf, dass nichts zu kurz kommt, muss auch ich in meinem Leben achten. Das sage ich dir ganz ehrlich. Trotz meiner Euphorie muss ich gesund mit meiner Zeit haushalten.

Ich lebe in einem Lebensabschnitt, in dem ich zwei Berufungen habe und keine soll unter der anderen leiden. Ich habe ein riesiges Löwenherz und bin leidenschaftlich berufene Mama von drei wundervollen Kindern. Unsere Kinder und die Zeit, die ich mit ihnen verbringen kann, stehen für mich an erster und vorrangiger Stelle. Daher zieht es mich im Zweifelsfall immer hin zu meinem Dienst als Mama. Außerdem bin ich Ehefrau von einem großartigen Ehemann. Meine zwei Berufungen funktionieren nur, weil er mein Verbündeter ist. Das meine ich damit, wenn ich schreibe, dass man sich beim Aufbruch in die Wildnis gute Verbündete suchen sollte. Menschen, mit denen man sehr gerne weite und auch manchmal anstrengende Strecken zurücklegen kann. Das muss nicht unbedingt ein Ehepartner sein. Es sind Menschen, die mit dir, egal, ob Anstieg oder Abstieg, auf dem Weg bleiben.

Meine Berufung in Kirche liebe ich sehr. Leidenschaftlich gerne arbeite ich hauptamtlich im Reich Gottes mit. Eine meiner Leidenschaften ist es, zu predigen. Mein Herz schlägt höher, wenn ich an die Zukunft der Kirche denke, und dafür möchte ich mit Worten und Taten einstehen. Mich faszinieren Prozesse und Neugründungen. Daran mitwirken zu dürfen, erfüllt mich. Wo Menschen von Gottes Geist berührt werden, fließt etwas davon zu mir zurück. Ich bin begabt, ausgebildet und berufen, im hauptamtlichen Dienst tätig zu sein.

Diese Tatsache hilft mir, mich zu positionieren. Ich bin begeistert davon, auf Augenhöhe und in der Ergänzung von verschiedenen Fähigkeiten zu arbeiten. Ich nehme in Freiheit die Aufgaben wahr, für die Gott mich befähigt, berufen und beauftragt hat. Das kann auch eine Leitungs- oder Lehrposition sein. Wo nötig, benenne ich Missstände, die aufgrund von Geschlechter- und Rollenbildern gemacht werden. Und wie schon erwähnt, achte ich auf Ruhezeiten. Eine einwöchige Auszeit plane ich zum Beispiel viele Monate zuvor ein. Ich habe meine festen Rituale und werde trotzdem Fehler machen.

Das Gute ist, es muss nicht alles perfekt laufen. Wirklich nicht. Ich arbeite an meinen Lernfeldern. Bitte um Vergebung, wenn etwas schiefgelaufen ist, und bleibe als Lernende auf dem Weg. Dieses „Auf dem Weg sein“ und „Veränderung wagen“ möchten wir auch unseren Kindern vorleben. Gerade, weil sie in einer Zeit aufwachsen, in der Begriffe wie „die letzte Generation“ fallen, möchten wir sie und dich ermutigen: **Egal, wie viel Chaos dich davon abhalten will, eine Veränderung anzustoßen, Gott macht einen Weg durch das Chaos. Ich bin der festen Überzeugung: Wir sind nicht die letzte Generation, wir sind die Generation der Hoffnung für eine Welt, die diese dringend nötig hat.** Und weil ich diese Hoffnung weitergeben möchte, lebe ich in meinen beiden Berufungen. Manchmal ist das mit Schmerz verbunden. Ich werde durch meine Doppelrolle Dinge verpassen, möchte aber auch nicht missen, genau diese beiden Berufungen so zu leben.

Kirche Kunterbunt ist eine Kirche, in die Pipi Langstrumpf gehen würde, sagen wir gerne. Und genauso kunterbunt ist auch mein Leben. Nur, dass bei uns zu Hause kein Affe und kein Pferd, sondern zwei Kaninchen durch den Garten hüpfen. Ich will dich ermutigen, dein eigenes „Kunterbunt“ zu finden. Deine Balance zwischen Handeln und Ruhen, Gehen und Bleiben und deinen eigenen Weg in Richtung Wildnis. Ich wünsche dir dabei eine unfassbare Freude und spannende Erlebnisse!

Ein schritt nach

dem anderen.

Familie Mann

Mein Weg führt mich weiter an das gegenüberliegende Ende von Nürnberg. Hier bin ich von Familie Mann zum Mittagessen eingeladen worden. Ich bin gespannt darauf, zu hören, wie sie es erlebt haben, unabhängig von ihren Umständen mutige Entscheidungen zu treffen. Gerade dann, wenn mehrere Entscheider involviert sind. Das Haus, auf das ich zulaufe, ist schön, und doch mussten sich Michael (Michi), Sandra und ihre beiden Kinder Benaja und Malina für eine unbestimmte Zeit davon verabschieden. Nachdem mich alle vier herzlich begrüßt haben, nehme ich an ihrem liebevoll gedeckten Esstisch Platz. Dass die Werte Initiative und Echtheit zentral im Miteinander der Familie verankert sind, merke ich schnell, während sie mir ihre Geschichte erzählen:

Sinnhaftigkeit – das ist es, nach dem wir, Michi und Sandra, uns schon seit Jahren gesehnt haben. Und bereits im Jahr 2017 wussten wir: Es würde demnächst eine große Veränderung kommen, doch wie diese aussehen sollte, war uns noch völlig unklar. Erst gingen wir von einer Veränderung der Wohnsituation aus, da wir mit Sandras Eltern ein Mehrgenerationenhaus bauen wollten. Diese Idee zerschlug sich jedoch und trotzdem blieb das Gefühl da: Es würde sich etwas ändern.

Dieser Veränderungsgedanke scheint gar nicht so gravierend zu sein. Oft ist man an einem Punkt, an dem man das Gefühl hat: Demnächst ist eine Veränderung dran, aber in der Realität ändert sich dann aufgrund von Bequemlichkeit, Gewohnheit, Versorgungsgedanken und vielem mehr dann doch nichts.

Wir haben jedoch erlebt, wie schön es sein kann und was es bedeutet, einen Schritt aufs Wasser zu gehen, obwohl das Boot der Sicherheit deutlich bequemer ist. Das ging nicht von heute auf morgen. Immer wieder brauchten wir Glauben und Mut, diese Schritte zu gehen.

Es war 2018. Die Bereiche Medien und Kommunikation zogen sich kontinuierlich durch Michis berufliche Laufbahn: Vom Moderator und Produzenten bei einem größeren Radiosender über seine Stelle als COO, beziehungsweise „Client Service Director“ in zwei Werbeagenturen bis hin zu seinem aktuellen Job als „Head of Brands and Communication“ bei einem mittelständischen Unternehmen. Seit Jahren fuhren wir einen Dienstwagen, Michi nutzte ein Diensthandy und durch seine soliden Jobs bekam er ein Gehalt, das sich sehen lassen konnte. Zu Hause waren wir in einem schnuckeligen Haus mit einem kleinen Pool im Garten, das wir uns als Familie ein paar Jahre zuvor bauen ließen. Es fühlte sich an wie ein scheinbar unrealistischer Traum, der für uns in Erfüllung gegangen war.

Ich, Sandra, bin gelernte Krankenschwester und Kauffrau für Bürokommunikation, arbeitete als Pfarramtssekretärin in Teilzeit und versorgte die beiden Kinder. Oft fühlte ich mich wie eine alleinerziehende Mutter, da Michi so viel arbeitete. Meine Eltern sind 2015 extra aus der Stuttgarter Umgebung in unsere Nähe gezogen, um mehr Zeit mit uns als Familie und besonders ihren Enkeln verbringen zu können. Wir fühlten uns in unserem Zuhause wohl und fanden unseren Platz in unserer Nürnberger Freikirche, in der wir uns auch ehrenamtlich stark engagierten.

Ein wundervolles Leben in einem fränkischen Vorort, bestehend aus Familie, Kirche, Job, Freizeit, Haus und Freunden – was will man noch mehr? Warum hätten wir etwas an unserem Leben ändern sollen?

Doch da war sie, diese „Unruhe“ und die Sehnsucht in uns, die sprach: „Da ist mehr!“ Doch was, wie und wo sollte das sein? Das Spannende an dieser Stelle ist, dass wir uns gar keine Gedanken um Versorgung oder Ähnliches machten. **Wir wussten und wissen weiterhin: Gott ist unser Versorger.**

DREI TAGE FREI – UND EIN GEBET MIT FOLGEN

Einige Zeit später entschieden wir uns, auf die Kinderkonferenz nach Bad Gandersheim zu fahren, auch wenn diese etwa 400 Kilometer von Nürnberg entfernt war. Als Eltern war und ist uns eines wichtig: Wir möchten nochmals verstärkt in den Glauben unserer Kinder investieren, bevor sie in die Teenagerphase einsteigen. Freie Zeit, toller Worship, Input für die Kinder und verschiedene Möglichkeiten für uns Eltern warteten also auf uns. An sich hatten wir als Eltern für uns gar keine großen Erwartungen – doch die Zeit in den folgenden Tagen wurde wegweisend für unsere darauffolgenden Entscheidungen.

Während unsere Kinder das für sie angebotene Programm genossen, gingen wir Eltern parallel zum „Hörenden Gebet". Und hier ging es los: Wir erlebten, wie Gott durch wildfremde Personen ganz konkret in unsere aktuelle Lebenssituation „hineinsprach" und bekamen dadurch Klarheit für den Weg, der für uns zu diesem Zeitpunkt dran war. Plötzlich stand für uns das Thema „Bibelschule" im Raum.

Doch beide Kinder hatten ihre Freunde und Schulen in Nürnberg. Und die Beziehung zu den Großeltern, die ja auch erst kurz zuvor zu uns in die Nähe gezogen waren, war uns allen sehr wichtig. Die Entscheidung, um die es ging, würde bedeuten, dass sie das alles hinter sich lassen müssten.

Um als komplette Familie neue Wege einzuschlagen, müssten schon alle vier von uns an einem Strang ziehen, so dachten wir uns. Uns war klar: Wenn Gott hier eine Veränderung für uns als Familie vorhaben sollte, dann würde er diese auch selbst mit unseren Kindern klären und zu ihnen „sprechen" müssen.

DIE ENTSCHEIDUNG

Nach dem Hörenden Gebet und einem anschließenden Spaziergang kamen unsere Kinder zu uns, um uns zu erzählen, dass sie hier im *Glaubenszentrum* bleiben wollten, um mehr von Gott zu lernen. Das waren gerade einmal 30 Minuten, nachdem wir als Eltern zu Gott gesagt hatten, dass er das Thema Bibelschule bitte selbst mit unseren Kindern klären müsse. Wir hatten ihnen nichts von dem erzählt, was wir in den Stunden zuvor erlebt hatten – und dann diese Aussage. Unsere Herzen rutschten uns in dem Moment erst einmal in die Hose. „Hoppla, das ging schnell, Gott!"

Der Wunsch, unser Leben so zu verändern, dass wir etwas Sinnstiftendes und von Gott für uns Vorbereitetes tun könnten, wurde von unseren Kindern, die damals acht und zehn Jahre alt waren, unterstützt. Der Wunsch nach Veränderung hatte nicht nur unser Herz bewegt. Uns war bewusst, dass wir als Ehepaar nicht nur einander gegenüber Verantwortung trugen, sondern auch als Eltern gegenüber unseren Kindern. **Doch in diesem Moment haben wir klar gemerkt, dass wir die Verantwortung für die nächsten Schritte abgeben dürften. Dass der Gott, der unserem Leben Sinn und unseren Herzen Frieden gibt, auch die Verantwortung auf sich nehmen würde, wenn wir den Schritt aufs Wasser wagen sollten.**

Nun hatten wir nur noch drei Monate, um alles zu organisieren. Konkret bedeutete dies für uns: Jobs zu kündigen, Haus zu vermieten und vierhundert Kilometer weit wegzuziehen, um dort in der Bibelschule in zwei Zimmern zu leben. Und zwar als ganze Familie. Hier fingen wir an, konkret zu erleben, dass Gott unser Versorger ist. Denn wir hatten kein Erspartes, das diese Bibelschulzeit hätte finanzieren können, doch Gott beschenkte uns mit einem ersten Unterstützerkreis, der diesen Weg finanziell möglich machte.

WEN GOTT RUFT, DEN VERSORGT ER AUCH!

Eine weitere finanzielle Unterstützung kam in einer Form, mit der wir ebenfalls nicht gerechnet hatten – einer Anfrage von Michis ehemaligem Chef, einem Mann, der nach eigener Aussage nicht viel mit dem Thema Bibelschule anfangen konnte. Er wusste und hatte gespürt, dass Michi die Bibelschule mehr wert war, als seinen Job zu behalten, und kam, kurz nachdem Michi gekündigt hatte, mit folgender Bitte auf ihn zu: „Michi, du bist unser Werbesprecher. Könntest du nicht trotzdem weiterhin die Stimme unserer Werbespots und Anrufbeantworter sein?" Und so kam es dann auch – ein weiterer genialer Versorgungsweg Gottes! Wir waren total dankbar und so schrieb, sprach und produzierte Michi während seiner Zeit als Bibelschüler nebenher u. a. auch diverse Werbespots fürs Radio, Fernsehen, Kino und diverse Onlineplattformen. Obwohl der Marketingchef dieser Firma die Beweggründe unserer Entscheidung wahrscheinlich nur wenig verstehen konnte, wurde er von Gott genutzt und öffnete damit eine weitere Versorgungstür für uns.

WIR BLEIBEN AUF UND ÜBER WASSER

Schon im ersten unserer beiden Bibelschuljahre im *Glaubenszentrum* hatten wir den Eindruck, dass die Veränderung, die wir kommen „gespürt" hatten, nicht nur die Bibelschulzeit, sondern auch unseren weiteren Weg danach betreffen würde. Uns wurde klar, dass wir anschließend im Dienst für Gott arbeiten wollten. Wo und wie genau das stattfinden und aussehen könnte, wussten wir zu diesem Zeitpunkt allerdings noch nicht. Eine Möglichkeit, die sich als Erstes auftat, war die Anfrage, nach dem zweiten Bibelschuljahr als Mitarbeiter im *Glaubenszentrum* zu bleiben. Doch darüber wollten wir erst beten und schauen, was Gott uns dazu zeigen würde.

Im Sommer 2019 tat sich dann jedoch noch eine ganz andere Option auf. Während unserer Sommerpause, zwischen den beiden Schuljahren, sagte Michi auf dem Weg nach Nürnberg zu Gott, er würde sich nirgends bewerben, sondern wolle von ihm sehen, wo wir als Familie hingehen sollten, um uns für ihn und seinen Plan einzusetzen. Sein Gebet wurde sogar noch konkreter: Der neue Job sollte doch bitte auch noch im Marketingbereich, in der Nürnberger Umgebung und im vollzeitigen Dienst sein – nichts einfacher als das, oder?

Und dann kam das Unerwartete: Es begann mit einem Interview von Andreas („Boppi") Boppart bei *BibelTV*, auf das Michi „zufällig" in der Nacht vor unserem Urlaub zappte und dabei hängen blieb. Er kannte Boppi bis dahin nicht, aber das, was er erzählte, berührte etwas in Michi und er ging, durch einen Gedanken inspiriert, auf Boppis Kanal bei *Instagram*. Er schrieb ihm dort ein „DANKE" für das Interview – nicht damit rechnend, dass Boppi sich wiederum auf seine Nachricht melden würde. Nach ein paar Nachrichten stand plötzlich die Möglichkeit im Raum, beruflich bei *Campus für Christus* einzusteigen. Es ist wahrscheinlich schwer vorstellbar, wie uns die Kinnlade herunterfiel, als Boppi uns erzählte, dass sie uns gerne in ihrem neuen HUB (neuen Standort) einsetzen würden. Und das Allerbeste, was uns von den Socken haute, war: Der HUB befand sich in unserer Heimat Nürnberg. Es klang so gut.

Und dann kam die Antwort auf die noch offene Frage, wie sich diese Stelle finanzieren würde. Die Antwort bedeutete erneut: Ab aufs Wasser, denn man würde seinen eigenen Spenderkreis brauchen. Komplett von einem Spenderkreis zu leben, war ehrlicherweise nicht das, was wir uns immer erträumt hatten. Und doch war da wieder das Gefühl: „Wenn wir nicht aufs Wasser gehen, werden wir auch nicht wissen, ob es trägt!"

Mit dem Wissen, dass wir es nur erfahren können, wenn wir es ausprobieren und vertrauen, dass Gott zu seinem Wort steht, machen wir seither Schritt für Schritt auf dem Wasser. Keiner aus unserer Familie hat es bereut, sich auf diese neue Lebenssituation eingelassen zu haben. Auch nach mehreren Jahren sind wir dankbar, aus dem Boot der Bequemlichkeit ausgestiegen zu sein. **Wir sind immer wieder auf der Suche nach dem Ort, an dem wir etwas bewegen sollen, und erleben, wie Gott uns immer wieder auf ganz konkrete Themen aufmerksam macht.** So können und konnten wir uns in vielfältiger Art und Weise bei *Campus für Christus* einbringen und sind gespannt, wo unser Weg noch hinführt. Eines ist klar: Wir wollen nicht aufhören, uns bewegen zu lassen!

David Grund

David wohnt in der Thüringer Hauptstadt Erfurt. Er ist ein Mensch, bei dem Tiefgang und Humor unfassbar nah beieinanderliegen. Er lebt soziale Kontakte in einer ganz besonderen Art und Weise und sein Interesse an den unterschiedlichsten Menschen fasziniert mich. Für die simple Frage „Wie geht's dir?" plant er gerne 20 Minuten ein, weil er wirklich wissen will, wie es den Menschen geht.

Als Student in Erfurt hätte er seine Freizeit mit einer Vielzahl anderer Dinge füllen können. Stattdessen hat er sich aber dafür entschieden, sich für Kinder einzusetzen, die keinen so leichten Start ins Leben hatten wie er. Dafür gibt es laut ihm, im wahrsten Sinne des Wortes, einen guten Grund:

Zeinab und ich haben eines gemeinsam: Wir wohnen jeweils im 15. Stock eines Plattenbau-Hochhauses. Von dort oben kann man die halbe Stadt überblicken. Erfurt ist wirklich schön. Verlässt man die Wohnung, riecht es im Flur nicht selten nach Zigarettenrauch oder Gras. Auf der Treppe liegen hier und da Kippenstummel oder Essensreste herum. In beiden Fahrstühlen sind Scheiben eingeschlagen. Ab und zu ist die Polizei im Haus. **Ich wohne dort, weil ich mich dafür entschieden habe. Zeinab hingegen, weil sie muss.** Ihre Familie bekam die Wohnung als Sozialwohnung vom Amt zugewiesen.

Abgesehen vom 15. Stock haben Zeinab und ich so gut wie nichts gemeinsam. Ich hatte eine sehr behütete Kindheit und bin in einem Dorf in Baden-Württemberg aufgewachsen. Meine Eltern haben beide Mathematik studiert, mein Vater hat einen Doktortitel. Meine Mutter war imstande, mir bei den Hausaufgaben für die Schule zu helfen. Ich konnte eine Klasse überspringen, weil ich zu gut in Mathematik war. Mit 16 hatte ich mein Abitur in der Tasche und es war immer klar, dass ich mal studieren würde. Meine Familie hatte ein eigenes Haus mit Garten und ich ein eigenes Kinderzimmer. Ich spielte Fußball und Tennis und durfte vier Musikinstrumente ausprobieren, meine Eltern bezahlten den Unterricht. Ich hatte ein Fahrrad und bekam nicht nur zu Weihnachten, sondern auch zu Ostern Geschenke. Ich kann mich an eine einzige Pausenhof-Prügelei in meiner ganzen Kindheit erinnern. Ich bin ein weißer, deutscher, christlich gläubiger, körperlich gesunder Akademiker-Hetero-Cis-Mann, also in achtfacher Hinsicht privilegiert.

Zeinab ist neun Jahre alt und hat kein einziges dieser Privilegien erlebt. Einfach, weil sie in eine andere Familie hineingeboren wurde. Als sie drei Jahre alt war, floh ihre Familie plötzlich nach Deutschland. In ein fremdes Land mit einer anderen Kultur, einer anderen Sprache und einer anderen Religion. Jetzt wohnt sie mit ihrer siebenköpfigen Familie in einer kleinen Wohnung im Norden der Thüringer Landeshauptstadt, im Erfurter Rieth. Dem Stadtteil, über den die Leute sagen, „Da würde ich als Frau abends nicht allein rausgehen“, oder „Da möchte ich meine Kinder nicht aufwachsen lassen“. Viele haben ein wenig Angst vor solchen Vierteln, fühlen sich mit den Problemen überfordert, manche empfinden sogar Ekel und schauen lieber weg. In den sozialen Medien ist das Thema Klassismus im Vergleich zu anderen, ebenfalls wichtigen Diskriminierungsthemen wie Rassismus, Sexismus oder Homophobie, eher gering repräsentiert.

GEMEINSAM IM RIETH

Googelt man Erfurt, werden nur Bilder aus der malerischen Altstadt angezeigt. Wie gesagt, Erfurt ist wirklich schön. Rieth auf den ersten Blick eher nicht. Und auf den zweiten Blick manchmal noch weniger. 16-Stock-Hochhäuser reihen sich an 11-Stock-Plattenbauten. Der Ausländeranteil ist der mit Abstand Höchste in Erfurt und hat sich in den letzten acht Jahren verdreifacht. Mehr als 60 % aller Kinder im Rieth wachsen in finanzieller Armut auf. Beim Schnellimbiss kann man eine „Pizza Arbeitsamt" bestellen. In der Mitte des Stadtteils gibt es ein Ärztehaus, das beinahe vom ganzen Viertel besucht wird und dessen Warteschlange manchmal fast bis auf die Straße reicht. Daneben befindet sich ein Supermarkt, auf dessen Vorplatz Alkoholiker, Jugendliche, Obdachlose und Nazis mit ihren Bierflaschen anstoßen. Als ich einmal abends einkaufen ging, wurde der ganze Platz gerade von einem Großaufgebot der Polizei weiträumig abgesperrt, weil es wenige Minuten zuvor eine Messerstecherei gegeben hatte. An einem Mittwochabend. Die Kinder aus dem Rieth, mit denen ich beim *Pixel Sozialwerk* arbeite, posten manchmal Videos auf *TikTok*, in denen man Polizeiwagen mit Blaulicht durch die Nachbarschaft fahren sieht.

Das *Pixel Sozialwerk* ist die einzige christlich geprägte Initiative im Viertel, eine Kirche gibt es nicht. Jeden Nachmittag stellen dort haupt- und ehrenamtliche Mitarbeitende ein Programm für die größtenteils aus muslimischen Familien stammenden Kinder und Jugendlichen aus dem Stadtteil auf die Beine: Sie setzen Bildungsangebote um, helfen bei den Hausaufgaben, lesen, spielen und sprechen mit den Kindern und Jugendlichen, hören zu und besuchen die Familien zu Hause. Alle Angebote sind kostenlos. Getragen wird das 2018 von Anna und Erik Reppel gegründete Soziale Start-Up einerseits von Spenden- und Fördergeldern und andererseits von diversen haupt- und ehrenamtlichen Mitarbeitenden. *Pixel* gibt es mittlerweile in sechs verschiedenen Stadtteilen in Erfurt. Im Gegensatz zu Betreuungen im schulischen Kontext ist es für die Kinder als offene Arbeit sehr viel unverbindlicher, sie sind freiwillig dort und können kommen und gehen, wie sie wollen, ohne fest angemeldet zu sein.

Ich persönlich war vor etwas mehr als zweieinhalb Jahren zum ersten Mal bei einem Nachmittagsangebot dabei. Kurze Zeit später entschied ich mich dafür, bewusst in die Nähe zu ziehen, um auch im Alltag mehr vom Rieth-Lebensgefühl mitzubekommen. So bin ich nicht bloß für ein paar Stunden in der Woche dort und ziehe mich dann wieder in meine studentische Komfortzone zurück, sondern gehe in denselben Läden einkaufen wie die Familien der Kinder, besuche denselben Arzt und ärgere mich über dieselbe lange Warteschlange. Viele meiner Kommilitoninnen kennen in Erfurt keine einzige Person näher, die nicht auch studiert. **Bei allem Verständnis dafür, dass es oft einfacher und angenehmer ist, sich mit Menschen zu umgeben, die dieselben Interessen, denselben Bildungsgrad und dieselbe politische Einstellung haben wie man selbst, finde ich es dennoch immer wieder erschreckend, wie wenig einige über den Tellerrand ihrer eigenen Blase hinausschauen.** Nach meinem Empfinden fehlt manchmal jegliches Gefühl dafür, welche Anliegen und Themen einen Großteil der Menschen beschäftigen, die ebenfalls in der Stadt wohnen und nicht studieren. Mein Eindruck ist sogar, dass man als Student, insbesondere in meinem Studiengang, insgeheim ein wenig stolz darauf ist, wenn man sprachlich so hochgestochen formulieren kann, dass es für weniger akademisch gebildete Menschen nicht verständlich ist. Oft wird genau so Klassismus gefördert. Wenn Akademiker sich höher stellen, gibt es automatisch eine Personengruppe, die folglich „nach unten rutscht". Gerade die scheinbar Privilegierten müssten meiner Meinung nach anfangen, mit diesem Konstrukt zu brechen.

Zeinab ist eines von vielen Kindern, die einen großen Teil ihrer Freizeit bei *Pixel* verbringen. Als ich sie an einem meiner ersten *Pixel*-Nachmittage kennenlernte, beleidigte sie mich als „Hurensohn" und zeigte mir über Wochen die kalte

Schulter, weil ich einem anderen Kind mehr Aufmerksamkeit geschenkt hatte. Mittlerweile verstehen wir uns ganz gut. Ich kenne ihre Geschwister und ihre Eltern. Wir konnten zusammen Volleyball spielen, als ich ihre Familie eines Nachmittags zufällig im Park traf, obwohl ich an dem Tag gar nicht bei *Pixel* war. Ich fieberte mit, als ihre kleine Schwester wegen starker Bauchschmerzen tagelang im Krankenhaus lag. Ich war live dabei, als Zeinab von Kindern aus einem Nachbarstadtteil rassistisch beleidigt wurde und bemühte mich, eine drohende Prügelei zu verhindern. Einmal erzählte sie mir ein Geheimnis, das sie laut eigener Aussage sonst niemand anderem erzählt hatte, und ich versprach ihr, es für mich zu behalten.

Mehrfach musste ich sie auch schon von *Pixel* nach Hause schicken, weil sie verhaltensmäßig über die Stränge geschlagen hatte. Bei Zeinab passiert das von allen Kindern mit am häufigsten. Vor Kurzem erfuhren wir, dass sie zuletzt mit einer Freundin ein anderes Mädchen bei *Pixel* über Monate erpresst hatte. Es hatte angefangen mit „Du bringst mir morgen 2€ mit, sonst schlage ich dich" und ging weiter bis „Du bringst mir morgen 10 € mit, sonst töte ich dich". Noch mal zur Erinnerung: Zeinab ist neun. Wir bekamen erst Wind von der Sache, als das andere Mädchen aus Angst schon einige Wochen nicht mehr zu *Pixel* gekommen war und eines Tages im Beisein ihres großen Bruders endlich alles erzählte. Zeinabs Aktion ist mit nichts zu rechtfertigen und zog Konsequenzen nach sich, und doch kann ich sie mir ein Stück weit erklären. Denn Gewalt kommt nicht von irgendwoher. Eine Woche vorher hatte sie mir nämlich noch erzählt, dass sie in der Schule selbst von älteren Kindern regelmäßig bedroht werde und Angst habe, geschlagen zu werden. Sie erwähnte das beiläufig in einem Nebensatz, als wäre es nichts Besonderes, sondern ganz normaler Alltag. **Nebensätze und**

Zwischentöne sind oft die einzigen Anhaltspunkte, die man als Betreuer im sozialen Bereich bekommt. Sie helfen, um ein wenig besser einschätzen zu können, wie es einem Kind gerade geht und warum es wie handelt. **Es lohnt sich also, den Kindern aufmerksam zuzuhören.**

IM GROSSEN GANZEN ZÄHLT JEDER EINZELNE

Man erlebt als Betreuer viel, weil die Kinder selbst auch viel erleben. Mich persönlich bewegt es besonders, wenn ich miterleben darf, wie ein Kind etwas Neues dazulernt, eine bestimmte Herausforderung meistert, in der eigenen Persönlichkeit wächst oder einfach erfährt, dass es wertvoll ist – unabhängig davon, was es leistet, wie es aussieht, aus welchem Land es kommt, welche Statussymbole es sich leisten kann oder wie seine Zukunftsperspektive aussieht. Und obwohl ich solche Momente immer wieder erleben darf, gibt es auch Tage, an denen ich alles infrage stelle, was ich bei *Pixel* mache. Manchmal finden die Kinder das Programm, das ich mühsam geplant habe, schlichtweg langweilig, und ich verliere den Kampf gegen das Dopamin, das *TikTok* und Gaming bieten. Manchmal frage ich mich, was meine Bemühungen, bei Konflikten gewaltfreie Lösungen zu vermitteln, überhaupt bringen, wenn die Kinder erzählen, dass sie zu Hause geschlagen werden. Manchmal könnte ich verzweifeln, wenn ich höre, dass Mädchen, die ich für sehr begabt halte, womöglich nie studieren dürfen, weil ihre Familien das für Frauen nicht vorsehen und sie stattdessen früh heiraten und Kinder bekommen sollen. Dann denke ich, dass das doch alles für'n A**** ist, was wir bei *Pixel* machen. Dass sich am System insgesamt, am „großen Ganzen", an den teilweise so komplexen und vielschichtigen Problematiken doch sowieso nichts ändern wird. Dass am Ende alles gleich bleibt.

Und dann lächelt mir ein Kind einfach so zu, weil es sich am Bällebad im *Pixel*-Toberaum erfreut. Oder ein Kind, dem das Lesen schwerfällt, erzählt mir, dass es sich schon auf den *Pixel*-Leseclub freut. Ein anderes Kind, das kaum mal aus dem eigenen Viertel rauskommt, kann an einem Ausflug teilnehmen, den sich die Eltern sonst nicht leisten könnten. Oder ein Kind sieht mich von Weitem im Supermarkt und stürmt mir mit ausgestreckten Armen entgegen – sehr merkwürdig übrigens, wenn 30 Sekunden später die nicht-deutschsprachige Mutter um die Ecke kommt und sich wundert, warum ihre Tochter im Supermarkt einen fremden Mann umarmt und du ihr mit weit vom Körper weggestreckten Händen „Pixel, Pixel, Pixel" zurufst. (Über das Thema Nähe und Distanz als Mann im sozialpädagogischen Bereich könnte man noch mal ein eigenes Buch schreiben.)

Es gibt so viele Momente, in denen ich merke, dass wir im Stadtteil eben doch einen Unterschied machen. Wir sind nicht „die Retter" und auch nicht unersetzbar. Wir stoßen immer wieder an Grenzen und machen viele Fehler. Wir sind nicht „die Guten", die Weisheit und Glück in das „sozial schwache" Rieth bringen. **Wir sind ein Teil vom Rieth.** Wir schauen hin und versuchen unser Bestes, damit die Kinder im Viertel schöne Dinge erleben. Wir setzen unsere Gaben ein, wir hoffen und wir beten. Wir nehmen uns Jesus Christus zum Vorbild, der ebenfalls mit lauter Menschen unterwegs war, bei denen niemand gerne sein wollte. Zum Beispiel mit einem Zöllner, oder einer Frau an einem Brunnen, mit der weder die Israeliten noch die Samariter gesehen werden wollten. An dieser Stelle könnte man bestimmt irgendein Wortspiel mit „Samariter" und „Rieth" einbauen, aber das überlasse ich ausnahmsweise den Leserinnen und Lesern.

Meine Motive, warum ich bei *Pixel* dabei bin, sind natürlich nicht immer frei von Egoismus. Mir gibt es selbst viel, Gutes zu tun. Es fühlt sich sinnvoll an, erweitert meinen Horizont und ich profitiere von der Freude und Energie der Kinder. Es ist immer sehr bereichernd, mich neben dem Studium noch außerhalb der Uni-Blase zu engagieren. Das muss nicht für alle in einem Viertel wie Erfurt-Rieth und auch nicht unbedingt in der Arbeit mit Kindern sein, aber wir haben alle Stärken und Charaktereigenschaften von Gott mitbekommen, die wir einsetzen können. Gerade in der Studienzeit war es zumindest bei mir so, dass ich zeitlich tendenziell flexibler war und Verschiedenes ausprobieren konnte. Projekte gibt es in vielen Städten, und sie freuen sich meist sehr über Ehrenamtliche. Googlen schafft man selbst. Beten für einen Platz zum Engagieren auch. Also: Viel Segen und Freude dabei! Und Grüße aus dem 15. Stock! Erfurt ist wirklich schön. Und Rieth irgendwie auch.

LOSGEHEN

LEBEN TEILEN

Matze Klotz

Weiter geht's gen Osten ins schöne Dresden. Die Einfahrt zum Hinterhof, in dem ich parken sollte, wurde eher für Fahrräder und nicht für Autos gemacht, denke ich, als ich mein Auto in der Dresdner Neustadt durch das kleine Loch in der Häuserfront manövriere. Das Viertel ist ein Mix aus alten Fassaden und bunten Schildern und mittendrin kommt mir Matze mit einem Grinsen auf dem Gesicht entgegen. Ich bin super gespannt, was er, der seit zehn Jahren hier wohnt und arbeitet, über das Viertel erzählten wird. Das Büro, in dem wir Platz nehmen, ist das ehemalige Wohnzimmer von Sabine Ball, der Gründerin von *Stoffwechsel e.V.*, einem gemeinnützigen Verein mit spannender Historie. Matzes Begeisterung für diesen Ort ist genauso spürbar wie seine herzliche Gastfreundschaft. Genau hier, in diesem geschichtsträchtigen Raum in Dresden, beginnt Matze mir seine Geschichte zu erzählen:

MEINE WURZELN

Ganz im Gegensatz zur Großstadt bin ich in einem kleinen Ort südlich von Chemnitz groß geworden. Ich habe eine große Schwester und meine Familie würde man wahrscheinlich als „normale evangelische Mittelstandsfamilie" bezeichnen. In der Schule wollte ich immer dazugehören, konnte aber nie mit den „coolen Kids" mithalten. Erst später, ungefähr in der zehnten Klasse, habe ich gemerkt, dass ich gut mit Menschen kann. Während meiner Schulzeit fing ich irgendwann an, in eine christliche Gemeinde vor Ort zu gehen, die wegweisend für meinen Glauben wurde. Ich wusste zwar, dass Gott nie weit entfernt von mir war, der Unterschied war nun aber, dass auch ich nicht mehr entfernt von ihm leben wollte. So begann ich nach einer eher turbulenten Jugend mich wieder in einer Gemeinde zu engagieren. Sowohl in meiner konservativen Gemeinde als auch bei den *Jesus Freaks*, sodass ich schon früh Erfahrungen mit den unterschiedlichsten Glaubensansätzen machte.

Nach der Schule bin ich für ein Pädagogik-Studium nach Dresden gezogen. Meinen Studienplatz konnte ich nur über ein Losverfahren ergattern, rückblickend sehe ich diesen Weg als Gottes Führung. Nie hätte ich gedacht, was ich in Dresden alles erleben würde. Hier habe ich nicht nur meine wundervolle Frau kennengelernt, sondern auch einen Arbeitsplatz gefunden, der mein Herz komplett erobert hat.

DIE WURZELN UND DAS HERZ VON *STOFFWECHSEL*

Doch wie kam ich zu *Stoffwechsel*? Ich befand mich nach vier Jahren Studium im letzten Semester und damit vor der Herausforderung, einen geeigneten Platz für mein Praxissemester zu finden, welches ich nun als Abschluss meines Studiums absolvieren sollte. Ich erinnere mich noch genau, wie ich in meiner Uni vor einer riesigen Tafel stand, auf der zahlreiche Vereine vorgestellt wurden. Kein einziger davon hat mich überzeugt. Kurze Zeit später meinte dann meine Frau zu mir: „Ist nicht dieses *Stoffwechsel* etwas ‚christlich-soziales?'" Obwohl sich der Standort von Stoffwechsel gleich um die Ecke von unserer Wohnung befand, war mir diese Arbeit nie aufgefallen. Als ich dann den ersten Kontakt suchte, lief ich offene Türen ein und hatte das Gefühl: Diese Stelle wurde für mich vorbereitet.

Zehn Jahre lang war mein Alltag und der meiner Familie folglich komplett von *Stoffwechsel* und dem *Treff* geprägt. „*Der Treff*" ist der Name für die Räume, die wir hier in der Dresdner Neustadt mit Sofas, einem Tischkicker, einer Bar und vielem mehr eingerichtet haben, um einen Ort mitten im Viertel anbieten zu können, an dem man einfach Gemeinschaft haben kann. *Stoffwechsel* vertritt und lebt die Überzeugung:

Du bist wertvoll und von Gott geliebt! Wir glauben, dass das die wichtigste Erfahrung ist, die ein Mensch in seinem Leben je machen kann. Deswegen haben wir es auf dem Herzen, uns um Menschen zu kümmern, die diese Botschaft in ihrem Leben bisher nicht erfahren haben.

Der Treff und *Stoffwechsel* wurden 1993 von Sabine Ball gegründet. Ihr Herz für Veränderung und dieses Viertel war bemerkenswert. Der Name „Stoffwechsel" soll ausdrücken, dass wir uns wünschen, dass die Menschen, die uns besuchen, einen äußeren und inneren Stoffwechsel erleben. Der äußere Stoffwechsel wurde dabei ganz praktisch durch einen kleinen Second Hand Laden möglich gemacht. Der innere Stoffwechsel ist zum einen, dass es bei uns etwas Gutes zu essen gibt, und zum anderen, dass wir das Innere der Herzen nachhaltig verändern wollen. Da, wo Süchte und Verletzungen die Herzen füllen, wünschen wir uns, dass Jesus hineinkommt und den „Stoff" der Herzen verändert. Wir möchten damit sowohl den seelischen als auch den körperlichen Zustand unserer Besucher verbessern und damit nachhaltig Heilung in zerrüttete Lebensumstände und Beziehungsnetze bringen.

Beziehung ist dabei genau das Stichwort, auf dem unsere Arbeit aufbaut. Jeder Mitarbeiter ist mit seinem ganzen Wesen bei der Sache und begegnet jedem, der in den *Treff* kommt, auf Augenhöhe. Nur so kann das Vertrauen aufgebaut werden, welches nachhaltig Herzen bewegt und Frucht bringt. Doch selbst wenn wir viel investieren, ist das nicht die Garantie dafür, dass am Ende alles aufgeht. **Menschen sind keine Maschinen, wir können keine Knöpfe drücken, sondern müssen uns immer wieder auf sie und sie sich auf uns einlassen, damit etwas wachsen kann.**

Um unsere vielseitige und komplexe Arbeit bei *Stoffwechsel* am besten beschreiben zu können, möchte ich dir von drei

Menschen erzählen. Sie haben mich gelehrt, barmherzig zu handeln und immer wieder die unterschiedlichsten Wege zu gehen. Ich habe durch sie mehr über das Menschsein, das Miteinander und die Arbeit mit Menschen verstanden. Zehn Prozent habe ich vermutlich in meinem Pädagogikstudium gelernt. Die anderen neunzig Prozent lehrte mich das Leben selbst. Learning by doing, quasi.

LEBEN TEILEN

Die erste Person ist Nadine, eine junge zierliche Frau, die durch ihre bunten Haare und aufreizenden Klamotten auffiel. Es gab viele Männer in ihrem Leben, die nicht gut mit ihr umgegangen sind, was Spuren in ihrem Herzen hinterließ. Erst schüchtern, doch dann immer weiter aufblühend, saß Nadine auf den braunen Ledersofas, die unseren *Treff* an der Dresdner Straßenecke so gemütlich machten. Sie kam regelmäßig zu *Stoffwechsel* und man merkte, wie sie die Zeit dort genoss. Dass ich ihr aufreizendes Outfit und ihr Verhalten nicht wie die Männer, die sie sonst kannte, wahrnahm, bewirkte etwas in ihr. Sie merkte, dass sie im *Treff* einen Unterschied zu dem erlebte, was sie bisher kannte. Über mehrere Jahre hinweg teilten wir als Mitarbeiter von *Stoffwechsel* unser Leben mit Nadine, was wesentlich ist für unsere Arbeit als Verein. Eine unserer Mitarbeiterinnen war sogar bei der Geburt von Nadines Kind dabei, denn sie hatte niemanden, der sonst hätte dabei sein können.

Wir wollen dort helfen, wo wir helfen können, auch in ungewöhnlichen Situationen. Wir versuchen, in gelebter Nächstenliebe unserem Glauben an den liebenden Gott Ausdruck zu verleihen. Von Jesus hatte Nadine schon das ein oder andere mal gehört. Dass wir uns Jesus Worte zum Vorbild nehmen wollten, hatte sie im *Treff* erlebt. Annahme und ehrliches Zuhören konnte sie hier erfahren.

Doch zuzuhören bedeutet eben auch, nicht wegzuhören, wenn einem schwierige Dinge zu Ohren kommen. Nach langen Überlegungen mussten wir mit dem Jugendamt Kontakt aufnehmen, weil wir wahrnahmen, dass Nadine der Fürsorge ihres Kindes nicht nachkommen konnte. Diese Entscheidung fiel uns sehr schwer, war aber unter dem Aspekt des Kindeswohls notwendig gewesen. Verständlicherweise reagierte Nadine daraufhin mit Abstand auf uns und wir haben nur noch hin und wieder Kontakt. Wir waren ihr aber stets mit Liebe begegnet und ich bin mir sicher, dass der Gott, der die Liebe selbst ist, ihr nachgehen wird. Wie ihre Geschichte ausgeht, wissen wir nicht, doch Gesätes ist nie umsonst, auch wenn man die Früchte nicht unbedingt immer sieht.

Wir sind nicht allmächtig, aber Gott ist es, und er hat einen Plan. Als Menschen denken wir oft, das optimale Leben bestünde darin, frei von Süchten, in einem gut bezahlten Job und einem sicheren Umfeld zu sein. Dieses Ideal ist hier in der Neustadt jedoch nur selten Realität und trotzdem schreibt Gott mit den Menschen Geschichte.

IM AUF UND AB

So auch mit Max, einem jungen Mann, der eines Tages in Hip-Hop-Klamotten rauchend vor unserem *Treff* stand. Gut zwei Köpfe größer als ich, mit eher schlaksigem Körperbau und oft vor sich hin brummelnd, war Max ab dieser Begegnung Teil von uns „Trefflern“. Sein Start ins Leben war alles andere als leicht: Seine Mutter litt unter einer psychischen Erkrankung und war zudem Alkoholikerin, sein Stiefvater misshandelte ihn sexuell. Mit diesem schweren Gepäck traf sein Leben auf unseres.

Wir versuchten Max zu verstehen und ihm einen Platz zu geben, an dem er sein durfte und keine Angst haben musste, Ablehnung oder Missbrauch zu erleben. Es brauchte sehr lange, bis er uns vertrauen konnte. Immer wieder merkten wir, wenn Max nicht ehrlich war, und konnten die Auswirkungen seiner Vergangenheit erkennen. Da er unter Diabetes litt, organisierten wir oftmals gemeinsam seine Arztbesuche. Sowohl körperlich als auch seelisch befand sich Max in einem ständigen Auf und Ab und es war oftmals ein Wechselbad der Gefühle, mit ihm zu arbeiten. Doch er blieb bei uns. Er ließ sich auf uns ein und nahm einmal an einer von uns organisierten Freizeit teil, auf der er sich sogar taufen ließ. Das war für uns als *Stoffwechsel* ein ganz besonderer Moment.

Auch wenn sich Max immer wieder als starker Kerl präsentierte, vertraute er mir in persönlichen Gesprächen an, dass er tiefe Verletzungen mit sich herumtrug. Dass er sich mir gegenüber öffnete, ist mir stark in Erinnerung geblieben und hat mich bewegt. Später lebte er sogar eine Zeit in unserem Stoffwechselhaus und engagierte sich ehrenamtlich bei uns. Wir hatten Max sehr in unsere Herzen geschlossen. Und doch erlebten wir auch weiterhin seine Sprunghaftigkeit, da er irgendwann aufhörte, regelmäßig in den *Treff* zu kommen.

Vor Kurzem haben wir erfahren, dass Max aufgrund eines Diabetesschocks verstorben ist. Was mich tief berührte, war, dass seine Angehörigen auf uns zukamen und mich baten, seine Beerdigung zu organisieren und zu gestalten. Sie wussten wenig über sein Leben, doch ihnen war klar, dass wir Max kannten. Wir hatten ihn eine Weile fast täglich erlebt und wussten, was ihn bewegte. Uns nun wurde uns ein großes Vertrauen in diesem wichtigen und emotionalen Rahmen entgegengebracht.

Die Gespräche mit diesem besonderen jungen Mann haben mir gezeigt, dass unsere Arbeit sein Herz erreicht hatte. Sein irdisches Leben konnten wir nicht retten, und *dennoch ist er gerettet*. Ich bin mir ganz sicher, dass Max jetzt bei Jesus ist und die vollkommene Liebe erlebt, nach der er sich sein ganzes Leben lang sehnte.

WIR BLEIBEN DRAN

Nun möchte ich dir noch von Patrick erzählen. So wie bei allen *Treff*-Besuchern war auch bei ihm ein „Streckenlaufen" nötig. Der *Treff* soll ein Ort sein, von dem jeder weiß, dass er kommen darf, wie er ist. So kam eines Tages ein muskelbepackter Typ zu uns, der großen Wert auf sein Aussehen und seine Gesundheit gab. In Gesprächen wirkte Patrick eher kalt. Nach einer Zeit merkte ich aber, dass dieser Mann, mit dem ich am Anfang so gar nichts anzufangen wusste, nach väterlicher Aufmerksamkeit suchte. Die Gespräche zwischen uns wurden tiefer und Patrick hatte gute Fragen und Antworten zu Lebens- und Glaubensfragen. Seine Entwicklung wurde beeinflusst durch mehrere abgebrochene Ausbildungen, ein kaputtes Elternhaus und Verletzungen.

Auch Patrick lebte eine Zeit lang im Stoffwechselhaus. Und auch mit ihm erlebten wir viele Aufs und Abs. Aggressivität von seiner Seite machte das Zusammenleben oft unglaublich schwierig, doch ich wurde in Momenten, in denen es zu Körperverletzung hätte kommen können, von Gott bewahrt. Niemand konnte einschätzen, ob Patrick nicht doch einmal zuschlagen und uns ernsthaft verletzen würde. Als er später wieder auszog, war jedoch kein Bruch die Folge und auch kein Abstand nötig.

Seither begleite ich ihn. Patrick lebt mit Jesus und erfährt, wie bedingungslose Liebe seine Identität prägt und heilt. Ich kann nur staunen, wie ich ihn auf seinem Weg begleiten darf und er sich dabei unglaublich weiterentwickelt. Das bewegt mein Herz immer wieder zutiefst und motiviert mich, mich weiterhin von den Geschichten der Menschen um mich herum bewegen zu lassen.

TÜREN UND HERZEN ÖFFNEN

Das ist *Stoffwechsel*. Das ist die menschenverändernde Lebensweise, die mich so begeistert, und die der Grund dafür ist, dass ich jetzt schon zehn Jahre leidenschaftlich gerne hier in der Neustadt lebe und arbeite, inzwischen aber mehr am Schreibtisch. Als *Stoffwechsel*-Leitung organisiere ich Abläufe von medialer Präsenz bis hin zur Mitarbeiterpflege.

Wie die Geschichten zeigen, bringt manche Arbeit keine sichtbare Frucht. Manches fällt, um im Bild des biblischen Gleichnisses vom Sämann zu sprechen, unter die Dornen und erstickt, anderes wird von den Umständen wie von den Vögeln aufgepickt. Manches fällt auf den Weg und kann keine Wurzeln schlagen. Doch einiges fällt auch auf fruchtbaren Boden und bringt vielfache Frucht.

Wir werden nicht aufhören, immer wieder loszugehen, denn Gott bringt in den verschiedensten Kontexten und an verschiedenen Orten in Dresden die unterschiedlichsten Menschen zusammen. **Was in den Herzen passiert, erfahren wir oft erst später – und manchmal auch gar nicht. Für uns zählt der Mensch, der über die Schwelle unserer Tür tritt.** Ab diesem Zeitpunkt hat er im *Treff* einen Ort, an dem er einfach sein darf.

Genauso, wie Sabine damals diese Arbeit gegründet hat, öffnen wir immer noch die Türen und freuen uns, Zuhause, Zufluchtsort und Wegbegleiter für die Menschen an unseren verschiedenen Standorten in Dresden sein zu dürfen.

LOSGEHEN

MAUERN EINREISSEN

Julia Schünemann

Vom schönen „Elbflorenz" Dresden kommend bin ich inzwischen in der Hauptstadt angekommen. Obwohl Julia nicht ursprünglich aus Berlin kommt, passt sie sehr gut in den Großstadt-Dschungel hinein. Ihre lebensfrohe Art erfüllt den Raum. Ich mag es sehr, mit welcher Leidenschaft sie von dem Ort erzählt, an dem sie gerade ein Praktikum macht. Wir machen es uns auf dem Klappsofa bequem, das mit einem bunten Stoffüberwurf versehen in der Ecke der Wohnung steht, in der sie gerade zur Untermiete wohnt. Lasagne ist im Backofen und der Rotwein in den Gläsern. Unkomplizierte Gastfreundschaft ist generell ihr Herzensthema:

Gedankenverloren schlendere ich über die Mühlenstraße in Berlin. Neben mir erstreckt sich das längste Teilstück der noch erhaltenen Berliner Mauer, die vor etwas mehr als 30 Jahren noch so viele Menschen voneinander trennte. Durch meine Kopfhörer schallt gerade der Song *„Where is the love?"* von der amerikanischen Hiphop Crew *The Black Eyed Peas*. Ein alter Song, aber mich bewegen die pazifistischen Zeilen trotzdem immer noch. „Wie passend", denke ich und betrachte die Gemälde, die sich an der heutigen *East Side Gallery* aneinanderreihen. Viele Gemälde, die von Frieden und Freiheit erzählen. Besonders die bunten Farben und Formen stechen mir ins Auge. Das Schöne an der *East Side Gallery* ist ihre Dynamik und der ständige Wandel. Jedes Mal, wenn ich nach einigen Monaten wieder in Berlin bin und mir die Kunstwerke anschaue, entdecke ich neue Motive und Gemälde, die immer eine ganz eigene Geschichte erzählen. Der Wunsch nach Frieden und Leichtigkeit ist deutlich zu erkennen und findet Ausdruck an dieser Wand.

Ich bleibe vor einem Bild stehen, das ich schon ein paar Mal gesehen habe. Man sieht weiße und schwarze Menschen und eine asiatisch stereotypisierte Person, die Steine einer

Mauer abbauen. Die Mauer trennt die Menschen voneinander und teilt sie in ein hier sichtbar gemachtes „Wir und die anderen“. Als Betrachterin stehe ich quasi auf der Mauerseite der weißen Menschen, die auf die andere Seite der Mauer gucken. Darüber steht in großen Buchstaben: **„Es gilt viele Mauern abzubauen“.** Die Kunstschaffenden Bayer und Hönemann malten das Bild 1990 nach dem Mauerfall spontan an die Wand. Damals galt es natürlich wörtlich, die „Mauern abzubauen“, doch ich bin mir sicher, dass damit nicht nur die materiellen Mauern gemeint waren. Ich laufe weiter und stelle mir im Laufe des Tages die Frage, welche Mauern es in unserem Leben heute abzubauen gilt.

GEMEINSAME SPRACHEN FINDEN

Ein paar Tage später sitze ich im Verwaltungsbüro einer Gemeinschaftsunterkunft für Geflüchtete in Berlin, in der ich vier Wochen lang ein Praktikum machen darf. Hier kommen jeden Tag viele Menschen hin, die von einem Beratungsgespräch ins nächste geschoben werden und manchmal nur wenige Perspektiven haben. Menschen, die ihre Briefe abholen und hoffen, dass es gute oder wenigstens keine schlechten Nachrichten für sie gibt. Menschen mit langen Lebensgeschichten und Träumen, die sie vielleicht niemals erreichen können. Klar, in einem sicheren Land zu sein, genug zu Essen und ein Dach über dem Kopf zu haben, ist erst mal ein großer Traum für viele. Doch eine richtige Euphorie gibt es nicht, da das, was auf die Menschen hier nach und nach zukommt, alles andere als einfach oder niederschwellig ist. Meine Aufgabe ist es also, den Menschen mit einem Lächeln zu begegnen und ihnen bei den Fragen, die ich beantworten kann, zu helfen. Das ist gar nicht so einfach, zum einen inhaltlich, aber auch sprachlich. Aber mit Englisch und Französisch komme ich eigentlich schon ganz weit. Einige, die schon länger in der

Unterkunft leben und eine Sprachschule besuchen können, sprechen auch schon ein bisschen Deutsch. Außerdem gibt es auch einige Übersetzende für Sprachen wie Arabisch, Persisch, Russisch und Ukrainisch. Das sind die Sprachen, die am meisten in der Unterkunft gesprochen werden.

Ich glaube, hier begegnet mir eine der unsichtbaren Mauern, die es in unserer Gesellschaft abzubauen gilt. Fehlende Sprachkenntnisse sind in unseren Köpfen oft ein Hindernis, auf andere zuzugehen und jemanden kennenzulernen. **Doch ich glaube, dass wir nur lernen müssen, die „Sprachen" zu finden, die wir alle sprechen. Und davon gibt es einige.** Die erste, die mir einfällt, ist Musik und eigentlich allgemein Kunst. Fürs gemeinsame Musikmachen, Singen, Malen oder um sich gegenseitig durch Musik und Kunst zu inspirieren, muss man nämlich gar nicht viel reden können. Musik und Kunst verbindet alle Menschen – egal ob jung oder alt, welcher Herkunft oder gesellschaftlicher Status. Wir haben alle irgendeinen Bezug dazu und selbst, wenn man nicht den gleichen Stil mag, kann man dadurch doch etwas über andere Menschen lernen und sich austauschen. Künstlerischer Ausdruck und Musik berühren das Herz und um eine Beziehung zu jemandem aufzubauen, braucht es manchmal gar nicht mehr.

Das Gleiche gilt für Sport. In der Gemeinschaftsunterkunft in Berlin wird oft nachmittags mit den Jugendlichen und Kindern im Innenhof gekickt oder Basketball gespielt. Mit einem Ball und ein paar motivierten Leuten kann man schon ein paar Stunden gemeinsam verbringen und tut damit nicht nur dem Körper, sondern durch die Gemeinschaft auch der Seele etwas Gutes. Mit „Händen und Füßen" zu kommunizieren, hat hier noch mal eine neue Bedeutung bekommen. Bereits meine Oma pflegte zu sagen: „Musik, Sport und Sprachen öffnen die Türen der Welt."

Wenn von Geflüchteten gesprochen wird, fallen fast immer die großen Worte *Integration* und *Anpassung*, ganz nach dem Motto: „*Die* müssen sich *uns* anpassen." Doch wie wäre es, wenn wir Schritte aufeinander zugehen und aus dem „*Die*" und dem „*Uns*" ein „*Wir*" machen würden? Wir können voneinander lernen und auch die Sprachenvielfalt nutzen, um uns weiterzubilden. Und wenn man die kreativen „Weltsprachen" Musik, Kunst und Sport nicht nutzen möchte, um mit anderen in Kontakt zu kommen, kann man sich ja auch selbst herausfordern, eine neue Sprache (zum Beispiel mithilfe einer App) zu lernen und dadurch Interesse zeigen.

VERSCHIEDEN UND DOCH SO GLEICH

Eine andere unsichtbare Mauer ist der Gedanke und das Vorurteil, dass wir mit Menschen aus anderen Ländern und Kulturen nichts gemeinsam haben. Dazu kommt, dass sich oftmals, bewusst oder unbewusst, auch rassistisches Gedankengut hinter einer Fassade der Sorge oder Angst vor „dem Fremden" versteckt. Doch wenn man sich mal mit jemandem an einen Tisch setzt, mit dem man auf den ersten Blick keine Gemeinsamkeiten hat, merkt man schnell, dass auch das nur ein Vorurteil ist, das es abzulegen gilt.

Ich habe einige Zeit im Süden Frankreichs in einem Stadtrandviertel bei einer Organisation gearbeitet, die für Kinder und Jugendliche nach der Schule Hausaufgabenbetreuung, Freizeitaktivitäten und generell einfach ein soziales Umfeld angeboten hat. Einmal pro Woche haben wir zudem mit einer kleinen Gruppe einen Ausflug in die Berge oder ans Meer gemacht, damit die Kinder mehr von ihrer Umgebung kennenlernen und einfach eine schöne Zeit miteinander haben.

Das Viertel ist in der Stadt als arabisches Viertel bekannt, da die Familien dort vorwiegend aus Nordafrika, genauer aus Marokko, Tunesien oder Algerien stammen. So hat sich dort über die letzten Jahrzehnte eine Art arabisch-muslimische Subkultur gebildet. Auf der Straße wird fast nur Arabisch gesprochen, die Läden sind während des Fastenmonats Ramadans geschlossen und sogar die Schulen sind daran gewöhnt, an den muslimischen Feiertagen leere Klassenräume vorzufinden. In den ersten Tagen habe ich mich erst mal fremd gefühlt, weil das Leben dort so anders ist, als ich es bisher kannte. Und allein an meinem Kleidungsstil und meinem deutschen Akzent hat man andersherum auch sofort gemerkt, dass ich nicht von dort komme. Aber durch eine offene Atmosphäre auf der Straße haben sich schnell Gespräche ergeben und die Menschen waren neugierig und interessiert.

Ich habe mich also zwar am Anfang fremd gefühlt, aber sobald ich die Menschen und das Umfeld kennengelernt habe, waren alle Sorgen vor „dem Fremden" weg. In diesem Fall war ich ja eigentlich „die Fremde" und durfte erleben: **Sobald man etwas richtig kennenlernt, kann das einst Fremde sogar auch zum Zuhause werden.**

Nach ein paar Monaten wurde es im wahrsten Sinne des Wortes ein Zuhause, denn ich hatte die Möglichkeit, bei einer marokkanischen Nachbars- und somit auch Gastfamilie zu wohnen. Dadurch bekam ich einen Einblick in ihren Alltag. Wir haben gemeinsam gekocht, morgens Kaffee getrunken und abends lange über Gott und die Welt geplaudert. Zudem habe ich auch von den älteren beiden Kindern ein paar Stunden Arabischunterricht bekommen, was mir wirklich Spaß machte, obwohl sie mehr als einmal über meine Aussprache lachen mussten.

Als es dann auf die muslimischen Feste zuging, habe ich mitbekommen, dass neben schönen Kleidern und Frisuren auch Henna unter den Frauen sehr beliebt ist. Henna ist eine schwarze oder braune Farbe in einer Tube, mit der man die Hände und Füße verziert und die einige Tage auf der Haut bleibt. Da ich allgemein gerne kreative Sachen mache und auch gerne male, hat es nicht lange gedauert, bis ich mir auch eine Tube auf dem Markt gekauft habe und mit den Kindern und Müttern Henna gemalt habe. Sie waren begeistert und haben mir sogar empfohlen, ein Studio zu eröffnen. Vielleicht mach ich das sogar irgendwann.

Meine Geschichte zeigt: Man muss eben nur aufeinander zugehen, um herauszufinden, welche Gemeinsamkeiten und Interessen man neben den Unterschieden hat. In meiner Gastfamilie habe ich gemerkt: Wir lieben Gemeinschaft mit anderen Menschen, uns ist unsere Familie sehr wichtig und wir haben ein Herz für Kinder. Wir kochen gerne (meine Gastmutter zwar tausend Mal besser als ich, aber das ist ja nebensächlich) und essen noch viel lieber, am besten mit vielen Menschen zusammen. Wir haben alle oft Fernweh und sind mit unserem Herzen nie nur an einem Ort.

Außerdem habe ich nach vielen Gesprächen und dem täglichen Austausch gemerkt, dass wir eigentlich die gleichen großen, ich sage mal „Lebensfragen" haben und auf der Suche nach einem sinnvollen und erfüllten Leben sind.

ZEIG MIR, WER ICH BIN …

Ich glaube tatsächlich, dass das etwas ist, das uns alle verbindet. Alle Menschen suchen einen Sinn in dem, was sie tun und wer sie sind, egal, ob aktiv oder eher unbewusst. Und wenn wir erst mal das Gespräch mit anderen Menschen suchen und uns austauschen, bauen wir damit nicht nur diese unsichtbaren Mauern ab, sondern erweitern auch unseren eigenen Horizont und finden vielleicht ein Stück mehr zu uns selbst.

Der Philosoph Martin Buber hat schon gesagt, dass man am „Du" erst zum „Ich" findet. Wir brauchen ein Gegenüber, um herauszufinden, wer wir selbst sind. Wir müssen es wagen, über den eigenen Tellerrand hinausgucken.

Und dafür muss man auch nicht in eine Unterkunft für Geflüchtete oder irgendwo ins Ausland gehen. Die Globalisierung ermöglicht uns, dass wir so vielen unterschiedlichen Menschen tagtäglich auf der Straße begegnen und weltweit so gut vernetzt sind wie nie zuvor.

Ein letztes Beispiel dazu aus meinem Alltag: Nach meinem Abitur habe ich mich aus Spaß und Interesse an der Universität in Marburg für den Studiengang „Nah- und Mitteloststudien“ am Zentrum für Orientalistik eingeschrieben, um den Arabischkurs besuchen zu können. Ein Gratis-Sprachkurs und „etwas für den Kopf“ sozusagen, neben meinem zu der Zeit etwas monotonen Minijob. Dort hatten wir die Möglichkeit, bei einem Tandemprogramm mitzumachen, um noch mal mehr Bezug zu der Sprache zu bekommen. Jeder teilnehmenden Person wurde ein Muttersprachler oder eine Muttersprachlerin in Arabisch zugeteilt und wir sollten im Gegenzug die Studierenden bei ihrem Studium und wissenschaftlichen Arbeiten unterstützen. Neugierig wie ich bin, habe ich da natürlich mitgemacht und mich dann mit einer jungen Syrerin getroffen, die vor mittlerweile etwas mehr als sieben Jahren vor dem Krieg in Syrien geflohen ist und mit ihrer Familie nun in Deutschland lebt. Sie hatte das Privileg, ein schnelles Asylverfahren zu durchlaufen und richtig anzukommen, sowie Abitur machen und studieren zu können.

Am Anfang haben wir noch gewissenhaft Arabisch gelernt, was richtig Spaß gemacht und mich motiviert hat. Aber schon nach ein paar Treffen haben wir uns dabei erwischt, je nach Tageszeit mit einem Kaffee oder Wein auf dem Sofa über unsere Geschichte, Politik und die Welt zu philosophieren. Bis heute ist sie eine meiner engsten Freundinnen, ich schätze unsere Freundschaft sehr und habe das Gefühl, viel von ihr lernen zu können. Dieser direkte und persönliche

Austausch ist wichtig, denn eine Dokumentation über die Flucht über die sogenannte Balkanroute zu gucken, ist das eine, aber das Schicksal eines Menschen mit allen Eindrücken und Emotionen persönlich zu hören, ist etwas ganz anderes.

Und natürlich weiß ich auch, dass es manchmal ein bisschen Überwindung braucht, zu jemandem den Kontakt aufzubauen oder zum Beispiel bei so einem Programm mitzumachen. Für mich ist das auch nicht so leicht, wie es klingt. Aber das, was man dafür bekommt, wenn man sich traut, ist umso wertvoller. Es lohnt sich, aus seiner Komfort-Zone auszubrechen!

... UND ICH WILL SEHEN, WER DU BIST!

Daher ist es mein Herzensanliegen und mein größter Wunsch für unser Zusammenleben, Menschen nicht nach ihrem Status, ihrer Herkunft oder aufgrund ihres Aussehens in irgendwelche Schubladen zu stecken und damit Raum für Diskriminierung zu bieten.

Es liegt an uns, gesellschaftliche Vorurteile zu hinterfragen und eine offene Haltung einzunehmen. Natürlich ist das strukturelle Rassismus- und Diskriminierungsproblem dahinter in unserer Gesellschaft ein viel Größeres und die Vorurteile, die es gegenüber Geflüchteten und Migranten und Migrantinnen gibt, resultieren unter anderem daraus. Trotzdem können wir uns persönlich jeden Tag neu dazu entscheiden, einen Unterschied zu machen und jedem Menschen auf Augenhöhe begegnen.

Wir können diese unsichtbaren Mauern zwischen uns Menschen, die es nun mal gibt, einreißen und damit umso mehr Brücken bauen, um aufeinander zuzugehen.

Und wir können von jedem Menschen etwas lernen, auch wenn es manchmal auf den ersten Blick nicht so scheint.

Ja, „Es gilt viele Mauern abzubauen“, die mit einem großen „Wir und die anderen“ bemalt sind. Aber ich glaube, dass jede und jeder Einzelne von uns das kann – genau an dem Ort, in der Zeit und in dem Umfeld, wo wir gerade sind.

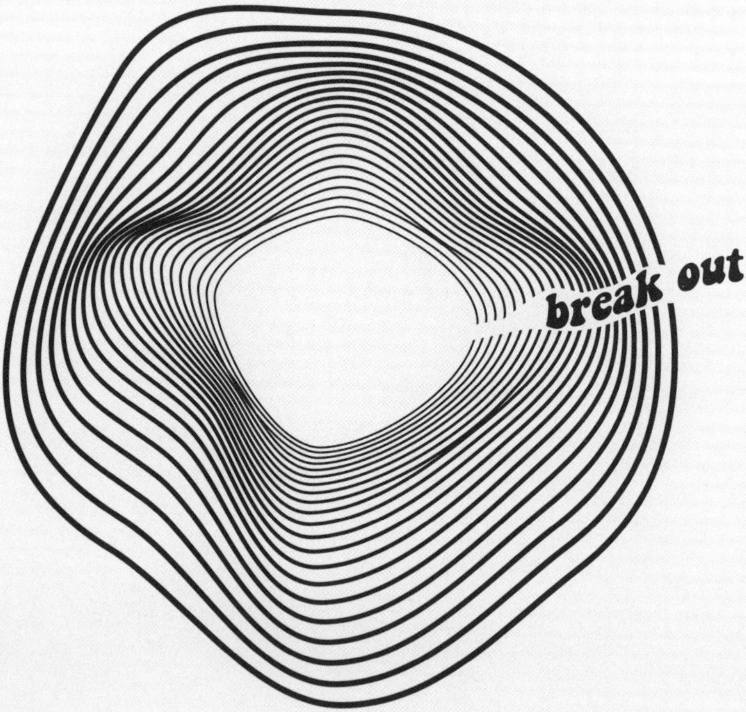
break out

Micha Orth

Durch Berlin fahrend, lasse ich die bereits zurückgelegte Strecke Revue passieren. Schon einige Kilometer liegen zwischen mir und meinem Zuhause. Schmunzelnd denke ich an den nächsten Berliner, dessen Geschichte mir einen anderen Blick auf geographische Distanz und das Mögliche gegeben hat. Ich freue mich darauf, von Micha zu hören, wie eine seiner verrückten Ideen Wirklichkeit wurde, und er nicht nur sich, sondern auch viele weitere Personen in Bewegung gesetzt hat:

Meine Mutter würde mich als einen Menschen voller Ideen beschreiben. Manche davon sind gut – viele andere dagegen fragwürdig, utopisch oder lachhaft. Oft bin ich mir der Konsequenzen dieser Ideen, ob positiv oder negativ, nicht wirklich bewusst. Und meistens bleiben diese Ideen Hirngespinste, die genauso schnell in den Tiefen meines Bewusstseins verschwinden, wie sie aufgetaucht sind. Kleine Funken, die beim ersten Windhauch wieder erlöschen. Doch manchmal ist es anders. Da lässt mich ein Gedanke nicht mehr los. Der Funke erlischt nicht, sondern glimmt weiter. Und irgendwann fängt die Idee dann Feuer.

EINE VERRÜCKTE IDEE WIRD WAHR

Es kann von Vorteil sein, Ideen nicht ganz zu durchdenken, denn dann bleiben sie aufregend, spannend und reizvoll. Michelangelo soll einmal gesagt haben: „Die größte Gefahr für die meisten von uns liegt nicht darin, dass wir zu hoch hinauswollen und unser Ziel verfehlen, sondern dass wir zu niedrig zielen und es erreichen."

Ein weiterer Vorteil des beschränkten Durchdenkens einer Idee ist, dass man Leuten davon erzählen kann, ohne auf jede unabdingbar aufkommende Frage eine Antwort haben zu müssen. Es macht Spaß, andere Menschen einzuladen, einfach mitzumachen. **Ich bin kein Einzelkämpfer,**

sondern stelle mich Herausforderungen gerne gemeinsam mit anderen.

Und so kam es, dass sich drei begeisterte Hobbysportler und ein kleines Supporter-Team, bestehend aus vier Freunden in einem 30 Jahre alten Wohnmobil, das zum Anspringen jedes Mal angeschoben werden musste, am heißesten Sommertag 2019 am Brandenburger Tor trafen, um innerhalb von 24 Stunden von Berlin nach Frankfurt zu radeln und dabei Spenden für gemeinnützige Organisationen zu sammeln.

Von Berlin nach Frankfurt. Das sind 540 Kilometer. Vielleicht ist es verständlich, dass man eine solche Idee nicht zu detailliert durchdenken sollte. Denn dann fängt man mit dem Pedalieren ganz sicher gar nicht erst an.

Aber wir haben einfach angefangen zu strampeln und hatten anfangs unglaublich viel Spaß. Tolles Wetter, frische Beine und gute Gemeinschaft sorgten dafür, dass die Zeit und die Kilometer nur so dahinflogen. Es ist ein herrliches Gefühl, in den Sonnenuntergang zu fahren, das atemberaubende Farbenspiel am Himmel und auf den Feldern zu genießen und gemeinsam unterwegs zu sein.

Doch die Euphorie der ersten Fahrstunden verfolg leider nach einer Weile wieder und wurde ersetzt durch eine innere Stimme, die immer lauter und beständiger zum Aufhören aufforderte: Die Kälte der Nacht, einsetzende Müdigkeit, stundenlang anhaltende Regenschauer und mit jedem gefahrenen Kilometer stärker werdende Schmerzen setzten uns ganz schön zu. Jeder Hügel und jede Kurve brachten neue Herausforderungen mit sich und jedes Brennen in unseren Beinen und jeder Tropfen Schweiß auf unserer Stirn waren ein Zeugnis des unaufhörlichen Kampfes gegen die Zeit und unsere eigenen Körper.

Trotz all der Schmerzen und Schwierigkeiten, die wir durchgemacht hatten, überwog ein tiefes Gefühl der Zufriedenheit und Dankbarkeit, dass wir solche Herausforderungen mit gesunden Körpern und unglaublicher Unterstützung bewältigen und dabei durch die gesammelten Spenden noch etwas Gutes für andere Menschen tun konnten. In letzter Minute erreichten wir Frankfurt. Nachdem die letzte Anhöhe, die ich beim letztjährigen Ironman schon als „Heartbreakhill" kennengelernt hatte, den letzten Funken Energie aus uns herausgepresst hatte, hatten wir das Unmögliche geschafft.

Dieser Tag, mit all seinen Höhen und Tiefen, wird für immer in meiner Erinnerung bleiben. Es war ein Tag voller Freude, Schmerz und Triumph. Und während die Morgensonne die nebligen Felder um mich herum aufhellte, formte sich in meinem Kopf ein neuer Gedanke, der eine weitere aufregende Frage aufwarf: „Was kommt als Nächstes?"

GEMEINSAM DIE EXTRAMEILE SCHAFFEN

Das ist die Geschichte, wie aus einer kleinen, unorganisierten Gruppe von Sportlern die *XtraMile*-Bewegung entstand, die ein jährliches Fundraising-Event durchführt, mit dem Ziel, Spenden zu sammeln für Jugendliche, um diese in ihrer Entwicklung, Bildung und Orientierung zu fördern.

Vier Jahre später, im Jahr 2023, nahmen fast 20 Sportler, darunter erstmals auch zwei Frauen, an diesem Event teil. Dieses Mal hatten wir 55 Stunden Zeit, um vier Kilometer zu schwimmen, über 500 Kilometer mit endlosen Höhenmetern zu radeln und abschließend einen Bergmarathon auf dem Feldberg im Schwarzwald mit über 1000 Höhenmetern zu laufen.

Das Supporter-Team ist auf über 20 Personen angewachsen. **Jeder und jede hat eine wichtige Rolle, damit möglichst alle Sportler ans Ziel kommen, zum Beispiel Routen zu planen und Verpflegung zu organisieren.**

Die Erinnerungen an die letzte *XtraMile* sind noch sehr frisch, vor allem spürbar im Körper. Die physischen und mentalen Herausforderungen, die das Event mit sich bringt, bringen wieder alle Teilnehmer an ihre Grenzen.

Doch das *XtraMile*-Event war nicht nur eine körperliche Herausforderung. Es war auch eine emotionale Achterbahnfahrt – von Schmerz und Enttäuschung, wenn die Müdigkeit zuschlug und die Zweifel aufkamen, bis hin zu überschwänglicher Freude und Erleichterung, wenn wir eine besonders schwierige Etappe erfolgreich absolviert hatten. Es war eine intensive Konfrontation mit uns selbst und unseren Grenzen, die uns auf eine Weise veränderte, die schwer in Worte zu fassen ist. Die Spenden, die wir gesammelt haben, gingen an fünf christliche Organisationen, die junge Menschen in Deutschland unterstützen.

Die Parallelen zwischen den Herausforderungen, denen wir während des Events begegneten, und denen, die junge Menschen in ihrem Alltag meistern müssen, waren offensichtlich: Auch sie stehen vor physischen und mentalen Hürden, müssen innere und äußere Widerstände überwinden und lernen, trotz Schmerzen und Erschöpfung weiterzumachen. Das Bewusstsein dieser Parallelen gab unserer Anstrengung eine noch tiefere Bedeutung. Jeder von uns war bereit, sich diesen Herausforderungen zu stellen, um das Bewusstsein für diejenigen zu schärfen, die solche Herausforderungen (wenn auch in anderer Form) jeden Tag meistern müssen. Die Teilnahme am *XtraMile*-Event war somit eine Erfahrung, die weit über das Sportliche hinausging. Es war ein Test unserer physischen Stärke und unserer mentalen Ausdauer. **Aber vor allem war es eine Lektion in Demut, Mitgefühl und Solidarität. Es war eine Erinnerung daran, wie viel wir erreichen können, wenn wir uns für einen guten Zweck zusammentun und bereit sind, unsere Komfortzonen zu verlassen.** Und letztendlich war es auch ein kraftvolles Zeichen der Hoffnung und Menschlichkeit.

WAS UNS DIE NÖTIGE ENERGIE SCHENKT

Wenn ich an das *XtraMile*-Event zurückdenke, ist eines der stärksten Gefühle, das mir in den Sinn kommt, die tiefe Verbundenheit und Gemeinschaft, die während dieser intensiven Tage entstand.

Jeder Einzelne hatte seine Rolle – ob als Athlet, Physiotherapeut, Mitglied des Logistikteams oder Unterstützer – und jeder trug wesentlich zum Gesamterfolg bei. Es war diese gemeinsame Anstrengung, dieses gemeinsame Ziel, das uns alle zusammenschweißte. Inmitten der sportlichen Anstrengung und der extremen Emotionen war ein Aspekt, der uns alle zusammenhielt, unser Glaube und die Unterstützung durch christliche Gemeinschaften. In Zeiten, in denen der Schmerz fast unerträglich war oder die Müdigkeit uns zu überwältigen drohte, besannen wir uns oft auf unseren Glauben zurück, der uns Hoffnung und Kraft gab.

Aber es war nicht nur der persönliche Glaube, der uns trug. Die fünf christlichen Organisationen, an die die Spendengelder gingen, waren eine ständige Erinnerung an den tieferen Sinn hinter unserer Anstrengung. Teilweise kannten wir uns vorher nicht, und doch waren wir für dieses Wochenende mehr als nur Teamkollegen – wir waren eine Gemeinschaft, die zusammenkam, um für etwas Größeres zu kämpfen. Wir haben gemeinsam gelacht, geweint, gefeiert und uns gegenseitig unterstützt – alle haben wir die gleiche Leidenschaft und das gleiche Engagement geteilt, das *XtraMile*-Event zu einem Erfolg zu machen. Die physische und emotionale Reise, die wir während des *XtraMile*-Events durchliefen, hatte zweifellos tiefgreifende Auswirkungen auf uns alle.

Der größte Impact des Events zeigt sich aber in den konkreten Ergebnissen, die wir gemeinsam erreicht haben: Mit über 150.000 Euro, die wir im Jahr 2023 gesammelt haben, konnten wir einen bedeutenden Beitrag für die Arbeit der fünf christlichen Organisationen leisten. Jeder Cent dieses Geldes geht direkt in Programme, die das Leben junger Menschen in Deutschland verändern. Viele von ihnen stehen vor enormen Herausforderungen. **Das Bewusstsein, dass unsere Anstrengungen einen direkten Einfluss auf das Leben dieser Menschen haben, ist eine große Motivation und eine tiefe Quelle der Zufriedenheit.**

Aber der Einfluss des *XtraMile*-Events geht noch weiter: Indem wir diese physische Herausforderung angenommen und in der Öffentlichkeit sichtbar gemacht haben, haben wir hoffentlich auch andere inspiriert, sich uns anzuschließen oder auf ihre eigene Weise einen Unterschied zu machen. Die Teilnahme am *XtraMile*-Event hat jeden von uns auf eine besondere Weise geprägt. Sie hat uns gezeigt, dass wir gemeinsam so viel mehr erreichen können, als wir uns jemals vorstellen konnten.

Und während ich mich um meinen wunden Hintern kümmere und versuche, schmerzende Knie zu kühlen, meldet sich der mittlerweile bekannte Gedanke langsam wieder: „Was kommt als Nächstes?“

HIN
SEHEN

Marilyn Jaeschky

Marilyn wohnt seit neun Jahren in Berlin. In dieser lauten Stadt hat sie ein Auge für das Stille und Ungesagte. Durch ihre Geschichte lernte ich es zu schätzen, dass ein Herzensthema über einen langen Zeitraum hinweg und in unterschiedlichen Formen Teil des Lebens sein kann. Auf sehr liebevolle Art und Weise beschreibt sie die verschiedenen Haltestellen ihres Lebens. Auf der Kinderonkologie-Station beginnt die Reise, von der sie mir erzählt hat:

Ich konnte mir nur beschränkt vorstellen, wie der Arbeitsalltag auf einer Kinderonkologie-Station wohl aussehen würde. Und doch wollte ich mich dieser besonderen Aufgabe als Erzieherin im Anerkennungsjahr stellen. Schon immer schlug mein Herz für Menschen in Not und ich liebte es von jeher, zu unterstützen und zu helfen. Irgendwie suchte ich mir schon immer bewusst oder unbewusst die Wege mit den größeren Hürden, um auf meinem Lebensweg zu wachsen.

Natürlich hörte ich die Stimmen aus meinem Umfeld, die sagten: „Dass du dir das zutraust, Respekt! Ich könnte das nicht!“, oder: „Ich müsste da die ganze Zeit weinen, so viel Leid!“ Ich erinnere mich noch ganz genau daran, wie ich an meinem ersten Arbeitstag in meiner weißen Klinikhose meiner Anleiterin Eva folgte. Sie war eine sympathische Frau mittleren Alters, voller Ausstrahlung und Selbstsicherheit, und stellte mich bei dem Stationsteam, den Patientinnen und Patienten vor. Mit einer gewissen Unsicherheit ging ich ihr nach und war froh, dass sie mich an die Hand nahm. Ich war erstaunt, was für eine freundliche Atmosphäre in den Fluren und Krankenzimmern herrschte. Ich hörte fröhliche Stimmen und schaute in viele lächelnde Gesichter. **Es war weder ruhig noch düster, wie ich es mir vorgestellt hatte. Ganz im Gegenteil: Die Atmosphäre war offen und die Räumlichkeiten wirkten bunt und voller Stimmen.** Die Kinder reagierten positiv auf meine Kontaktaufnahme und schnell war das Eis gebrochen. Es brauchte nicht viel, nur ein freundliches Wort, ein Lächeln oder eine sichtbare Gemeinsamkeit zu benennen, die uns verband – und schon war man in ein Gespräch vertieft.

Die Kinder auf der Station zogen ihre intravenöse Chemotherapie auf rollbaren Ständern hinter sich her, immer gefolgt von ihren Eltern, wenn sie ihre Betten verließen. Die Mütter und Väter sahen oft müde, erschöpft und besorgt aus. Schnell kam ich mit ihnen im gemeinsamen Spielzimmer oder am Patientenbett ins Gespräch. Oft genügte die einfache Frage: „Wie geht es euch heute?" Das Herz der Kinder konnte ich oft durch eine gezielte Frage zu ihren Kuscheltieren, T-Shirt-Aufdrucken oder Ähnlichem erreichen. **Die Kinder spürten es, dass ich ihnen mit echtem Interesse begegnete, und schon war eine Brücke zu ihnen gebaut.**

Ich empfand die Begegnungen meist tiefer als im „normalen Leben", das sich außerhalb der Klinikmauern abspielte. Nach der Diagnose Krebs pausierte dieses normale Leben für die betroffenen Familien. Von heute auf morgen waren sie aus dem Alltag herausgerissen und mit Angst und Sorge der furchtbarsten Art konfrontiert: Das eigene Kind war schwer erkrankt mit einer Krankheit, die die meisten Menschen mit dem Tod verbinden. Diese plötzliche Angst ums Überleben würde sich tief in sie hineinbrennen und ihr Leben für immer beeinflussen. Selbst dann, wenn der Krebs überwunden werden sollte, würde er Spuren hinterlassen.

Mir wurde von vielen Familien berichtet, wie traurig sie darüber waren, dass Nachbarn plötzlich die Straßenseite wechselten und Freunde aus Unsicherheit das Schweigen begannen. Damit kam zur Last der Krankheit nun auch noch die der sozialen Isolation hinzu. Oft aus dem Grund, da das Immunsystem der Kinder geschützt werden musste, aber auch, weil sich das Umfeld größtenteils zurückzog. Es brach mir das Herz, neue Familien mit der frisch mitgeteilten Diagnose Krebs auf der Station kennenzulernen. Menschen, die gestern noch im Sportverein oder auf dem Dorffest waren, und plötzlich blieb ihre Welt stehen.

Gerade in diesen Momenten braucht man Halt. **Bis heute kämpfe ich für Aufklärung und das Brechen des Schweigens, das eine Überforderung des Umfelds der trauernden Familien mit sich bringt. Menschen müssen erfahren, wie wichtig sie für ihre kranken Angehörigen, Freunde und Bekannten sind.** Mir geht es dabei nicht darum, das Umfeld zu überfordern. Mein Anliegen ist es vielmehr, dass Menschen erfahren, wie wichtig ihre Anwesenheit für den Heilungsprozess ihrer Liebsten ist. Manchmal braucht es nur eine Ermutigungskarte, einen Kuchen, der vor die Haustür gestellt wird, einen „Wie-geht-es-dir-Anruf" oder Ähnliches.

DIE GROSSEN, KLEINEN DINGE WERTSCHÄTZEN

Mit der Zeit lernte ich die verschiedenen Krebserkrankungen zu unterscheiden, verstand mehr und mehr von den Behandlungsabläufen und erkannte selbst, wann sich der Gesundheitszustand eines der kleinen Patienten verschlechterte.

Das Stationsteam wurde für die Familien plötzlich zu Vertrauten, die die Hochs und Tiefs des Alltags miteinander teilten. Gemeinsam lachten wir ausgelassen, feierten Geburtstage und andere Feste und teilten und verarbeiteten auch traurige Nachrichten.

Schnell bemerkte ich, dass es die Kinder waren, die Trost schenkten und hier die Tapfersten waren. Ich hatte oft den Eindruck, dass die Kinder, unabhängig von ihrem Alter, tief in ihrem Inneren spürten, wenn es nicht gut um sie stand und welch große Verzweiflung das bei ihren Eltern auslöste.

Trotz des Versuchs der Eltern, das eigene Leid von den Kindern fernzuhalten, waren es am Ende die erkrankten Kinder, die ihren Eltern Kraft zum Durchhalten gaben.

Ich war so tief berührt von diesen kleinen, großen Helden, die täglich um ihre Gesundheit und manchmal um ihr Leben kämpften. Sie gaben mir einen neuen Blick auf meine vermeintlich „großen Probleme", die für mich plötzlich so klein wirkten, wenn ich in diese Kinderaugen blickte. **Ich lernte, das Leben mit einer anderen Wertschätzung wahrzunehmen und Momente des Seins zu schätzen.** Denn diese zählten. Und dies machte ich mir auch auf der Station zur Aufgabe: Ich wollte gemeinsam mit den Kindern Momente schaffen und Erinnerungen kreieren, ob fürs Herz oder zum Anfassen, ganz individuell. Ich sah, wie es manchen Kindern guttat, an kleinen Projekten zu arbeiten, um den Tag gut zu meistern. Meine Kreativ- oder Spielphasen mit den Kindern nutzten manche Eltern für kurze Pausen. Mich bewegte es jedes Mal, wenn ich den ein oder anderen Elternteil im Augenwinkel beobachtete, wie er oder sie aus dem Fenster blickte und heimlich mit den Tränen kämpfte. Ich wünschte ihnen so sehr neue Hoffnung und Zuversicht.

EINFACH DA SEIN

Die Themen Tod und Trauer wurden für mich zunehmend präsenter. Einige Kinder, die ich lieb gewonnen hatte, starben in dieser Zeit. Das berührte mich zutiefst und machte mich sehr traurig. Mit den meisten Kindern verband mich eine intensive Zeit, ein Stück Weg, den wir gemeinsam gegangen und Erinnerungen und Momente, die wir mit- und füreinander gesammelt hatten. Auf einmal wurden diese Kinder schwächer, ihre Augen verloren an Leuchtkraft, ihr Körper schien nur noch eine Hülle zu sein und der Tod war zum Greifen nah.

Ich werde nie vergessen, wie ich während meiner Schicht einem Elternpaar begegnete, das nach mir suchte und mich fragte, ob ich mich von ihrem Sohn, der im Sterben lag, verabschieden wollte. Ich muss zugeben, dass ich mich darauf absolut nicht vorbereitet fühlte. Aber auch diese Situation wurde eine meiner Erkenntnisse in dieser Zeit: Ich wusste und doch wusste ich gar nichts. Der Schmerz, auf den ich mich versuchte vorzubereiten, war nicht greifbar bis zu dem Moment, in dem das Kind endgültig ging. So folgte ich den Eltern in das Zimmer, in dem ihr Sohn lag, ganz friedlich. Mit sachten Atemzügen verbrachte er seine letzten Momente. Die Eltern stützten sich liebevoll gegenseitig und ich trat näher an den Jungen heran. Was sollte ich tun? Was konnte ich sagen? Ich sprach ihn mit seinem Namen an, erzählte ihm, dass ich da war und von unseren gemeinsamen Erlebnissen. Ich sah, wie sich seine Augen unter seinen Augenlidern leicht bewegten. Ich war mir sicher, dass er mich wahrnahm. Dieser kleine Kerl mit seinen großen Kulleraugen und seinen eineinhalb Jahren hatte in den letzten Monaten mein Herz erobert. Wir verbrachten viel Zeit miteinander, spielten, bastelten und fuhren mit dem Bobbycar über den Flur. Er war ein ganz normales Kind mit dem Drang, neue Dinge zu entdecken und die Welt zu verstehen. Es machte mich traurig, diesen kleinen Menschen mit seinem großen Tumor am Bauch zu sehen. Aber er war es, der uns mit seiner heiteren Art Trost schenkte.

Ich war dem Tod noch nie so nah gewesen, wie in diesem Moment an seinem Sterbebett. Uns war bewusst, dass er nur noch wenige Momente bei uns sein würde. In all dieser Traurigkeit und diesem Schmerz entdeckte ich eine Schönheit, die sich nur sehr schwer beschreiben lässt. Ich verspürte einen Frieden, eine Art Ruhe, die ich mir als Übergang vom Leben in das „Danach" vorstellte. Fühlte sich so also das Sterben an?

In den darauffolgenden Tagen machte ich mir viele Gedanken über diese Begegnung. Hatte ich alles richtig gemacht? Hatte ich den Eltern gegenüber die richtigen Worte gefunden? An diesem Tag lief ich nach Hause und mein Herz brauchte Zeit, um das Geschehene zu verarbeiten. Und dies wurde zu einem Ritual für mich. Immer wenn ein Kind starb oder es traurige Nachrichten gab, lief ich, um mich zu ordnen, zu beten und um neue Kraft für die Familien zu tanken.

Was ich daraus gelernt habe, lässt sich in wenigen Worten zusammenfassen: **Sei du selbst. Wenn dir die Worte fehlen, dann sag es einfach. Wenn du Gefühle zeigen möchtest, dann tu es. Sei sensibel in diesen Momenten, schaue, was dein Gegenüber braucht, und suche Raum und Ruhe zu dir selbst, um verarbeiten zu können und Kraft zu tanken.**

Denn indem du einfach nichts tust und das Weite suchst, überträgst du deine eigene Überforderung auf die Trauernden. Das ist noch viel schmerzhafter, als gemeinsam zu schweigen. Warum meiden wir die Trauernden, wenn gerade diese Menschen uns am dringendsten brauchen?

MEIN WEG, TRAUER ZU BEGEGNEN

Ausgelöst durch diese Erfahrungen wuchs in mir ein Herzensinteresse, noch mehr über Trauer und Tod zu lernen. Ich sehnte mich danach, in diesem Arbeitsbereich zu bleiben, um Licht sein zu können.

Doch nach meiner Ausbildung ging ich zunächst für einige Monate auf Weltreise. Mein Wunsch wurde immer größer, meine Erfahrungen nicht fallen zu lassen. Ich spürte, wie ich meine Gaben und Fähigkeiten in der Arbeit mit Sterbenden und Trauernden einsetzen wollte. Ich schickte endlose Initiativbewerbungen an Krankenhäuser, erstellte ein Portfolio mit Konzepten für die Kliniken, die noch keine Erzieherinnen auf ihren Kinderonkologie-Stationen hatten. Aber alles vergebens. Die Enttäuschung war groß. Wie konnte ich nun, nach allem, was ich erlebt hatte, in einem „normalen Job" arbeiten und mein Herz für die Trauerarbeit so außer Acht lassen? Ich beschloss also, berufsbegleitend eine Ausbildung zur Trauerbegleiterin zu machen. Damals war ich mit meinen 24 Jahren mit Abstand die Jüngste im Kurs. Mir war es wichtig, mich fortzubilden und die Zeit zu nutzen, um mein Wissen zu vertiefen. Ich hatte jährlich mehrmals die Gelegenheit, ehrenamtlich Freizeiten für trauernde Familien zu begleiten und das Kinderprogramm für die hinterbliebenen Geschwisterkinder zu leiten. In diesen Zeiten verspürte ich jedes Mal eine tiefe Verbindung zu diesen Familien und einen Frieden darüber, am richtigen Ort zu sein. Ich merkte das vor allem daran, dass es in den Vorbereitungen für das Programm immer nur so an Ideen und Kreativität aus mir heraussprudelte.

Ich begriff, dass sich manche Türen nicht einfach öffnen ließen, aber gleichzeitig verstand ich auch, dass es oft Alternativen gibt, mit denen ich „drumherum bauen" kann, um mich in meinem vollen Potential zu entfalten. **Ich bin zutiefst überzeugt, dass wir eine Berufung für unser Leben und unsere Gaben bekommen haben, um unseren Mitmenschen zu dienen. Denn würde nicht so die Menschheit am besten funktionieren?** Jeder trägt seinen Teil dazu bei und wir werden ein gutes Ganzes.

Über die Jahre lernte ich, wie wertvoll und wichtig es ist, Momente zu verewigen. Sei es durch das Schreiben von Erinnerungen, die kreative Umsetzung oder das Verbildlichen von gemeinsamen Momenten. Diese sind es doch, die bleiben, und uns Trost geben, wenn geliebte Menschen für immer gehen. Schöne Erinnerungen lassen uns den Verstorbenen nahe fühlen und uns oftmals im Herzen dankbar werden. Manchmal vielleicht sogar so viel mehr, als wir ohne den Verlust womöglich niemals wahrgenommen hätten.

Das Erinnern machte ich mir somit zum Ziel in meiner Trauerarbeit. Durch meine Ideen und Methoden versuche ich die Trauernden in der Verarbeitung ihres Verlusts zu begleiten.

Ich glaube, Kreativität setzt Prozesse frei und kann unterbewusste Gefühle und Gedanken hervorrufen. So manche Male habe ich schon von dem ein oder anderen Trauernden gehört: „Aber ich bin doch überhaupt nicht kreativ." Doch das stellte sich jedes Mal als ein Irrtum heraus. Jeder ist es, in jedem steckt ein Künstler! Es bedarf keiner Vorkenntnisse. Ich bin überzeugt davon: Wenn wir uns einem Prozess öffnen, kommen wir irgendwann ins Tun. Und plötzlich gestaltet man und gibt seiner Gedankenwelt die Chance, nach außen zu treten. Ich mag es sehr, mit Bildern, Texten und Gegenständen zu arbeiten, die bei näherem Betrachten und mit etwas Zeit für etwas stehen können. Sie werden individuell interpretiert und dienen zur Verarbeitung. Plötzlich lassen sich Worte für tiefen Schmerz finden, die zuvor nur wirre, ungeordnete Gedanken waren. Oder Zeichnungen lösen einen neuen Prozess der Verarbeitung aus und inspirieren, ins eigene Handeln überzugehen. Und plötzlich entsteht eine Kraft, weil das eigene Machen etwas ausgelöst hat. Die eigenen Gefühle werden greifbarer.

Es ist wichtig, in seinem ganz eigenen Tempo und auf seine ganz eigene Art zu trauern. Und dafür braucht es Raum, Atmosphäre und ein bestimmtes Wohlfühlen, um sich fallen zu lassen und die wilden Gefühle der Trauer zu durchleben. Ich habe immer wieder gesehen, dass die eigentliche Trauer abweicht von der „klassischen Reihenfolge" der Verarbeitung. Bei vielen Menschen ist es ein stetiges Auf und Ab. So manches Mal muss die Trauer an der „gleichen" Stelle immer wieder durchlebt werden. Manchmal sind die Rückschläge größer, anders oder kommen wieder wie ein Flummi. Und das alles ist okay.

Heute, einige Jahre später, leite ich gemeinsam mit Tabitha Schulz (die ihre Wortkunst unter dem Künstlernamen Tabitha Hanan veröffentlicht) die Trauergruppe „Trauer und Worte“. Von ihr ist der Text, den du im Anschluss an dieses Kapitel findest. Aktuell arbeiten wir mit Sternenmamas zusammen und möchten diese Arbeit stetig wachsen lassen, eventuell auch mit anderen Zielgruppen.

Ich wünsche mir einen Mund,
der für Trauer und Tod Worte findet,
und ein Herz,
das sich traut, sie zu sprechen,
und nicht zurückschreckt
vor dem Schmerz des Anderen.

Ich wünsche mir Arme,
die ergreifen und umarmen,
statt schlaff danebenzuhängen.

Ohren, die es schaffen, nur zuzuhören.

Ich wünsche mir Füße, die dahineilen,
um beizustehen,
und einen Magen, der die Schwere
zu verdauen weiß.

Und ich wünsch mir eine heilsame Sprache,
die uns in dunklen Zeiten mit Worten
des Lebens tröstet.

Tabitha Hanan

Jörg Rodemann

Von Berlin aus geht es weiter in eine der schönsten Städte Deutschlands. Ich treffe Jörg in seiner Wohnung in einem Hamburger Vorort. Vor Freude glitzernde Augen funkeln mir über die dicken Brillengläser entgegen. Ich setze mich in die kleine Küche seiner gemütlichen Dachgeschosswohnung. Jörg versorgt mich mit Tee, setzt sich zu mir und erzählt mir von seinem Leben, welches 1944 beginnt. Allein diese Zahl lässt mich still werden und lauschen. Seine Geburt zur Zeit des zweiten Weltkriegs markiert den Beginn eines Lebens, welches viele andere Leben geprägt hat. Jörg hat mir beigebracht, wie man Gebet ernst nehmen kann. Außerdem berichtet er mir, wie andere Menschen Türöffner für ihn wurden und er selbst den Weg für andere ebnen konnte. Jörg hat die verrücktesten Chancen erhalten und genauso zahlreiche gegeben. Aber fangen wir von vorne an. Das hier ist Jörgs Geschichte:

EIN LEBEN NACH VORSCHRIFT

Ich bin ein Nachkriegskind und daher war meine meist düstere Schulzeit geprägt durch Lehrer, deren Lehrmethoden darauf schließen ließen, dass sie vermutlich ehemalige Nazis waren. Die Schule fiel mir nicht leicht und meine Leistungen wurden immer schlechter. Außerdem erhielt ich ständig wegen Lappalien Striche. Nach drei Strichen erhielt man eine Rüge, die in ein Verkehrsheft eingetragen wurde und von den Eltern unterschrieben werden musste. Nach drei Rügen erhielten wir einen Tadel, der per Post nach Hause geschickt wurde.

Ich hatte große Angst vor der Reaktion meines Vaters, sodass ich im Verkehrsheft einmal seine Unterschrift fälschte. Als der Schwindel rauskam, schickte die Schule meinen Eltern einen Tadel zu. Deswegen bekam ich, jedoch nur das einzige Mal, den Hintern versohlt. Meine Eltern nahmen mich daraufhin von der Realschule und ich wechselte in eine Volksschule.

Mit meinem 14. Lebensjahr wurde ich aus der achten Volksschulklasse mit einem guten Zeugnis entlassen und begann auf Anweisung meines Vaters eine Ausbildung zum Werkzeugmacher. Ich hätte lieber Elektriker gelernt, aber ich bereue nicht, dass ich diesen Metallberuf erlernt habe, denn Metall erzieht zur Sorgfalt, Genauigkeit und Geduld. Außerdem war der Beruf des Werkzeugmachers ein Spitzenberuf in der Metallindustrie.

WO MEIN HERZ FEUER FING

Mit siebzehn Jahren vertrat ich unsere Gemeindeschwester in der Sonntagsschule – so hieß der Kindergottesdienst damals – bei der Leitung der Gruppe nichtschulpflichtiger Kinder. Weil mir die Arbeit mit Kindern so gut gefiel, besuchte ich diese oft nach der Arbeit, um mit ihnen zu spielen. Sie luden mich zu ihren Geburtstagen ein. Wenn ich mit ihnen draußen spielte, kamen auch die Nachbarskinder hinzu. Ich war für sie der Onkel Jörg, der immer Geschichten erzählte.

3 ZEICHEN

Mit der Zeit gewann ich den Eindruck, dass Gott mich beruflich bei Kindern haben wollte. Um sicher zu sein, bat ich ihn, ähnlich wie Gideon in der Bibel, um drei Zeichen. Und die bekam ich tatsächlich auch. Das erste war mein Vater, der mit einem Zeitungsbericht auf mich zukam, in dem stand, dass Männer für die Arbeit in Kindergärten gesucht wurden. Sowohl der Bericht als auch die Tatsache, dass mein Vater mir diesen zeigte, waren sehr unüblich. So außergewöhnlich, dass ich dies als Zeichen betrachtete. Das zweite Zeichen bekam ich an meinem 18. Geburtstag. Ich wollte mit den Kindern aus der Sonntagsschule feiern. Als ich durch das

Stadtviertel ging und an den Türen klingelte, öffnete mir keiner. Ich wollte das schon fast als Zeichen gegen die Berufung für die Arbeit mit Kindern sehen. Da bekam ich jedoch den Impuls: „Klingel erneut." Und tatsächlich: Bei meiner zweiten Runde, öffnete sich jede Tür!

Was war geschehen? Ausgerechnet in dieser Zeit, als ich die Kinder während meiner ersten Runde abholen wollte, gab es im gesamten Stadtteil keinen Strom mehr. Nun, nach meinem zweiten Versuch, konnte ich sie doch noch zu meinem Geburtstag einladen und mit ihnen feiern und habe das als zweites Zeichen von Gott angenommen.

Einige Wochen später, als ich in meinen Betrieb zur Frühschicht kam, zeigte mir ein Mitarbeiter einen Artikel in seiner *BILD*-Zeitung und sagte zu mir: „Hier, dein Beruf!" In diesem Artikel wurde berichtet, dass Menschen für soziale Berufe gesucht wurden, und ich hatte diesem Kollegen von meiner Gemeindearbeit berichtet. Für mich stand nun fest, dass Gott mich für die hauptberufliche Arbeit mit Kindern berufen hatte.

Da ich nun um den Willen Gottes für mein Leben wusste, wollte ich sofort meine Ausbildung abbrechen. Mein Vater hinderte mich jedoch daran und besprach sich zunächst mit meiner Tante Gisela, die einen sozialen Beruf ausübte und mittags regelmäßig zum Essen kam. Sie sollte die Aufgabe übernehmen, mir diesen Berufstraum wieder auszureden.

DIE EISBEINHÄUSER-KINDER

In der Gruppe der nichtschulpflichtigen Kinder der Sonntagsschule konnte ich nur so lange arbeiten, wie die Gemeindeschwester wegen Krankheit ausfiel. Als sie wieder gesund war, übernahm sie selbst wieder diese Gruppe, und ich musste mich mit großem Kummer von meinen geliebten Kindern verabschieden. Mein Vater vermittelte mir jedoch eine Sonntagsschularbeit in einem anderen Stadtteil. An einem Sonntagmorgen begegnete ich vor der Schule etwa sieben Kindern. Ich begrüßte sie herzlich und lud sie zur Sonntagsschulstunde ein. Begeistert folgten sie meiner Einladung und anschließend begleitete ich sie nach Hause. Sie wohnten alle in einer Obdachlosenasylunterkunft. Zu der Zeit wurden in Remscheid alle Menschen, die aus irgendwelchen Gründen ihre Wohnungen verloren, in einem riesigen Betonbau untergebracht. Dieser zwei Stockwerke hohe Rundbau wurde im Volksmund „Eisbeinhäuser" genannt. Alle Zimmer waren über einen gemeinsamen Balkon zu erreichen. Es gab drei Treppenhäuser, in denen sich Gemeinschaftstoiletten und Waschräume befanden. In diesem Rundbau wohnten circa 300 Familien. Der Bau sah sehr kalt und hässlich aus und lag auch abgelegen von sonstiger Besiedlung. Hier lebten die gezeichneten und ungeliebten Bürger der Stadt. Der Name „Eisbeinhäuser" entsprach dem äußeren Bild dieser Wohnstätte. Durch die Kinder bekam ich nun Zugang zu den Bewohnern. Nach Dienstschluss besuchte ich jeden Nachmittag die dort lebenden Familien und war schon bald ein gern gesehener Gast.

Da immer mehr Kinder aus diesem Lager die Sonntagsschule besuchten, mussten wir einen weiteren Klassenraum anmieten. Dann wurde eine für mich schreckliche Entscheidung getroffen: Man trennte die Kinder in eine Gruppe der „gutbürgerlichen Kinder" und eine Gruppe dieser „Eisbeinhäuser-Kinder". Ab sofort kümmerte ich mich nur noch um diese von der Gesellschaft oftmals ungeliebten Kinder. Während sich die Anzahl der gutbürgerlichen Kinder nicht erhöhte, wurde der Klassenraum dieser ungeliebten Kinder sonntags immer voller. Ich bekam noch eine Mitarbeiterin und einen weiteren Klassenraum hinzu. Jetzt fing die Arbeit mit den Kindern richtig an zu explodieren. **Jeden Samstag**

und Sonntag stand ich beizeiten vor dem Lager auf einer Anhöhe und blies auf meiner Trompete. Sofort sammelten sich um mich herum viele Kinder. Dann gingen wir zusammen zur Schule. Samstags zeigte ich gelegentlich Filme und wir erlebten eine großartige Zeit.

Die Namen aller Kinder hatte ich in eine Kladde (ein Schmierheft) eingetragen. Zuletzt betreute ich rund 150 Kinder aller Altersgruppen. Samstags wie sonntags kamen die Kinder von drei bis 15 Jahren in die Kinderstunde oder zur Sonntagsschule. **Von ganzem Herzen liebte ich meine Kinder, und sie liebten mich zurück. Für alle Kinder, deren Namen in meiner Kladde standen, betete ich täglich und brachte sie vor meinen himmlischen Vater.** Viele dieser Kinder besuchten eine Sonderschule. Somit wurde mir der Umgang mit meinen zukünftigen Schülern schon vertraut, wie sich zu einem späteren Zeitpunkt in meinem Leben noch herausstellen sollte. Zu jeder Tageszeit konnte ich die Familien besuchen. Es sprach sich schnell rum, wenn ich vor Ort war: „Der Onkel Jörg ist da!“ Auch für sie war ich der Onkel Jörg.

EINE EIGENE STRASSENBAHN FÜR DIE SCHWACHEN KINDER

In unserer Gemeinde fand jedes Jahr vor Weihnachten eine gemeinsame Weihnachtsfeier für alle Stadtteil-Sonntagsschulen statt. Damit auch meine Kinder aus ihrem Stadtteil diese Weihnachtsfeier besuchen konnten, mietete ich eine Straßenbahn. Diese brachte alle Kinder, teilweise zusammen mit ihren Eltern, zur Gemeinde ins Zentrum. Viele Kinder hatten noch nie an einem Gottesdienst teilgenommen. Sie konnten sich natürlich während des Gottesdienstes nicht so benehmen wie die gutbürgerlichen Kinder, was die Gemeinde sehr störte. Solch einen unruhigen Gottesdienst hatten sie noch nie erlebt. Mit diesen Kindern konnte keiner so richtig etwas anfangen, aber ich liebte sie so sehr. **Ich weiß nicht, ob es die Kinder gemerkt hatten, dass sie nur geduldet, aber nicht geliebt wurden. Vor mir hatten sie Respekt, weil sie sich von mir geliebt wussten. Auf mich hörten sie.** Mir versetzte diese Weihnachtsfeier jedoch einen Stich ins Herz.

MEIN LEBEN ZWISCHEN SOZIALEM UND WERKBANK

„Der Mensch plant seinen Weg, aber der Herr lenkt seine Schritte". (Sprüche 16,9 HFA)

Die Zeit bis zu meinem Studium, das ich beginnen wollte, war gefüllt mit Erfahrungen, ganz wunderbaren Möglichkeiten und einer Segensspur, auf der ich bis heute gehe. Wie eine Serpentinenstraße führte mich mein Weg an den unterschiedlichsten Stationen vorbei. Kurven, die ich selbst nicht besser hätte planen können. Vieles hätte sich in den Weg stellen können.

Zu der Zeit, zu der ich in einen sozialen Beruf einsteigen wollte, war auf der Welt sehr viel im Umbruch. Meine Kriegsdienstverweigerung stellte ich während der Kubakrise im Jahr 1962. Ein Jahr zuvor wurde die Mauer gebaut. Ich war sehr froh, als ich den Bescheid bekommen habe, dass ich einen Zivildienst leisten durfte. Die Beamten waren von meiner Nächstenliebe überzeugt, da ich trotz guter Zukunftsaussichten in der Metallindustrie lieber jegliche soziale und pflegerische Tätigkeit übernehmen wollte. Bevor ich jedoch meinen Zivildienst antreten konnte, wurde mir von einer Gemeinde die Arbeitsstelle angeboten, ihr Jugendhaus zu betreuen.

Ich nahm die Stelle dort an und die Arbeit blühte zunächst auf. Ich lud die jungen Menschen von der Straße ein. Sie kamen mehrere Male und blieben dann aber weg, weil sie wegen ihrer Störungen zu oft ermahnt wurden. Außerdem wollten die Gemeindejugendlichen lieber unter „ihresgleichen“ bleiben. Sie mieden den Umgang mit meinen Jugendlichen und zeigten ihnen das durch ihre ablehnende Haltung. Viele fremde Jugendliche waren täglich in den Gemeinderäumen, aber keiner interessierte sich für sie. Ich fühlte wieder den gleichen Schmerz wie damals bei der Weihnachtsfeier mit meinen Eisbeinhäuser-Kindern.

Aufgrund fehlender Unterstützung der Gemeindeleitung stagnierte die Arbeit irgendwann immer mehr. Ich hatte keinen Rückenwind, blieb aber in meinen Möglichkeiten vor Ort. Damals in Remscheid hatten wir von unserer Gemeinde aus immer wieder Einsätze auf Krankenstationen. Diesem Beispiel folgend fing ich nun erneut an, solche ehrenamtlichen Tätigkeiten zu finden. Auf dem Weg zu einer befreundeten Familie kam ich an einem Schild mit der Aufschrift „Lebenshilfe für das geistig behinderte Kind“ vorbei. Im März 1965 klingelte ich an der Tür dieser Einrichtung. Eine liebevolle Frau öffnete die Tür und fragte nach meinem Anliegen. Als ich ihr sagte, dass ich für zwei Vormittage in der Woche eine ehrenamtliche soziale Arbeit suchte und von Beruf Werkzeugmacher sei, war sie begeistert. Es sah fast so aus, als hätte sie schon auf mich gewartet. Sie führte mich durch die Einrichtung und bevor sie mir den letzten Raum zeigte, sagte sie: „Und hier können sie unseren Jungen Werkunterricht erteilen.“ Sie öffnete die Tür, doch ich sah lediglich in einen leeren Raum hinein. Für Werkunterricht war in diesem Raum nichts vorhanden. Es gab keine Werkbank und keine Werkzeuge, nur einen leeren Raum. Für die Arbeit im Jugendhaus hatte ich bereits bei vielen Firmen Anfragen nach Werkzeug gestellt und daraufhin Zahlreiches gespendet bekommen. Diese Kontakte konnte ich nun wieder nutzen und durch das zur Verfügung stehende Auto der *Lebenshilfe* und die Großzügigkeit der Firmen konnte der Werkraum ausgebaut werden und entwickelte sich prächtig. In dieser Arbeit konnte ich nun meine beiden Begabungen vereinen. Ich steckte all mein Herz und meine Zeit in diesen Werkraum und hatte viel Freude daran.

Wenige Monate später wechselte ich dann von meiner Stelle im Jugendhaus in eine der Einrichtungen der *Lebenshilfe* und wohnte in einer Wohngemeinschaft mit Menschen mit Behinderung. Dort war ich Tag und Nacht für die Bewohner erreichbar, die dies auch rege nutzten.

Die letzte Station vor meinem Studium führte mich als Zivildienstleistenden in ein Krankenhaus für psychisch erkrankte Männer. In dieser Zeit erhielt ich immer mehr Verantwortung, tischlerte einen Schrank für Malsachen und organisierte Wanderungen, eine Schifffahrt, einen Chor und ein Laientheater mit den Patienten.

So habe ich zu Beginn meines Studiums schon viel mit sozial schwachen Kindern und Jugendlichen, Menschen mit körperlicher oder geistiger Behinderung und psychisch Erkrankten gearbeitet. Jeder einzelne Lebensabschnitt bereicherte mein Leben und half mir, einen liebevollen und wertschätzenden Umgang mit all diesen mir so lieb gewordenen Menschen zu pflegen.

Nun begann ich erneut, die Schulbank zu drücken. Zuerst besuchte ich die Heimvolksschule in Hermannsburg, um die Voraussetzungen für das darauffolgende Studium zu erlangen. Ich hatte dort einen Freiplatz erhalten und lebte im Internat. Von meiner Familie erhielt ich 80 DM im Monat, um meine privaten Kosten zu decken. Die Schule beendete ich im März 1969 erfolgreich mit der schriftlichen und mündlichen Prüfung. Es war ein wunderbarer Tag, als wir dann offiziell in einem großen Saal am 20. März 1969 von einem

Mitarbeiter des Kultusministeriums unsere Zeugnisse erhielten. Nun wollte ich mein Studium an der Höheren Fachschule für Sozialarbeit in der Wichernschule in Hannover beginnen.

Doch in der letzten Woche an der Volkshochschule in Hermannsburg stellten wir zum Abschluss die von mir gestaltete Abschiedszeitung vor.

Nach der Lesung stand mein Professor auf und sagte öffentlich zu mir: „Sie sollten Sonderschullehrer werden!" Dieser Satz traf mich wie ein Blitz. Ich schätzte seine Meinung sehr und meldete mich sofort für die Prüfung zur Aufnahme von Nichtabiturienten zum Studium an der Pädagogischen Hochschule in Lüneburg an.

Ich wurde angenommen und konnte vieles des bereits Gelernten dort anwenden. Dieses Studium führte mich dann letztendlich zu der Stelle, an der ich schließlich achtunddreißig Jahre lang Sonderschullehrer sein durfte. Dort unterrichtete ich viele Schüler, die ähnlich sozial schwach waren wie die Eisbeinhäuser-Kinder. Außerdem arbeitete ich mit Jugendlichen, die sich verhielten wie die im Jugendheim. Im Werkunterricht konnte ich auf meine handwerkliche Ausbildung zurückgreifen und in der Lehrerausbildung führte ich Kurse an schnelllaufenden holzbearbeitenden Maschinen durch. Die Geduld und Empathie, die ich mir in meiner Zeit im Krankenhaus angeeignet habe, konnte ich in meiner Zeit als Lehrer jeden Tag nutzen.

Viele Kurven, Weggabelungen und Hürden lagen zwischen der Zeit in der Sonntagsschule 1961 bis zu meiner Vereidigung am 2. Januar 1973. Nach achtunddreißig Jahren, die ich genau an der Schule, die ich 1973 betreten habe, Lehrer sein durfte, bin ich in den Ruhestand gegangen. **Noch immer begleite ich Menschen von Herzen gerne. Heimatsuchende, Hilflose und Vergessene sind in meinen Gebeten und in meinem Haus willkommen.** Noch immer brennt mein Herz für sie und es erfüllt mich tiefe Dankbarkeit, wenn ich daran denke, wie Gott aus einem Kind, das in der Schule Mühe hatte, erst einen Werkzeugmacher und dann einen Sonderschullehrer gemacht hat. Ich fühlte mich stets von Gott gesehen und in meiner Berufung geführt. Zahlreiche Türen haben sich geöffnet und manche wurden schmerzhaft geschlossen. Doch ich will keine der Erfahrungen missen, denn es ist die Geschichte, die Gott mit mir und meinen geliebten Kindern geschrieben hat.

GUTES UND GERECHTIGKEIT WERDEN MIR FOLGEN EIN LEBEN LANG.

HINSEHEN ZU STÄRKEN

Evi Rodemann

Nachdem ich den Vormittag über Jörgs Geschichten gelauscht habe, wartet schon die nächste inspirierende Person auf mich. Meine Reise führt mich weiter zu Evi. Nachdem wir ein leckeres asiatisches Mittagessen genossen haben, gehen wir an ihrem Lieblingssee spazieren. Es tut gut, nach den vielen Großstadt-Treffen wieder ein wenig in der Natur zu sein. Am Rande von Hamburg ist hier schon fast Kleinstadt-Feeling zu spüren. Für eine Frau, die die Welt kennt, ist hier ein guter Rückzugsort. Evi ist eine Macherin und Chancengeberin. Außerdem gibt sie unglaublich gute Ratschläge. Ich habe schon viel von ihr gelernt. Das meiste wahrscheinlich, ohne dass sie es gemerkt hat. Eine Gesprächslänge mit ihr reicht, um danach die Welt auf den Kopf stellen zu wollen. Sie erzählt mir von ihrem Weg und davon, was ihre Gedankenwelt einst auf den Kopf stellte:

„Gott kann mich auf jeden Fall gebrauchen, aber besser wäre es, aus der zweiten Reihe heraus. Ich bin eher eine sehr gute Nummer Zwei“, so dachte ich oft über mich. Ich wurde als zweiter Zwilling nach meiner fünf Minuten älteren Schwester geboren. Dabei schien sich Gott sicher etwas gedacht zu haben. Meine Zwillingsschwester machte in unserer Kinder- und Jugendzeit manche Sachen zuerst, weil sie „die Ältere“ war und vielleicht auch, weil sie dahingehend gefördert wurde.

Deshalb nahm ich irgendwann ganz natürlich an: Ich bin, werde und bleibe eine gute Nummer Zwei und möchte in dem, was ich tue, richtig gut sein. Irgendwann einmal an erster Stelle zu stehen, war sicherlich immer wieder ein Wunsch, aber mit meinem bis dahin vorhandenen Gottesbild und den Gedanken über meinen eigenen Selbstwert fügte ich mich meinem scheinbaren Schicksal.

Ich stellte mir öfter die Frage, ob ich auch bereit wäre, in bestimmten Bereichen mehr Verantwortung zu übernehmen.

Sehr gerne, dachte ich, aber nur aus der zweiten Reihe heraus. Es schien, als wäre das meine Bestimmung. Auch in kirchlichen Kreisen schien sich dieses Selbstbild immer wieder zu bestätigen, da dort zusätzlich Geschlechterhierarchien eine Rolle spielten. Ich wurde zwar gerne in Leitungsteams gesehen, aber die letzte Verantwortung über wichtige Entscheidungen sollten nur Männer tragen. **Aber war das tatsächlich das, was Jesus von mir wollte, oder ließ ich mich zu sehr von meiner Biografie und vergangenen Erfahrungen treiben und leiten?**

Bereits als Zehnjährige beschäftigte ich mich mit der Nachfolge von Jesus. Auf einer Konferenz in Berlin hatte ich mich damals dazu entschieden, diesem Jesus nachzufolgen und ihm mein Leben zu geben. Wo auch immer er mich hinführen würde, würde ich gehen. Ich hatte mich bewusst dafür entschieden, einen Preis für die Nachfolge zu zahlen. Allerdings nur in der Theorie, denn damals hatte ich noch keine Ahnung, was mich die Nachfolge und auch das Zusammentreffen von und Zusammenarbeiten mit Jesus-Nachfolgern einmal kosten würde.

Schon damals hatte ich sehr deutlich gehört, dass Gott etwas mit mir vorhatte. Verrückterweise sprach mir das als Kind Reinhard Bonnke, der berühmt gewordene und mittlerweile verstorbene Afrika-Evangelist, zu. Nach einem Gottesdienst in Hamburg ging ich anschließend auf ihn zu, um mich für seine inspirierende Predigt auf dem Berliner Kongress zu bedanken, und er sagte zu mir: „Eines Tages wirst du mit mir in Afrika dienen."

Das, was er mir als Zehnjährige zugesprochen hatte, treibte mich viele Jahre um, und tatsächlich wurde es für mich zu einer festen Überzeugung: Gott hatte mich berufen und wollte mich im interkulturellen Kontext gebrauchen. Er gebrauchte Reinhard Bonnke dazu, einem Kind zuzusprechen, dass es gesehen und wertgeschätzt wurde. Nach meinem Theologiestudium ging ich dann tatsächlich, wenn auch nicht mit Reinhard Bonnke, für ein Jahr nach Afrika. Das war eine großartige Erfahrung und hat mich sehr geprägt.

Etliche Jahre später, nachdem ich mich viel im kirchlichen Bereich und in der Mission engagiert hatte, forderte mich Käte Gutzmann, die über viele Jahre hinweg meine großartige Seelenklempnerin und Mentorin war, bei einem Seelsorgegespräch heraus, mein Denken, immer eine „gute Nummer Zwei" zu sein, zu hinterfragen: Wer sagte denn, dass ich genau so denken sollte? Wer hatte das Recht dazu, mich auf den „zweiten Zwilling" zu reduzieren? Was, wenn Gott andere Pläne für mich hatte?

Sehr plötzlich, so schien es mir, kam es Käte über die Lippen: „Eines Tages, Evi, wirst du mal die Nummer Eins werden und ein Werk leiten." Ich weiß noch haargenau, wie ich schallend über diese Worte lachte. Und zwar aus Unglauben heraus. Aber dennoch gab es da auch eine leise Stimme in meinem Herzen, die Kätes Worten so gerne glauben wollte.

NICHT AUF ROLLEN FIXIERT SEIN

Wann immer ich fortan im kirchlichen und beruflichen Kontext an Projekten und in Teams mitarbeitete, begleiteten mich diese Fragen im Hintergrund. Sollte ich nur aus Angst vor meiner Unzulänglichkeit und einem niederen Selbstwertgefühl heraus eine Nebenrolle in einem Projekt annehmen, obwohl ich angefragt wurde, die Hauptverantwortung zu tragen, weil ich dafür geeignet war und mein Gabenprofil dazu passte? Würde ich so manche falschen Denkmuster loslassen können, die ich mir selbst auferlegt hatte?

Als Siebzehnjährige hatte ich den Spruch gehört, „Never say no because of fear." („Sag niemals ‚Nein' aufgrund von Angst."), der zu einem meiner Lebensmottos wurde. Das bedeutete für mich, fortan, wann immer die Angst kam, zu überlegen, ob sie es war, oder Gott, der mir etwas nicht anvertraute.

Etliche Jahre später wurde ich tatsächlich zur Geschäftsführerin eines europäischen Jugendprojekts berufen. Es war großartig und gleichzeitig beängstigend. Wie sollte ich das denn schaffen? Die Schuhe fühlten sich viel zu groß an und würden mir niemals passen, dachte ich.

Doch mit Zittern und Aufregung nahm ich diese Rolle an. Es gab viele Herausforderungen und auch manche Krisen, aber Gott war treu und lud mich immer wieder ein, ihm nachzufolgen. Den Rest würde er schon machen.

Ich besuchte Käte in den folgenden Jahren und sagte einmal zu ihr: „Käte, ich hab es gemacht! Ich bin wirklich die Nummer Eins in einem Werk geworden und habe mich getraut." Sie lächelte nur und antwortete: „Ich wusste es."

Da war jemand gewesen, der bedingungslos an mich glaubte. Selbst dann, als ich noch eine zögerliche Zwanzig- oder Dreißigjährige war, die von so vielem keine Ahnung hatte. Aber das machte für Käte keinen Unterschied. Und für Gott erst recht nicht.

WENN DIE NOT MICH PACKT, ...

Aber wie kommt man in eine Führungsrolle? Und sind die Fragen danach, was man bewegen will und wozu man berufen ist, nicht eigentlich viel wichtiger?

Es gibt so viele Situationen in meinem Leben, die immer wieder mein Herz berühren. Ich kann über viele Geschichten, die ich im Fernsehen, im Internet oder auf Bühnen höre, heulen, weil sie mir zu Herzen gehen. Bob Pierce, Gründer von World Vision, hatte ein Motto, das ihn leitete: „Möge mein Herz gebrochen werden von dem, was Gottes Herz bricht."[2]

Ich wollte mich nicht bewusst für Schmerz entscheiden, aber ich wollte auch nicht den leichten oder einfachen Weg gehen, sondern dahin sehen, wo Menschen Schmerzen erlitten.

So packte mich die Not, als ich immer häufiger mitbekam, wie viele Leitende in Kirchen und Werken ihr Mandat niederlegten, weil sie nicht mehr konnten. Weil sie ausgebrannt, verletzt oder auch erschöpft waren. Und manchmal auch deswegen, weil der Glaube allein scheinbar nicht reichte, um durch schwierige Zeiten hindurchzukommen.

Und da ich als Frau nun in Verantwortung stand, stellte ich mir immer häufiger folgende Fragen: Wie könnte ich meine Stimme für andere Leitende erheben? Wie könnte ich als Frau bewusster in junge Leitende investieren und ihnen, so wie Käte mir damals, zusprechen: **„Geh deinen Weg. Trau dich! Lass dich nicht von deinen Minderwertigkeitsgefühlen oder Ängsten leiten! Trau dich auch, herauszutreten und etwas zu machen, leiten oder organisieren, weil du die Leidenschaft dafür hast!"**

… BIN ICH VIELLEICHT DIEJENIGE, DIE ANPACKEN SOLLTE?

Mit diesen Fragen im Kopf und im Herzen entstand der Wunsch, einen Verein mit Freunden und Familienangehörigen zu gründen, der bewusst mit jungen Leitenden in junge Leitende investieren würde. 2021, also während der Pandemie, erblickte *LeadNow e.V.* nach etlichen behördlichen Hürden schließlich das Licht der Welt.

Wir beteten um offene Herzen und Türen in Deutschland und Europa und staunten schon nach kurzer Zeit, wie Gott uns benutzen konnte, wenn wir uns ihm einfach bedingungslos zur Verfügung stellten. Manchmal sind es kleine Gartenpforten, manchmal sind es große Tore, die Gott für uns öffnet.

Während der Verein so langsam ins Rollen kam, forderte Gott mich heraus, bewusster in junge Leiterinnen zu investieren. Das war nun wieder ein unbekanntes Territorium für mich. Die Arbeit mit jungen Leitenden war mir vertraut, aber nun etwas nur für Frauen?

Ich hatte mich als Frau und Single regelrecht vor Frauen- und Singleevents gefürchtet. Das war die Berufung anderer, aber sicherlich nicht meine, so dachte ich immer. Das ging so weit, dass ich einmal laut in einem Podcast sagte: „Wenn ich jemals zu einem Frauenfrühstück eingeladen werde, muss ich mir die Kugel geben, denn dann habe ich etwas falsch gemacht.“ Es ist mir wichtig, nicht falsch verstanden zu werden: Es gibt definitiv super Angebote extra für Frauen, aber diese waren auf keinen Fall meine Spielwiese. Sicherlich hätte ich mein Statement im Podcast reflektierter formulieren können, aber so bin ich nun mal einfach in meiner Spontaneität.

Nachdem immer mehr junge Frauen an mich herantraten oder mich um Mentoring baten, hielt ich also mal wieder inne und hörte Gottes leises Flüstern, das mich fragte: Evi, wie investierst du dich in junge Frauen?

Doch zunächst führte ich eine Umfrage unter jungen Leiterinnen durch. Vielleicht wollte Gott ja nur, dass ich herausfand, wo es eine Not gab, sodass dann vielleicht andere mit den herausgefundenen Resultaten etwas machen konnten. Diesen Schritt konnte ich schmerzlos gehen. Und währenddessen konnte ich mir einen Überblick darüber verschaffen, was es für Angebote im Bereich der Förderung von jungen Leiterinnen gab.

Von Corrie ten Boom sind viele bemerkenswerte Aussprüche bekannt, aber einer, über den ich in dieser Zeit stolperte, lautet: „Mut ist Angst, die gebetet hat.“ Ob ich Mut dafür brauchen würde, sollte Gott mich mit der Arbeit mit jungen Frauen beauftragen? Sicherlich, denn obwohl ich hier auf ein offensichtliches Bedürfnis stieß, hatte ich Sorge davor, dass ausgerechnet ich die Person sein würde, die dieser Not begegnen sollte.

Nachdem sich sofort 120 junge Leiterinnen mit ihren Wünschen durch die Umfrage meldeten, fanden wir heraus, dass es das, was sich diese jungen Frauen vorstellten, so noch nicht gab. Sie wünschten sich Vernetzung unter jungen Leiterinnen, Mentorinnen, Austausch in einem sicheren Rahmen und Leitungsthemen, die man gemeinsam behandeln könnte. Also fing ich an, Konzepte zu schreiben und mit der möglichen Vision, bewusst hier in junge Leiterinnen zu investieren, über die sozialen Medien an die Öffentlichkeit zu treten. Eine Coachin schrieb daraufhin unter einen meiner Posts: „Evi, selbst wenn es so ein Programm schon gäbe, wenn du es auf dem Herzen machst, musst du es auch machen. Los!"

Keiner meldete sich jedoch, der konkret etwas auf die Beine stellen oder mich bei meinem neuen Projekt unterstützen wollte. Jetzt wusste ich sicher, dass ich mich dieser neuen Baustelle annehmen sollte.

Die Onlineabstimmung ergab, dass es ein zehnmonatiges Training mit dem Namen *She leads* geben sollte, und bevor ich mich versah, startete ich dieses mit 18 fantastischen jungen Leiterinnen, die bereit waren, hierfür Versuchskaninchen zu spielen. Selbst eine Stiftung beteiligte sich und finanzierte einigen Frauen die Teilnahme. Andere Frauen beteiligten sich ebenfalls finanziell und so schnell konnte ich gar nicht schauen, wie Gott hier etwas zusammenfügte, was ich mir selbst niemals hätte ausdenken können.

Vielleicht klingt das ein wenig zu einfach, aber manchmal kann Not zu einer klaren Berufung führen. Und das richtige Timing kann Projekte wirklich beflügeln.

Im Moment, während ich diesen Text verfasse, befinden wir uns mitten in unserem dritten Durchgang und können nur darüber staunen, wie Gott dieses Training benutzt, um Frauen in ihrem Selbstvertrauen, ihrer Leitungskompetenz und ihrem theologischen Fundament zu stärken.

Immer wieder muss ich an Käte denken, die mir zusprach: „Eines Tages, Evi, wirst du mal ein Werk leiten." Heute lache ich nicht mehr darüber, sondern sage genau das Gleiche anderen jungen Leitenden. **Verstecke dich nicht hinter dem, was du denkst, nicht zu sein oder zu können. Wenn Gott mit dir ist, wirst du Projekte durchführen, von denen du vielleicht noch nicht einmal geträumt hast!**

MEINEN ÄNGSTEN BEGEGNEN

Bei all dem muss ich mich immer wieder meinen Ängsten, meiner Menschenfurcht und meinen Minderwertigkeitskomplexen stellen. Aber weil Mut Angst ist, die gebetet hat, gehe ich weiter, wenn auch oft mit zitternden Knien.

Mein Weg führt mich weiter nördlich von Hamburg in das kleine Örtchen Bargteheide. Dort treffe ich Angela an einem Ort, in den sie viel Herz und Zeit gesteckt hat. Hinter der kleinen Sandsteinkapelle erstreckt sich der örtliche Friedhof und damit bin ich an unserem Treffpunkt angelangt. Angela empfängt mich herzlich und führt mich über wenige Minuten Fußweg in ein hinter Hecken verstecktes Eck des Friedhofs zur „himmlischen Stadt". Angela ist eine stille Heldin. Ich kenne ein paar dieser stillen Helden und Heldinnen, die im Unscheinbaren ganz selbstverständlich unglaublich viel bewegen. Die dort hinhören, wo es keiner mitbekommt, und beständig ihre Zeit investieren und hinsehen. Umso mehr freue ich mich, von dem Projekt mit den vielen kleinen Tonhäuschen zu hören, und bin bewegt von der liebe- und vor allem hoffnungsvollen Gestaltung dieses besonderen Ortes.

BEIDE SEITEN

Ich bin seit vielen Jahren Hebamme. Ich liebe meinen Beruf und freue mich immer noch so sehr über jedes neue Leben und den einzigartigen Moment einer Geburt. Viele Menschen denken bei meinem Beruf aber ausschließlich an süße Babys und glückliche, frisch gebackene Eltern. Das gehört dazu, natürlich. Doch fast niemand spricht über die hohe Anzahl an Fehlgeburten, die viele Frauen leider erleiden müssen.

Ich liebe den Beginn eines Lebens, möchte aber auch die sehen, die auf unsagbar schwere Art und Weise und ohne jegliche Vorbereitung das Ende eines nur kurz zuvor beginnenden Lebens verarbeiten müssen: Paare, die sich schon die Kinderzimmerwandfarbe ausgesucht und die Spielsachen auf den Wickeltisch gelegt haben. Väter, die eine große Last anstatt eines fröhlich quietschenden Kindes auf ihren Schultern tragen. Und Mütter, die ihren Körper verstehen und akzeptieren lernen müssen.

Dabei ist es ganz egal, wie alt das Kind im Bauch schon war. Ab dem positiven Schwangerschaftstest beginnt das Planen, Träumen und Umdenken. **Eine Fehlgeburt fühlt sich dabei an, wie wenn man mit dem Lieblingssong im Radio und Wind in den Haaren plötzlich bei voller Fahrt gegen eine Wand fährt.**

Doch wohin mit diesem Schmerz? Wohin sollen sich die Paare mit ihren zerbrochenen Träumen wenden? Wie sollen sie etwas kommunizieren, was gar nicht in Worte zu fassen ist? Noch schwerer wird es, wenn zudem noch niemand anderes darüber spricht.

DARÜBER REDEN

Unser Projekt hat begonnen, weil eine Mutter angefangen hat, über ihren Weg zu reden. Sie hat mit ihrem Mann zusammen einen Ort gesucht, an dem sie dem Erlebten einen Platz geben konnte. Ich bin sehr froh darüber, dass aus diesem Wunsch ein Projekt und damit ein wunderschöner Ort hier auf unserem Friedhof entstehen konnte.

Eine Kollekte machte dabei den Anfang. Anschließend boten Menschen ihre Mitarbeit an, die sich das Thema auf unterschiedliche Art und Weise zu Herzen genommen hatten. Künstler investierten ihre Zeit, um die „Tonhäuschen-Idee" in die Tat umzusetzen.

Dadurch bekam jede Familie die Möglichkeit, ihrer Trauer einen Ort zu geben. Den Kindern, denen kein Zuhause gegeben werden konnte, wurde ein Häuschen gebaut aus Ton mit kleinen Fenstern und Balkonen, ganz nach den Wünschen der Familie. So saßen Väter mit Ton in den Händen da, aus dem sie kleine Schornsteine formten, daneben Geschwisterkinder, die einen Fußball vors Haus legten und neben ihnen Mütter, die andächtig mit ihren Händen die Hauswände glatt strichen.

Es gab auch die Möglichkeit, ein fertiges Haus auszusuchen, oder ein kleines Haus zu formen. So, wie es dem Verarbeitungsprozess am besten diente.

So sind zahlreiche Häuser entstanden, die sich zusammen zu einer „himmlischen Stadt“ entwickelt haben. **Ich als Hebamme betrachte diesen Ort als Hoffnungsort. Und wider Erwarten ist er auch ein ganz lebendiger Ort. Familien unterhalten sich und jeder hat ein Stück seines Herzens auf diesem kleinen Fleck.** Die Menschen in Bargteheide haben die „himmlische Stadt“ und jede stille Geburt in ihr Herz geschlossen. Darüber freue ich mich sehr und bin gerne, genauso wie im Kreissaal, auch hier für die Eltern da.

Ich möchte zum Schluss die Geschichte des Elternpaares erzählen, welches hier vor 14 Jahren das erste Haus hingestellt und die Kollekte für diesen Ort initiiert hat:

DIE GESCHICHTE VON DEN ACHT BALKONEN

„Wir waren verliebt – verlobt – verheiratet. Die Firma lief und wir hatten das Gefühl, dass nun die richtige Zeit für Kinder gekommen war. Mindestens drei sollten es sein.

Doch dann geschah das, was viele Paare kennen, worüber aber kaum jemand spricht: Ich wurde einfach nicht schwanger. Wir probierten es ständig, rannten von Arzt zu Arzt und überschritten laufend die uns selbst gesetzten Grenzen. Die 15 Jahre waren eine Odyssee voller Tränen, Schmerzen und acht Fehlgeburten. Aber wir hatten immer nur das eine Ziel vor Augen: Wir wollten unbedingt ein Kind!

Aber immer, wenn es mal wieder schiefgegangen war, fielen wir in ein schwarzes Loch. Wir waren völlig allein mit unserem körperlichen und seelischen Schmerz. Für uns gab es keinen Ort der Trauer, um unsere verlorenen Kinder – denn das waren sie für uns, auch wenn sie noch kein Gesicht und keinen Namen hatten. Sie hatten zumindest schon unser

Herz erobert. Und jedes von ihnen hatte ein Stückchen davon mitgenommen und eine Wunde hinterlassen. Irgendwann kam der Punkt, an dem wir einsehen mussten, dass es so nicht weitergehen konnte. Die Behandlungen, die Fehlschläge, die Verluste – all das fraß uns auf und belastete unsere Ehe so sehr, dass wir den Blick auf andere Dinge richten mussten. Aber auch dafür, unseren Kinderwunsch zu begraben, gab es keinen geeigneten Platz. Deshalb integrierten wir eine Gedenkstätte in unseren Garten. Für andere war diese unsichtbar, aber für uns, die wir den Platz kannten, war er immer erreichbar. Dort, an unserem Kreuz, konnten wir Ruhe finden, wenn uns mal wieder die Frage quälte: „Warum wir?“

Nach jahrelangem Warten geschah dann doch noch ein Wunder, an das wir längst nicht mehr geglaubt hatten: Endlich bekamen wir ein Baby.

Zur Taufe unseres Kindes entschieden wir uns dazu, die Kollekte dafür zu verwenden, einen Ort zu erschaffen, wo andere, die den gleichen Schmerz wie wir erlebt hatten, einen Platz für ihre Trauer finden konnten.

Gemeinsam mit dem Pastor und Angela von der Hebammenpraxis konnten wir solch einen Ort für unsere Stadt etablieren: Für alle Konfessionen, für Stillgeborene, für die nie Geborenen und für den Abschied vom Kinderwunsch.

Dort wollten wir beim ersten gemeinsamen Einweihungsgottesdienst auch unsere verlorenen Kinder beerdigen. Wir bauten ihnen ein Haus mit acht Balkonen. Inzwischen steht es inmitten von anderen Häusern. Jedes Haus erzählt eine individuelle Geschichte und macht den Verlust sichtbar – und das so persönlich und individuell, wie jede Familie den Verlust erlebt.

Trotz all der Traurigkeit ist die „himmlische Stadt“ ein positiver, heller und freundlicher Ort, der auch für Geschwisterkinder offensteht.

Mein Mann bastelte bei unserer ersten Fehlgeburt ein Kreuz. Das war sein Weg, mit der Trauer umzugehen. Daher finden wir die Trauer-Werkstatt so wichtig. Es gibt aber auch die Möglichkeit, sich ein fertiges Haus auszusuchen, das Schüler im Rahmen von Projektwochen zum Thema „Trauerarbeit“ gestaltet haben.“

Trauer ist sanft.
Sie ist ein junges Mädchen
und eingeschüchtert,
aber sie hat Fingerspitzengefühl
und reicht dir die Hand
und bittet dich darum,
etwas bei dir sitzen zu dürfen.

Unsere Handflächen berühren sich,
und ich merke, dass die
Welt nicht stehen bleibt,
der befürchtete Blitz bleibt aus.
Alles, was sie macht, verströmt
Heilung und Neuanfang.
Denn Trauer ist sanft.
Und sie flüstert mir zu:
Wir schaffen das.

Tabitha Hanan

Merle Schoon-Webermann

Mit Bargteheide lasse ich meinen nördlichsten Stopp hinter mir und fahre wieder gen Süden. In der Hauptstadt von Niedersachsen wartet Merle auf mich. Jedes Mal, wenn ich sie treffe, entdecke ich eine andere Facette an ihr. Da ist die Powerfrau, die kein Blatt vor den Mund nimmt. Da ist die Office-Merle, die ihr Leben organisiert. Und plötzlich steht da eine Frau, die nicht nur aufgrund von fundiertem Wissen, sondern auch mit Euphorie über ihren Glauben spricht. Und eines ist Merle dabei immer: mit vollem Herzen dabei. Halbherzigkeit ist nicht ihr Ding. Ich lerne von ihr, auf meine eigenen Bedürfnisse zu sehen und mein Herz für die Bedürfnisse anderer zu öffnen. Sie hat mir erzählt, was das für sie persönlich bedeutet:

Es war einer dieser Vormittage, an denen ich mit meiner Mutter über den Wochenmarkt in unserer Stadt lief. Ich bin im wohlbehüteten Ostfriesland aufgewachsen. Wenn wir von „Stadt" reden, meinen wir eigentlich den nächsten Ort, der ein paar wenige Einkaufsmöglichkeiten bietet. Am Anfang des Marktes saß wie immer einer dieser Obdachlosen. Hin und wieder verkaufte er Zeitschriften, so wie dieses Mal. Jedes Mal, wenn ich ihn sah, ging ich innerlich die gleiche Argumentationskette durch: „Der Arme, es ist ziemlich kalt und er verkauft hier diese Zeitungen ... aber er könnte ja auch etwas aus seinem Leben machen! ... In Deutschland haben wir genug Möglichkeiten ... es muss keiner auf der Straße sitzen. ... Es ist jetzt auch nicht meine Verantwortung, mir darüber Gedanken zu machen ... aber es macht mich traurig, das zu sehen." Dies war immer wieder alle paar Wochen die einzige Begegnung, die ich mit Obdachlosen in Ostfriesland hatte. Ich hatte keine Ahnung, warum diese Menschen kein Dach über dem Kopf hatten. Aber jedes Mal, wenn ich einen oder eine von ihnen sah, tat es ein bisschen weh in meinem Herzen.

„LEIDENSCHAFT IST DAS, WAS LEIDEN IN DEINEM HERZEN SCHAFFT.“

Zum Studieren zogen mein heutiger Ehemann Enno und ich nach Hannover. Es war das Höchste aller Gefühle, wenn man in Ostfriesland davon sprach, „rauszukommen, um die Welt zu sehen“. Wir waren so gespannt auf das Stadtleben und bereit, eine neue Freiheit zu erleben. Wir beide studierten also an der Leibniz Universität in Hannover. Unsere Wohnung lag in einem Vorort der Stadt und wir fuhren jeden Morgen mit der Bahn durch die Innenstadt zur Uni. Und plötzlich waren da wieder diese Menschen, die am Straßenrand saßen. Es waren so viele, so viel mehr als in unserer Heimat.

An manchen Tag war es mir egal, dass sie dort saßen. Ich bestellte meinen überteuerten Matcha Latte im Café und blendete das Leid dieser Menschen aus. **An anderen Tagen stiegen mir auf dem Weg zur Uni jedoch Tränen in die Augen. Je kälter es draußen wurde, desto mehr belastete mich die Lebenssituation dieser fremden Menschen auf der Straße.** Die Situation, die Umstände, das Problem und das Leiden anderer führten zu einem Mitleiden in meinem Herzen. Ich erinnerte mich, dass ich irgendwo einmal aufgeschnappt hatte, dass jemand sagte: „Leidenschaft ist das, was Leiden in deinem Herzen schafft.“ War das, was ich fühlte, diese Leidenschaft? Bislang glaubte ich immer, dass Leidenschaft eine romantische Verkleidung eines Hobbys war, das man ausübte. Aber irgendwie schien mir diese Bezeichnung für das, was ich tief in meinem Herzen spürte, passend. Mittlerweile bin ich davon überzeugt, dass Gott die Herzen von jedem Einzelnen von uns für etwas oder jemanden bricht. Es gibt diesen schönen frommen Satz, „Gott hat mir etwas aufs Herz gelegt.“ **Ich glaube, er legt irgendwelche Inhalte oder Worte nicht nur für einen flüchtigen Moment auf unser Herz. Vielmehr glaube ich, dass er uns einen Verantwortungsbereich in dieser Welt ins Herz legt.**

Enno und ich sprachen immer wieder darüber, dass es ein Kulturschock sei, plötzlich von so viel sichtbarem Leid in einer Stadt konfrontiert zu sein. Wie konnte man da am besten helfen? Mein (heutiger) Mann war schon immer ein spontaner, aktionistischer Mensch, der vieles ausprobiert. Also wollte er Tüten mit einer Tagesverpflegung für die Obdachlosen packen. Für mich glich diese Idee nur einem „Tropfen auf den heißen Stein", um es in philosophischen Worten zu sagen. Kurzum: Was Enno vorhatte, war zu viel eigener Aufwand für ein viel zu großes gesellschaftliches Problem.

Während Enno Feuer und Flamme war, ließ ich mich voller Skepsis dazu überreden, ihm beim Einkaufen, Packen und Verteilen zu helfen. Vielleicht glaubst du, dass jetzt das *Disney*-Szenario kommt: Merle entdeckt plötzlich, während sie gemeinsam mit ihrem Partner den Menschen hilft, dass das genau ihr Ding ist, und wird ab jetzt jede Woche voller Energie und Tatendrang die Welt verändern.

Die Wahrheit ist, dass ich trotz eines tiefen Gefühls der Leidenschaft nicht das Gefühl hatte, etwas verändern zu können. Es war ernüchternd zu sehen, dass die Menschen am nächsten Tag wieder dort saßen. Aber immer wieder hatten wir kurze, gute Gespräche mit den Obdachlosen. Manchmal kam es vor, dass sie gar keine Essenstüte von uns wollten, aber sich freuten, dass wir vorbeigekommen waren.

WEIHNACHTEN AUF DER STRASSE

Als das Weihnachtsfest 2019 näher rückte, wurden die Gespräche mit den Obdachlosen herausfordernder. Während die Fußgängerzone schön geschmückt wurde, saßen auf dem Boden Menschen, die wochenlang zuschauen würden, wie sich alle auf das Fest der Liebe vorbereiten. Wir hörten Geschichten von zerbrochenen Familien und Schicksalsschlägen, die

die Auslöser für das Leben auf der Straße waren. Enno und ich sprachen darüber, wie es wohl sein musste, am Fest der Liebe einsam und allein draußen in der Kälte zu sitzen. Dabei kam uns eine Idee: Wie wäre es, wenn wir diesen Menschen diesen Tag ein bisschen verschönern könnten?

Die Entscheidung, Weihnachten 2019 mit meiner ganzen Familie auf der Straße mit fremden, oftmals stinkenden, wohnungslosen Menschen zu verbringen, war eines der prägendsten Ereignisse meines Lebens. Wir zogen mit einem Wagen voller Essen, Trinken und kleinen Tüten mit Klamotten durch die Fußgängerzone. Mit Tränen in den Augen saßen wir später an diesem Abend zusammen in unserer warmen Wohnung und waren uns einig: Das war mit Abstand der schönste und prägendste Heiligabend, den wir je hatten. Es gab zwar kein Festessen und keine Geschenke für uns, aber so viele Begegnungen mit Menschen, die sich mehr über einen warmen Kakao und ein Gespräch gefreut hatten als wir uns jemals über haufenweise Geschenke unter dem Weihnachtsbaum.

An diesem Abend wurden wir alle zurückgeholt – zurück auf den Boden der Tatsachen und zurück zu einer Dankbarkeit und Demut über die eigenen Privilegien, die im Alltag immer wieder aus dem Blickfeld geraten. Wir wurden zurückgeholt zu Begegnungen – Begegnungen auf Augenhöhe. Dieses Weihnachtsfest war die Geburtsstunde unseres Hilfsvereins *EYE:LVL e.V.* (zu Deutsch: Augenhöhe). Wir erkannten, dass es nicht nur um ein Brötchen oder einen Kaffee ging. Es waren die Begegnungen, die das Leben dieser Menschen im letzten Jahr unserer sonntäglichen Tüten-Verteil-Aktion veränderten, nicht nur unsere Lebensmitteltüten.

FEHLER SIND KEINE RÜCKSCHRITTE

Wenn wir mutig sind und Veränderung zulassen, dann brauchen wir auch den Mut, Fehler zu machen. Wenn ich auf die letzten Jahre *EYE:LVL* schaue, dann sehe ich mehr Fehler, als Dinge, die wir richtig gemacht haben, oder Entscheidungen, die wir weise getroffen haben. Das mag vielleicht ernüchternd klingen, aber ich habe gelernt, meine alte Definition, „Fehler sind Rückschritte", zu verwerfen. Ich glaube, Fehler sind notwendig, um zu wachsen. Fehler sind keine Rückschritte. Sie sind Schritte auf dem Weg des Fortschritts, des „Besserwerdens". Das bedeutet nicht, gleichgültig gegenüber den möglichen Folgen unseres Handelns zu sein, sondern vielmehr bereit zu sein, zu lernen. **Wir lernen den Umgang mit den Menschen auf der Straße nicht durch Bücher oder durch Ennos Studium der Sozialwissenschaft. Wir lernen durch die betroffenen Menschen selbst.** Wenn ich beispielsweise in meinem idealistischen Denken einem Obdachlosen ein belegtes Körnerbrötchen kaufe, weil es gesund ist, muss ich vielleicht feststellen: Dieser Mann hat keine Zähne und wird dieses Brötchen gar nicht essen können. Wenn ich ihn stattdessen frage, was er essen oder trinken möchte, kann ich davon ausgehen, dass er etwas aussucht, was ihm schmeckt und er auch genießen kann.

Es gibt noch einige weitere Fehler, die wir gemacht und die uns trotzdem weitergebracht haben: Unzählige Male haben wir unsere Vereinssatzung beim Amt eingereicht und mussten immer wieder für die Änderungen zahlen. Unseren Mützen- und Hoodie-Verkauf kalkulierten wir so schlecht, dass wir ein fettes Minus verzeichneten. Wir nahmen alte Kleiderspenden an, bis wir erkannten, dass auch die Menschen auf der Straße neue Kleidung verdienen, wenn wir uns mit dem Motto „Augenhöhe" schmücken wollten. Natürlich ist jede Hilfe besser als keine, doch unser Anliegen war konkret, dass wir sie genauso behandeln, wie wir selbst behandelt werden wollen. Wir glaubten, dass es einfach nur ein paar Formulare bräuchte, um als obdachlose Person eine Wohnung zu finden – das war jedoch weit gefehlt. Wir dachten, dass wir am besten wüssten, welche Dinge auf der Straße wirklich benötigt werden würden. Und wir meinten, nie enttäuscht zu werden. Doch natürlich enttäuschten, belogen oder hintergingen uns auch manche Obdachlose, so wie andere Menschen eben auch.

Diese Fehler sind bei Weitem nicht alle!

Doch lieber bin ich jemand, der den Mut hat, etwas zu verändern und dabei auch Fehler zu machen, als jemand, der sich der Angst, der Bequemlichkeit oder Gleichgültigkeit hingegeben hat und weiterhin nur über all die Probleme der Gesellschaft spricht, anstatt einen Unterschied zu machen. Darin sind wir Menschen nämlich Profis. Es gibt viele selbsternannte Politiker, Fußballtrainer und Gemeindeleiter. Wir sind gut darin, andere zu bewerten und zu kritisieren. Doch was würde passieren, wenn wir wirklich einmal den Mut hätten, etwas an dem zu verändern, was uns stört? Was würde passieren, wenn wir erkannten, dass wir wirklich einen Unterschied in dieser Welt machen können?

NUTZE, WAS DU HAST

Nicht jeder von uns ist mit den gleichen Ressourcen ausgestattet. Ein Prozess der Veränderung ist immer wieder auf die unterschiedlichsten Ressourcen von unterschiedlichen Menschen angewiesen. Oft habe ich andere dafür kritisiert, dass sie nicht aktiv versuchten, diese Welt ein Stückchen besser zu machen. Dann habe ich jedoch realisiert, dass wir als Verein das Geld großzügiger Spendenden nutzen. Dass wir immer wieder die Kraft haben, trotz Ablehnung, eigener knapper Zeitkapazitäten und Mutlosigkeit diesen Dienst zu tun, weil uns unzählige treue Menschen im Gebet vor Gott begleiten. Vor Kurzem las ich folgende Nachricht einer Spenderin: „Durch einen Bekannten bin ich auf eure Arbeit aufmerksam geworden und möchte euch monatlich unterstützen, weil ich die finanziellen Mittel habe. Danke für euren Einsatz." Jemand investiert in uns, indem er von unserer Arbeit erzählt, damit jemand anderes uns finanziell trägt. **Es geht am Ende also gar nicht darum, wer am meisten im praktischen Sinne anpackt, wenn es doch eigentlich um einen Veränderungsprozess geht. Es geht um die tiefe intrinsische Bereitschaft, Verantwortung für etwas zu übernehmen.**

Manchmal frage ich mich, was ich überhaupt mit dieser Arbeit erreichen kann. Obdachlosigkeit ist eine „never ending story" in Deutschland. Hat das, worin ich so viel Zeit, Kraft und Nerven investiere, überhaupt einen nachhaltigen Einfluss?

Am Anfang unserer Gründung wollte ich die Welt verändern. Enno und ich hatten immer wieder diesen Traum von einer Stadt ohne Obdachlose, der uns lange beflügelte. Drei Jahre später schaue ich auf unseren Weg und erkenne: Die größte Veränderung ist in mir, in meinem Herzen passiert. Einmal hörte ich Gott leise zu mir flüstern: „Weißt du Merle, es geht nicht darum, was du an all den Menschen tust. Es geht darum, was ich in dir vollbringe."

Ich glaube, dass Gott mich in das Projekt *EYE:LVL*, in diese Vision und diesen Dienst gerufen hat, um mein Herz, meine Einstellung, meine Gedanken, meine Gefühle und meinen Blick auf das Leben zu verändern. Veränderung fängt bei mir an und sie endet bei mir.

Mein größtes Learning dabei ist die Demut. Am Anfang war es immer ein Highlight für uns, auf die Straße zu gehen. Es waren Glückshormone, die mich beflügelten, weil ich Menschen helfen konnte und sie so dankbar dafür waren.

Nach einiger Zeit kamen dann aber auch viele negative Erfahrungen hinzu, wenn wir von den Obdachlosen zum Beispiel beleidigt oder angespuckt wurden. Manche reagierten immer wieder unfreundlich und mein innerer Groll gewann irgendwann die Oberhand in mir. Ich musste lernen, dass es nicht um die Anerkennung und das Lob von außen ging. Davon durfte ich mich nicht mehr nähren und meine Motivation für diesen Dienst abhängig machen. Es geht nicht um das, was ich zurückbekomme. Es geht um das Geben selbst, ganz gleich, welche Reaktion darauf folgt.

SEI EIN FREUND

Vor Kurzem waren wir mit einem Fernsehteam auf der Straße unterwegs. Wir haben mittlerweile eine mediale Präsenz erreicht, die es uns ermöglicht, viel Aufklärungsarbeit über Obdachlosigkeit in Deutschland zu machen. Die Redakteurin interviewte den obdachlosen Enzio, den wir seit circa einem Jahr begleiten. Enzio lebt seit über 28 Jahren auf der Straße und beeindruckt mich jedes Mal wieder mit seiner unermüdlichen Lebensfreude, trotz solch einer Aussichtslosigkeit. In seinem gebrochenen Deutsch erzählte er dem Team: **„Das sind meine Freunde, die kommen immer wieder. Ich habe sonst niemanden.“** Tränen stiegen Enno und mir in die Augen. Wir retten nicht die Welt. Wir sind auch nicht diejenigen, die Wohnungen für Obdachlose organisieren oder einen Job klarmachen. Wir sind … Freunde.

Vielleicht liest du gerade die Geschichte von *EYE:LVL e.V.* und ganz vielleicht blitzen kleine Leidenschafts-Funken für etwas oder jemanden in deinem Herzen auf. Ich möchte dich ermutigen, diesen Funken nachzugehen. Was kannst du in dieser Welt tun, um einen Unterschied zu machen? Wo liegt deine Leidenschaft? Wofür brennt dein Herz? Für alleinerziehende Mütter? Für Geflüchtete? Für verfolgte Christen? Den

Naturschutz? Kinder in Not? Für Menschen mit körperlichen oder psychischen Krankheiten? Für einsame Menschen?

Welche Ressource hat Gott dir gegeben, um sie in dieser Welt einzusetzen? Beständiges Gebet und Ermutigung? Finanzielle Mittel? Kontakte und Netzwerke? Eine Stimme, die über ein Thema aufklärt? Die nötige Kraft und Zeit, um anzupacken?

Lass mich dich ermutigen und bitte Gott darum, dir zu zeigen, wo du in seinem Namen Teil einer Veränderung sein kannst!

HINSEHEN
BRÜCKEN BAUEN
Judy Bailey
&
Patrick Depuhl

Eine Woche vor meinem Besuch bei Judy und Patrick besuche ich eines ihrer Konzerte. Der Saal ist gepackt voll und ich setze mich auf einen der letzten freien Stühle.

Die beiden sitzen auf der Bühne mehrere Meter von mir entfernt und doch merkt jeder, dass sie alles andere als fern von den Menschen sind. Sie erzählen von Weitblick und Nähe, Fernweh und Heimat. Der rote Faden in ihren Erzählungen: das Zusammensein, die Gemeinschaft und das Füreinander.

Wenn Judy Musik macht, bewegt sich ihr ganzer Körper. Vom kleinen Zeh bis in die Augenbraue lebt ihre Musik durch ihre ganzheitliche Präsenz. Patrick ergänzt ihre Musik durch Erzählungen aus ihrem gemeinsamen Leben. Von Sonnenaufgängen und Trauerfeiern, Gebet, Kultur und vielem mehr.

Ich gehe inspiriert von diesem Abend nach Hause und freue mich schon darauf, die beiden wenige Tage später in ihrem Zuhause zu besuchen und mit ihnen über eines der wichtigsten Themen der Weltgeschichte zu sprechen: Rassismus.

Inzwischen ist es Donnerstagmorgen und ich komme, nachdem ich bei Matze in Dresden an der tschechischen Grenze war, auf der gegenüberliegenden Seite Deutschlands an der holländischen Grenze an. Ich stehe vor einem kleinen Backsteinhaus und benutze die am Briefkasten befestigte Klingel links neben der blauen Holztür. Ein grauer welliger Bart und ein strahlendes Lächeln erscheinen, als Patrick mir wenige Zeit später die Tür öffnet.

Ich betrete einen wunderschönen Raum. Instrumente, zwei pinke Sessel und eine blaue Couch geben dem Zimmer Gemütlichkeit. Auf einem Tisch ist leckeres Gebäck und dazu Zuckerrohrsirup aus Barbados bereitgestellt. „Damit werden manchmal auch Brunnen geputzt, aber schmecken tut er auch ganz gut“, meint Patrick zu dem außergewöhnlichen Snack. Judy lacht und schüttelt den Kopf, umringt von Instrumenten. Sie kommt auf mich zu und begrüßt mich herzlich. Begeistert von

dieser Willkommenskultur mache ich es mir auf der Couch gemütlich und höre den beiden gespannt zu:

ZUSAMMEN

Nachdem wir uns Anfang 1994 auf einer Musikmesse kennengelernt hatten, ahnten wir noch nicht, was für eine spannende Reise vor uns liegen würde. Sie führte bisher schon über mehrere Kontinente, auf Bühnen vor Millionen von Menschen in Rio der Janeiro bis hin zu einem ruhigen Örtchen in Nordrhein-Westfalen. **Wir haben Leben geteilt, Menschen kennengelernt und haufenweise Anekdoten gehört. Doch was uns am meisten fasziniert, sind die Geschichten hinter den Geschichten.**

Unsere beiden Lebenswege haben uns dabei geholfen, eine Vielzahl von Menschen zu verstehen. Wir kommen aus fast gegenüberliegenden Enden der Erde und haben einiges erlebt. Daher schätzen wir es sehr, auch das Thema Rassismus von verschiedenen Seiten und aus unseren beiden Perspektiven zu betrachten. Wir erzählen dabei Geschichten aus dem Leben, nutzen aber auch gerne Fakten und Belege aus der Wissenschaft. Wir wünschen jedem Lesenden ein Herz, das Brücken bauen möchte, und die Erkenntnis, die wir immer wieder gerne teilen: **Das Leben ist nicht schwarz-weiß.**

ZUHÖREN

Wir lieben ehrliche Gemeinschaft. Dabei erleben wir, wie unser Gegenüber wirklich tickt. Das Thema Rassismus beschäftigt mich, Judy, dabei schon mein ganzes Leben. Als Schwarze Frau in Europa ist man automatisch die, die anders aussieht. Aber auch mein Mann Patrick hat in seiner Kindheit und Jugend in Camps, die seine Eltern auf einem umgebauten Bauernhof ins Leben gerufen haben, bis hin zu seiner Studienzeit in Chicago immer auch mit internationalen

Kontexten zu tun gehabt. Dort hat er erlebt, wie die unterschiedlichsten Menschen zusammenkommen und das total normal für ihn wurde.

Etwas zu erleben, ist oft der Schlüssel dafür, etwas besser zu verstehen. Viele Menschen wollen einfache Erklärungen für komplexe Themen, quasi einen „Rassismus-Knigge", um bei unserem Thema zu bleiben. Dafür ist Rassismus jedoch ein viel zu komplexes Thema.

Antirassismus entsteht dort, wo wirklich zugehört wird. Jeder Mensch hat seine eigene Geschichte und Prägung. Es braucht Zeit, eine Brücke zum anderen zu bauen. Diese Zeit nehmen sich aber leider viel zu wenige. Und so winkt man sich nur gelegentlich über den Fluss der Skepsis hinweg zu und macht sich aus der Ferne sein eigenes Bild über die Welt des anderen. Nur selten stimmt dieses mit der wirklichen Welt überein. Wie viele Geschwister hat dein Nachbar? Was ist seine Lieblingsfarbe und welcher Duft erinnert ihn an seine Kindheit? Das kannst du schlichtweg nicht wissen, wenn du nicht anfängst, eine Brücke zu ihm zu bauen, Gemeinschaft mit ihm zu haben und ihm vor allem einfach mal zuzuhören. Denn erst dann erfährst du die Geschichte hinter der Geschichte.

Durch Zuhören bekommt dein Gegenüber einen Namen und individuelle Identität. Das ist für Antirassismus extrem entscheidend. Wie oft hören wir Sätze, wie „Ach, das ist mal wieder typisch für die Flüchtlinge", oder „Ja, ich finde Menschen aus Land XY machen immer XY". Wenn jetzt aber ein Deutscher drei Gläser zu viel bestellt und auf dem Heimweg torkelnd einen Blumentopf erwischt und dieser am nächsten Morgen zerbrochen am Boden liegt, dann sind es nicht „die Deutschen", sondern dann ist es Hans gewesen: „Ach, der Hans hatte wieder einen zu viel. So ist er eben, der Hans."

Wenn man mal „herauszoomt“, oder, wie wir, sehr viel unterwegs ist, bemerkt man aber, dass die Welt viel weiter, wunderbarer und die **Menschen viel unterschiedlicher sind und keiner für eine ganze Gruppe stehen könnte.** Durch unsere vielen Reisen hatten wir schon oft das Gefühl: Die Welt ist ein Dorf.

VIELFALT IN EINHEIT

Nehmen wir mal an, die Welt wäre wirklich ein Dorf, in dem einhundert Menschen lebten, dann wären wir 52 Frauen und 48 Männer. Davon 70 Erwachsene und 30 Kinder.

Jedes Jahr würden in unserem 100-Leute-Weltdorf zwei neue Menschen geboren werden und einer sterben. In etwa 30 Jahren wären wir dann 128 Menschen. Doch bleiben wir zunächst bei den 100: **Wir wären 60 Asiaten, 17 Afrikaner, zwölf Nord- und Südamerikaner, zehn Europäer und davon eine Deutsche oder ein Deutscher. Und eine Person käme auch aus Ozeanien.** Wenn wir in diesem Dorf mit seinen einhundert Bewohnern leben würden, käme vermutlich keiner auf die abstruse Idee, dass es eine einzige Norm geben müsse oder könnte.

Wir haben die Unterschiedlichkeit der Menschheit und damit auch die Gemeinsamkeit der Vielfalt vor Augen. Und doch leben wir in unserem globalisierten Alltag viel zu oft mit dem Anspruch, mit unserer Perspektive grundsätzlich im Recht zu sein. Dabei sind wir doch nur ein Bewohner von vielen!

In diesem Beispiel erkennt man einen großen Teil des Ursprungs, der Rassismus zugrunde liegt. Gleichzeitig bildet sich hier das wunderbar Offensichtliche ab: Keiner kann für sich in Anspruch nehmen, „die Norm“ zu sein. Aber warum sind dann die meisten Superhelden weiß? Warum hissen wir die weiße Fahne bei Frieden und bei Trübsinn sind wir „Schwarzmaler“? Wenn doch offensichtlich ist, dass die Welt nicht einer Norm entsprechen kann, warum nehmen wir uns dann die Freiheit (oder Frechheit) heraus, Menschen in richtig und falsch, oder weiß und schwarz einzuteilen und zu bewerten? Dieses Phänomen nennt man strukturellen Rassismus.

Das Blöde ist: Rassismus ist nicht wirklich ein „Feel-Good-Thema". Darüber zu sprechen, erinnert eher an ein Aufklärungsgespräch. Es ist unangenehm und wird oft sogar als unanständig oder störend wahrgenommen. Wir geben uns zwar aufgeklärt, wissen aber oft wenig darüber. Das begünstigt Rassismus umso mehr, denn wenn er nicht benannt wird, bleibt er oftmals unerkannt und führt ein regelrechtes „Schattendasein".

Alltagsrassismus betont das Oberflächliche, während er die eigentliche Person an den Rand drängt. Das Paradoxe daran ist, dass sich der Mensch einerseits als „Ausnahme" auf dem Präsentierteller befindet, er beäugt und angestarrt wird, und andererseits die wirkliche Person mit ihren Gefühlen und ihrer Geschichte übersehen wird und somit unsichtbar bleibt.

Die Wissenschaft der Genetik liefert hierzu spannende Erkenntnisse:

Wissenschaftler aus 40 Ländern haben über Jahre hinweg das menschliche Genom entschlüsselt. In der DNA des Menschen sind in etwa 25.000 Genen 3,4 Milliarden Basenpaare zu finden. Diese Gene sind aber in jedem Menschen zu 99,9 % gleich. Unterschiedliche Rassen gibt es nur im Tier- und Pflanzenreich, bei Menschen nicht. Wie eine Tulpe rot, gelb oder weiß, glatt, gefranzt oder gezackt sein kann, so sind auch Menschen in Nuancen vielfältig, – Gott sei Dank! – im Wesentlichen aber gleich.

Und auch wenn diese Fakten scheinbar klar sind, ist doch die Wohnungssuche je nach Herkunft schwerer, sind die

Blicke je nach Hautfarbe kritischer und damit viele zwischenmenschliche und kulturelle Mauern spürbar. Und was uns, gerade als Eltern, dabei wirklich beschäftigt: Unsere Kinder leben in genau dieser Welt, die immer noch von strukturellem Rassismus geprägt ist.

Deswegen braucht es Antirassisten. Menschen, die sich zueinander hinbewegen, und das von allen Seiten. Menschen, die sich selbst ehrlich reflektieren und sich ihrer selbst bewusst sind. Und das sage ich nicht mit erhobenem Zeigefinger, sondern in der großen Hoffnung, im Gemeinsamen Wundervolles zu entdecken.

ALPENMUSIK

Ich möchte gerne noch von einem Projekt erzählen, welches bei uns genau diese wundervolle Gemeinschaft möglich gemacht hat. Wir haben uns gefragt, was passieren würde, wenn unser gesamtes Dorf gemeinsam Musik machen würde. All die Menschen, gemeinsam, in ihren verschiedenen Nuancen. Die 7-jährige Leni, der 84-jährige Chang aus dem Kirchenchor und Sidra, 13 Jahre alt aus Syrien. Dazu kommt Stephan mit seinem Kontrabass namens Erna und so wird unsere Idee immer mehr mit Leben gefüllt.

Wir haben also mit einem Workshop in der Schule begonnen. Nach dem Einsingen mit 253 Menschen gab es ein Buffet, das jedes Kuchenbuffet auf dem Schützenfest in den Schatten stellt: Zehn Meter „All-you-can-eat" aus aller Welt. Das war in Fest! Wir sangen Hoffnungslieder zu den Themen „ZuFRIEDEN, ZuFLUCHT, ZuHAUSE". Und weil unser kleiner Ort, dessen höchste Erhöhung 58 Meter misst, den schönen Namen „Alpen" trägt, nannten wir das Ganze *Alpenmusik*.

Nachdem unser gemeinsames Projekt so großen Anklang fand und wir so viel Freude daran hatten, unseren Bürgermeister mit seiner Acapella-Band und die Pauken und

Trompeten des Musikvereins mit dem Gospelchor vereint zu hören, wurde daraus ein Jahresprojekt. Da keine Halle im Umkreis ausreichte, mussten wir in die Halle eines Landmaschinenherstellers ausweichen und das große Konzert auf zwei Abende verteilen. Im Nachhinein kam sogar unsere NRW-Heimatministerin vorbei und übergab dem Team einen Heimatpreis des Bundeslandes.

Jedes Mal staunen wir über entstandene Freundschaften. Zahlreiche Brücken wurden gebaut und andächtig zugehört. Geschichten von Lieblingsessen und Interessen, Familie und Heimat, von der Suche nach Zugehörigkeit, Zuflucht und Zukunft wurden geteilt – auf allen Seiten. Und dann passierte es: Aus Fremden wurden Freunde, aus „den Geflüchteten" wurden Ahmed, Joy und Fatima. Und auf die lässt keiner was kommen!

LASS LIEBE DAS LETZTE WORT HABEN

Das alles entsteht, wenn wir Brücken bauen und dem anderen genau den gleichen Platz einräumen, wie uns selbst. In unseren Liedern erzählen wir von dem unfassbaren Wert des Menschen, der Schönheit, der Gemeinschaft und der Liebe, die Gott zu uns und wir füreinander haben. **Ich wünsche dir Mut für Gespräche, die zunächst ungewohnt sein können, und Vertrauen in das Unbekannte. Ich bete für überfließende Freude und neu gewonnenes Vertrauen.** Ich wünsche dir die Gewissheit, dass du nicht perfekt sein musst. Und ich wünsche dir Liebe. Liebe für dich selbst und die anderen. Für deine Freundin und für die Fremde. Und für den Fremden, der zum Freund wird. Denn Liebe hat das letzte Wort.

Alles Liebe!

LET

LOVE

HAVE THE

LAST

WORD.

DA
BLEIBEN

DRANBLEIBEN AN WERTEN

Dajana Piwowarski

Der Nächste Stopp auf meiner Reise ist Köln. Hier treffe ich Dajana. Sie ist in der Stadt, weil hier das Shooting ihrer neuen Mode-Kollektion stattfinden soll. Wir treffen uns am Bahnhof und spazieren gemeinsam durch die Straßen Kölns. Dajanas Charakter hat mich schon bei unserem ersten Treffen beeindruckt. Ihr taffes Auftreten hat mich zugegebenermaßen zuerst etwas verunsichert, nach einer kurzen Weile habe ich dann aber begriffen, warum sie so zu sich und ihren Produkten steht. Und genau deshalb treffe ich sie heute. Ich möchte erfahren, wie sie gelernt hat, zu wissen, was sie will.

Das, was ich mache, ist nicht christlich. Und jetzt kommt das entscheidende Wort: genug. Das, was ich mache, ist nicht christlich genug. So die Aussage, mit der ich gestern in einem Telefonat auf eine Anfrage hin konfrontiert wurde.

Genau wegen dieser Worte fühle ich mich manchmal schlecht, wenn ich wirtschafte. Profitabel zu wirtschaften bedeutet nämlich, maximalen Ertrag durch minimalen Aufwand zu erzielen. Vielleicht ist das sogar das Einzige, was ich mir in meinem BWL-Studium angeeignet habe.

Im Glauben ist es aber gerade andersherum. Wenn ich als barmherzige Dajana unterwegs bin, dann würde ich am liebsten jeden versorgen, ohne dass irgendwer auch nur irgendetwas dafür tun muss. Wenn mein Herz gerade seine „Liebes-Fünf-Minuten" hat, dann wünschte ich, ich könnte kurz die Welt retten. Die Welt zu retten, würde in meiner Branche aber bedeuten, maximalen Aufwand zu betreiben und dabei nur minimalen monetären Ertrag zu erzielen. Und damit würde die Arbeit, die ich leiste, gar nicht funktionieren. Und noch dazu ist mein Herz leider nicht immer im Weltretter-Modus.

Genau um dieses Dilemma geht es in meinem Kapitel. **Wie kann ich als Christin wirtschaften, ohne dass ich eine**

„gierige Halsabschneiderin“ werde und damit nicht mehr „christlich genug“ bin?

IN, ABER NICHT VON DIESER WELT

Das Telefonat war für mich prägend, deswegen greife ich es in diesem Kapitel immer wieder auf. Im nächsten Satz unseres Gesprächs hieß es nämlich, dass mir nur Hilfe angeboten werden könne, wenn ganz klar zu erkennen sei, dass Jesus Christus der Fokus ist. Und auch die Kollegen der Person am Telefon könnten mir nur unter dieser Voraussetzung helfen, ansonsten müsste eine sehr hohe Tagesgage verlangt werden.

Ich habe mich kurz ziemlich schlecht gefühlt, weil ich wirklich dachte, ich sei nicht barmherzig genug. Dann war ich allerdings sauer. Wirklich sauer, weil es nicht sein kann, dass wir, nur weil wir Christen sind, still, lieb und knuffig sein müssen, und offensichtlich sein muss, dass wir eine Menge spenden. Denn das Gegenteil davon ist nicht gleich böse und fragwürdig! **Wir können unsere Stimme erheben, Gelder erwirtschaften, Maximalprinzipien aufstellen und dabei trotzdem einen Gott preisen, der uns voller Liebe und gnädig geschaffen hat.**

Es fällt mir sehr oft sehr schwer, in meiner Führungsposition, und vor allem in einem Werteumfeld, das nicht danach strebt, wie Jesus zu sein und zu handeln, ein ruhiges und wohlwollendes Herz zu bewahren und zu beschützen. Ich weiß, dass es viel einfacher wäre, von Menschen umgeben zu sein, die dieselben Werte teilen, weil man sich dann verstanden fühlt, sich vertraut und vor allem keinen, oder zumindest weniger harten Kontroversen ausgesetzt ist. Deswegen gibt es Gruppen, Bewegungen, Religionen und Menschen, die wegen einer Herzenshaltung oder Interessen zusammenkommen. Nun bin ich aber eben beides: Jesus-Followerin und Wirtschafterin. Deswegen drängt sich die Frage auf:

WIE KANN DAS FUNKTIONIEREN?

Worauf es ankommt, ist meiner Meinung nach nicht, ob, sondern wie wir wirtschaften. Wir brauchen überall Menschen mit christlich basierten Werten, aber am wenigsten dort, wo es sie bereits gibt. Genau dort, wo sie nicht im Zentrum stehen, braucht es Herzen, die so schlagen möchten, wie das von Jesus. Die Wirtschaft kann mit dem Glauben und den Werten, die sich aus ihm ableiten lassen, nämlich erst mal nichts anfangen.

In der Definition von „Wirtschaften" fällt das Wort „rationell". Alle unternehmerischen Entscheidungen sollten demnach gründlich überlegt, auf Wirtschaftlichkeit bedacht und die zur Verfügung stehenden Mittel möglichst rationell verwendet werden.

Und das macht Sinn, denn am Ende zehren wir alle von wirtschaftlichen Entscheidungen auf dieser Welt. Ansonsten hätten wir alle keinen Arbeitsplatz, wenn es niemanden da draußen gäbe, der diese schaffen und rationell handeln würde. Ein Unternehmen nicht auf der Grundlage von Wirtschaftlichkeit zu führen, ist grundsätzlich also erst mal schwer.

Wenn wir die biblischen Werte und Prinzipien nicht in angemessener und reflektierter Weise auf unsere moderne Welt übertragen, sollten wir uns von unserer elektrischen Zahnbürste und unserem Licht im Kleiderschrank verabschieden. Was will ich damit sagen? Ich meine damit, dass das Licht im Schlafzimmer aus dem 21. Jahrhundert stammt und die tragbare Öllampe im Jahre 10 vor Christus eine gute Lösung darstellte, um nachts nicht im Dunkeln zu tappen. Was ich damit nicht sagen will, ist, dass wir alles tun sollten, was das 21. Jahrhundert uns anbietet. Wir handeln heute mit viel mehr Dingen und anderen Größen als nur mit Schafen. Die Welt ist lauter, größer, voller, komplexer und anders geworden.

Und wenn wir erwarten, dass jedes Unternehmen, das sich als „christlich orientiert" bezeichnet, ausschließlich Christen als Zielgruppe hat und ausschließlich von Christen verstanden wird, dann würden wir nicht wirtschaften, weil wir knapp 65 % der Bevölkerung ausschließen würden.

FÜR JESUS IN DER WELT, ...

Zurück zum Telefonat. Die Person am Telefon untermalte ihre Aussage, dass man bei meinem Modelabel *JOHNFOURSIXTEEN (JFS)* das Herz Jesu Christi nicht erkennen würde, mit dem Argument, dass die zehn Prozent, die wir spendeten, „nicht christlich genug" seien. Und an dieser Stelle musste ich mich ernsthaft fragen: Wo fängt Christsein an und wo hört es auf?

Um ein christlich geführtes Unternehmen zu sein, muss ich keine Mode für Christen machen. Christsein heißt auch nicht, dass nur Christen von meinem Produkt zehren und ich alles, was ich einnehme, spende, um einen hingebungsvollen und aufopfernden Charakter zu beweisen. **Ein christliches Unternehmen zu führen, heißt meiner Ansicht nach vor allem nicht, Spenden zu generieren und Erwartungen anderer Apostel zu erfüllen.** Und ebenso wenig muss ich als Christin bieder sein.

Es geht in meinem christlichen Unternehmen doch nicht (nur) um das Produkt, das Jesus ehrt, sondern vielmehr um eine bestimmte Führung und Vision: Ich möchte in dieser Welt ein Unternehmen führen, das alle weltlichen Unternehmen zum Staunen bringt, weil es zum alleinigen Zweck FÜR Jesus Christus handelt.

... UND UM „ALLES FÜR DEN HIMMEL"!

Wie genial ist es denn, wenn wir in das rationelle Wirtschaften Jesu mit einbringen? Das tun wir nämlich, indem wir

Herz zeigen in unangenehmen und stressigen Situationen. Wenn wir Arbeitsplätze schaffen, bei denen der Mensch im Fokus steht. Wenn wir Liebe und Gemeinschaft an einen Ort bringen, wo es meistens nicht um Liebe geht. Und wenn wir die Arbeit derer ehren, die dazu beitragen, dass wir dort sein dürfen, wo wir sind. Genau: Das wäre einfach genial! Und wie genial wäre es, wenn mich dann jemand begeistert fragen würde: „Sag mal, Dajana, wie um alles in der Welt hast du das geschafft?“ **Denn dann könnte ich erklären, dass es mir nicht um „alles in der Welt“, sondern um „alles für den Himmel“ geht.**

Ich möchte als Christin dort ankommen, wo es andere Unternehmen, die sich unternehmerisch nicht an christlichen Werten orientieren, auch hingeschafft haben, mit dem Unterschied, dass wir nicht über Leichen gehen und unser Fokus darauf bleibt, unsere Umwelt, den Menschen und Gott zu ehren. Wenn ich jemanden in der Wirtschaft für Jesus begeistern kann, dann geschieht das dort, wo es oftmals nicht um Menschlichkeit, sondern um Geld geht, und dort, wo sonst niemand von einem Gott der Liebe und Barmherzigkeit spricht. Denn Geld ist so oft der Grund, weshalb Menschen irrational handeln, Gesellschaften sich spalten und Armut entsteht. Meine Vision ist es, durch *JFS* irgendwann Reichtümer für den Himmel zu schaffen, indem wir durch erwirtschaftetes Geld maximal viel Veränderung bewirken.

In die Modeindustrie reinzustolpern und Unternehmerin zu sein, bedeutet auch, plötzlich mit ganz anderen Welten konfrontiert zu werden. Ich muss und will Verantwortung für die Arbeitsbedingungen in der Herstellung tragen können, nicht dem Konsumdenken ausgeliefert sein, Mitarbeiter motivieren, Wachstum antreiben, Niederlagen und Nachtschichten ertragen und in all dem eine gute Herzenseinstellung behalten. Weder massenhafter Konsum noch eine Herstellung mit für Menschen und die Natur belastenden Abläufen sollte Teil von *JFS* werden.

NAH AN SEINEM HERZEN SIND WIR IMMER GENUG!

Meine Generation muss sich gegen Hoffnungslosigkeit und in einem krisengeprägten Alltag behaupten. Zuversicht zu haben und sich seiner selbst und dem eigenen, hoffnungsgebenden Glauben bewusst zu sein, gehört für mich zu einer der wichtigsten Aufgaben in meinem Leben. Ich will jeden Menschen ermutigen, dasselbe zu tun. Ich möchte keine Christin sein, die andere Menschen abschreckt und erst recht nicht andere Nicht-Christen. Damit werde ich andere sicher nicht für den Glauben begeistern können. **Begeisterungsfähig bin ich dann, wenn ich der Welt die Stirn biete und dabei dem Herzschlag Gottes folge.** Ganz nach dem Motto, leidenschaftliche Christin regiert die harte Modewelt. Yes. There we go.

Wenn du die Welt erreichen willst, musst du mit der Welt kommunizieren, und demnach auch wie die Welt kommunizieren. Ich möchte der Welt zeigen, dass Unternehmertum an Wirtschaftlichkeit geknüpft ist und dennoch ein Herz haben kann, das den Werten Jesu folgt.

Der Mann am Telefon hatte gut Reden, er leitet nämlich eine NGO. Aber nicht alle Christen haben nun mal einen pastoralen Dienst inne oder führen eine NGO. Das ist nicht die Regel. **Und „christlich genug“ zu sein, ist auch nichts, was sich von außen bewerten lässt.**

Vielleicht sammeln wir nicht genug Spenden, um (nach welchen Maßstäben auch immer) „christlich genug“ zu sein, dafür bemühen wir uns bei *JFS* aber darum, dass wir

- uns als Christen im Unternehmertum verwirklichen können,

- einen Unterschied machen, indem wir das Herz Jesu zeigen, wo es sonst keiner kennt,
- unsere Power nutzen, um Gutes zu tun,
- Menschen erreichen, die noch nie etwas von einem modernen Glauben gehört haben,
- Gottes Message über ein Medium (Mode) verbreiten, welches nicht Sprache und Gesang ist,
- in eine Welt eintauchen, die es mehr als nötig hat, verändert zu werden,
- als Christen unsere Stimme erheben und laut sind, und dennoch dem Ebenbild Gottes gleichen.

Möge Gott unser Maßstab von Urteil und Barmherzigkeit sein, unser liebender Boss, und der, für den wir immer genug sein werden, solange wir sein Herz haben!

Daniel & Jorinna Harter

Von Köln aus führt mein Weg weiter nach Gummersbach. Dort treffe ich Daniel und Jorinna wenige Tage vor der Geburt ihres dritten Kindes. Daniels Eltern sind Gemeindeleiter der Kirche, in der ich aufgewachsen bin. Daher höre ich nahezu selbstverständlich seit meiner Kindheit Daniels Musik. Durch all die Jahre ist eines gleich geblieben: Daniel ist in Bewegung. Ich war damals noch „das Küken" in der Gemeinde, doch mein Bruder hatte alle CDs von Daniel griffbereit neben der Stereoanlage liegen. An dem Wort „Stereoanlage" merkt man, wie lange Daniel schon in der Musikszene unterwegs ist. Dabei wird er nicht müde, Dinge auszuprobieren, was auch seine Frau Jorinna durch und durch lebt. Zusammen leben sie ein *10/33 Leben*. Welche Etappen sie dabei einzeln und gemeinsam durchlebt haben, ist für mich ein Beispiel, immer weiter dranzubleiben:

WAS WÄRE, WENN?

Mal angenommen, es gibt Gott wirklich. Stell dir vor, es gäbe wirklich eine Ewigkeit nach dem Tod, die wir entweder bei Gott oder getrennt von Gott erleben. Was wäre, wenn es tatsächlich einen lebendigen Gott gibt, der die Menschen liebt, und der hier und heute helfen möchte? Wie wäre es, wenn Gebet tatsächlich etwas bewirkt, es eine Hoffnung über den Tod hinaus gibt und eine Liebe, die – egal was kommt – mich trägt und hält?

DANIS GESCHICHTE: DER MUSIK-MISSIONAR

All diese Fragen waren der Ausgangspunkt meiner Überlegungen, als ich, Dani, mir die Frage gestellt habe: Was will ich eigentlich mit dem einen Leben machen, das ich habe? Wenn das alles wahr ist, dann müsste ich doch konsequenterweise mein Leben damit verbringen, anderen Menschen von dieser unglaublich guten und wichtigen Nachricht zu erzählen. Im Licht der Ewigkeit wäre doch dann alles andere zweitrangig und nicht so wichtig. Und so kam ich nach meiner Ausbildung zum Elektroniker und zwei Jahren Freiwilligendienst in einer lebendigen Kirche in Amerika zu der Erkenntnis, dass das alles wahr ist und es nur eine logische Folgerung gibt: **Ich will mein Leben und meine Begabungen dazu nutzen, dass andere Menschen diese frei machende und lebensbejahende Botschaft hören. Ich will „Musik-Missionar" werden!**

Schon früh durfte ich lernen, dass eine Berufung von Gott nicht zwangsläufig bedeutet, dass ich den „untersten Weg" gehen oder Dinge tun müsste, die mir keinen Spaß machen. Nein, ich glaube, Gott hat Begabungen und Leidenschaften in uns hineingelegt, die uns Freude machen. Und diese dürfen wir nutzen, um mit unserem Leben Gott die Ehre zu geben.

So habe ich schon früh meine Leidenschaft für Musik dazu genutzt, um durch gute Songtexte in Konzerten Menschen von Gott zu erzählen. Das hat nicht nur unglaublich viel Spaß gemacht, sondern ich durfte auch immer wieder erleben: Wenn Menschen deine Musik mögen, dann sind sie auch bereit, dir zuzuhören. Immer wieder hat die Musik eine Tür geöffnet und Menschen erreicht, die wahrscheinlich sonst nicht in eine Kirche gegangen wären oder sich eine Predigt angehört hätten.

Angetrieben von dieser Vision und Leidenschaft habe ich dann angefangen, Theologie zu studieren. Während des Studiums sind gleich mehrere Dinge passiert, die mein Leben bis heute prägen. Zum einen ist aus meiner ehemaligen Schulband heraus meine erste „richtige" Band entstanden, die Deutschrock-Band *ECHTZEIT*. Für uns alle war es damals ein Sprung ins kalte Wasser, „die Sache mit der Musik" vollzeitlich zu machen. Wir wurden zu Lebenskünstlern, um unserem Traum und unserer Berufung nachzujagen. Dabei haben wir uns immer von Jahr zu Jahr gehangelt und einfach Schritt für Schritt vertraut, dass Gott uns versorgen würde. Über zehn Jahre lang waren wir dann in Deutschland unterwegs, haben weit über 300 Konzerte gespielt und zwei Alben veröffentlicht. **Wir durften so oft erleben, wie Gott uns in dem, was uns wirklich sehr großen Spaß machte, gebrauchte, damit Menschen ihn kennenlernten.**

Das Zweite, was damals geschah, war die Gründung eines kleinen Hauskreises, der bis heute Geschichte schreibt. Das Besondere war, dass jeder in diesem Hauskreis den Wunsch und das Feuer in sich trug, Gott in Deutschland dienen zu wollen mit der Begabung, die Gott jedem Einzelnen geschenkt hatte. Wir waren ein bunter Haufen mit vielen Ideen, die in einem „klassischen Missionswerk" wahrscheinlich oftmals keinen Platz gefunden hätten. Und so sagte eines Abends Holger Mix, der ebenfalls Teil unserer Hauskreises war: „Ich wollte schon immer mal einen Verein gründen. Lass uns doch gemeinsam einen Verein gründen, der unserer Arbeit ein Zuhaue und ein Dach gibt." Gesagt, getan. So entstand 2007 unser Verein *Sunrise e.V.*. Was aus dieser kleinen, verrückten Idee bis heute alles geworden ist, dazu erzähle ich gleich mehr.

JORINNAS GESCHICHTE: EIN HERZ FÜR SCHÜLER UND LEHRER

Während Dani einen Verein gründete und mit seiner Band *ECHTZEIT* um die Häuser zog, passierte bei mir, Jorinna, etwas ganz anderes auf der anderen Seite der Erde. Ich konnte nicht leugnen, dass Gott mich nach meinem Abitur und meiner Ausbildung zur Erzieherin in Köln zu einem Jüngerschaftsjahr zu *Jugend mit einer Mission (YWAM)* nach Australien gerufen hatte. Es war aufregend, hier alle Zelte abzubrechen und mich in das Abenteuer hineinzustürzen. Ich wollte Gott besser kennenlernen und mein Leben dazu nutzen, Gott zu dienen.

Schnell war klar, dass es nicht bei diesem einen Jahr bleiben würde. Nach meiner Jüngerschaftsschule machte ich eine Weiterbildung bei *YWAM* in Australien und nach zwei Jahren war ich mir sicher: Gott möchte mich mit meiner Begabung in der Arbeit mit Grundschulkindern gebrauchen. Deshalb studierte ich bei *YWAM* in Texas Lehramt. Immer wieder merkte ich, wie entscheidend diese frühen Jahre in der Entwicklung von Kindern sind und wie wichtig es ist, dass sie in dieser Phase Gott kennenlernen und biblische Prinzipien schon früh verstehen. An einer christlichen Privatschule konnte ich in den drei Jahren, die ich dort lebte, viel Praxiserfahrung sammeln, die mir später sehr nützlich werden würde. Ich wurde angefragt, ob ich mir vorstellen könnte, eine neue Schule zu gründen, um Missionarskinder zu unterrichten, und gleichzeitig ein Lehrerschulungsprogramm mit der *Universität der Nationen* aufzubauen. Und das tat ich.

Also ging meine Reise weiter in den Westen der Vereinigten Staaten: Nach Hawaii, ins Zentrum von *Jugend mit einer Mission,* wo ich zusammen mit einem Team eine Grundschule für Missionarskinder gründete. Viele Missionare kommen aus aller Welt dorthin, um sich schulen und ausbilden zu lassen. Ich wollte sie darin so gut wie möglich unterstützen, indem ich dabei half, ihre Kinder ebenfalls auf das Missionsfeld vorzubereiten und die Liebe Gottes in ihnen zu entzünden. Nach den ersten drei Gründungsjahren unserer kleinen Grundschule wusste ich dann: Ich hatte meine Berufung hier gefunden. Über einen treuen Spenderkreis war ich nun schon seit zehn Jahren in der Mission unterwegs und durfte Gott immer wieder in den großen und kleinen Dingen erleben.

Doch dann kam alles anders als erwartet. Ich hatte bis dahin knapp sieben Jahre in den USA gelebt und nun alle meine Möglichkeiten für ein Visum erschöpft. Der nächste Schritt war die Beantragung der *Greencard*, einer dauerhaften Aufenthaltsgenehmigung, mit der ich dann in Hawaii hätte ansässig werden können. Doch Gott hatte andere Pläne…

UNSERE GEMEINSAME GESCHICHTE

Als wir beide uns im Jahr 2014 kennengelernt haben, standen wir vor der Herausforderung, dass wir von Gott völlig verschiedene Berufungen bekommen hatten. Nicht nur ganz unterschiedliche Zielgruppen lagen uns auf dem Herzen, sondern vor allem lebten wir auf weit voneinander entfernten Kontinenten. Uns war völlig schleierhaft, wie das jemals zusammenpassen sollte. Doch wir glaubten fest daran, dass, wenn Gott uns als Paar zusammengebracht hatte, er dann auch dieses Problem lösen würde. Und tatsächlich endete meine Zeit bei *YWAM* plötzlicher als gedacht. Die beantragte *Greencard* wurde abgelehnt und eine Einreise in die USA war in dieser Zeit nicht mehr möglich. Doch sollte das auch das Ende meiner Berufung bedeuten, durch gute pädagogische Arbeit Kindern von Gott zu erzählen?

Der logische Schritt war zunächst, in Deutschland diesem Herzschlag weiter nachzugehen und an einer christlichen Schule zu arbeiten. Doch Gott hatte noch andere Pläne und nach und nach veränderte er mein Herz dahingehend, dass er mir eine neue Berufung schenkte.

COLOURBIRD-FRAUENARBEIT

Als wir dann heirateten, wohnten wir zusammen in Gummersbach. Kurze Zeit zuvor war dort mit dem *Missionswerk Forum Wiedenest* eine neue Frauenarbeit entstanden, die sich *Colourbird* nannte. Von Anfang an fühlte ich mich dort hingezogen und war fasziniert und begeistert davon, was Gott in Deutschland an diesen Frauenabenden tat, und wie viele Herzen verändert wurden. Durch verschiedene Umstände landete dann kurz darauf die Anfrage bei mir, ob ich mir vorstellen könnte, diese Arbeit zu leiten und weiterzuführen. Und auf einmal entdeckte ich eine ganz neue Berufung auf meinem Leben. Kinder waren mir immer noch wichtig, doch ich merkte, dass ein neues Kapitel angebrochen war. Seither durften wir viele starke überregionale und übergemeindliche Frauenabende erleben. Und obwohl ich mittlerweile Mama von drei Kindern bin, kann ich nach wie vor Teil des Leitungsteams sein und staune immer wieder, wenn ich auf meinen Weg zurückblicke und erkenne, wie gut Gott mich geführt hat.

Immer wieder musste ich lernen, einen Schritt nach dem anderen zu gehen und Gott aufs Neue zu vertrauen. Anfangs gab es immer viele Fragen und ungelöste Probleme. Doch in dem Moment, in dem wir im Glauben einen Schritt nach vorne gegangen sind, durften wir erleben, wie Gott mit uns ging. Glauben zeigt sich immer im Gehen und wie in so vielen Geschichten in der Bibel fordert Gott uns heraus, Glaubensschritte zu gehen. Für uns war mein Taufvers darin immer ein Leitvers:

„Verlass dich nicht auf deinen Verstand, sondern setze dein Vertrauen ungeteilt auf den HERRN! Denk an ihn bei allem, was du tust; er wird dir den richtigen Weg zeigen.“ (Sprüche 3,5-6 GNB)

SUNRISE E.V.

Aber zurück zu dem kleinen Hauskreis in meiner, Danis Bibelschulzeit. Wir alle wussten: Wir wollten unser Leben dafür einsetzen, dass Menschen in Deutschland Gott kennenlernten.

Aber wir hatten auch oft erlebt, dass die „klassische Gemeindearbeit" nicht alle Menschen erreichte. Wir wollten nicht länger darauf warten, dass die Menschen zur Kirche gingen, sondern die Kirche im Rahmen unserer Vereinsarbeit zu ihnen bringen.

In unserem Verein war zum Beispiel Micha Baldauf, der es schon immer auf dem Herzen hatten, den Selbstwert von Jugendlichen aus sozial schwachen Verhältnissen durch das Erlernen von Wellenreiten zu stärken. Aus diesem kleinen Wunsch ist heute die Arbeit von *Wellenbezwingen* geworden.

Zwei weitere Mitglieder unseres Hauskreises und Vereins, Simon und Bettina Becker, zogen 2008 nach Magdeburg, weil Gott es ihnen aufs Herz gelegt hatte. Ihr Gedanke war, die Stadt kennenzulernen und „gucken, was passiert". Es begann mit Streetwork, Fußball und Theater mit Jugendlichen, die am Rande der Gesellschaft stehen. Heute, viele Jahre später, ist daraus die *Villa Wertvoll* entstanden, die mit einem Team von über 50 Mitarbeitenden jede Woche ein Programm für Kinder und Jugendliche anbietet.

Ganz anders waren dagegen die Ansätze von Georgia Mix und Franziska Römer, die auf ganz unterschiedlichen Wegen nun in der Lebensberatung tätig sind, weil sie glauben, dass eine gute Sorge für die Seele dazu führt, dass Menschen gesund werden und gesund leben können.

Und was ist aus dem zweiten Vorsitzenden Holger Mix geworden? Als „Papa" des Vereins hat er immer wieder neue Ideen, was man noch so alles machen könnte. Nebenbei war er jahrelang Pastor und leitet nun mit seiner Frau Georgia die Tagungs- und Seminararbeit auf dem *Dünenhof* bei Cuxhaven.

Irgendwann merkten wir, dass es noch mehr Leute wie uns gab. Menschen mit richtig guten Ideen, wie man ein Licht im Dunkeln sein kann. Und so sah *Sunrise* sich auch als

„Möglich-Macher", um anderen dabei zu helfen, ihre Vision umzusetzen und ihre ganz individuelle Berufung zu leben. Dadurch ist eine Beratungseinrichtung in der Rotlichtszene auf Mallorca entstanden für Mädchen, die ungewollt schwanger geworden sind, eine *Atempause* für Vollzeitler und eine Präventionsarbeit gegen Essstörungen. Wir durften Missionare unterstützen, die ganz klassisch ins Ausland gegangen sind, und Gemeindegründern dabei helfen, ihre ersten Schritte zu gehen.

Alle diese Aktionen und Initiativen konnten nach und nach, Schritt für Schritt entstehen. **Und das alles, weil ein kleiner Hauskreis die verrückte Idee hatte, einmal unkonventionell zu denken und als Missionare in Deutschland zu leben.**

DANKBAR FÜR GOTTES HILFE UND OFFEN FÜR SEIN REDEN

Wenn wir heute zurückblicken, dann staunen wir, wie Gott unsere Geschichte geschrieben hat. Nach bisher zehn veröffentlichten Alben, sechs Büchern, unzähligen Konzerten und Predigten, vielen *Colourbird*-Frauenabenden und einer gegründeten Grundschule fragen wir uns schon manchmal, wie das alles eigentlich entstanden ist. Am Anfang standen ein Traum, eine Vision und ein Herzensanliegen, das Gott in uns hineingelegt hatte. Und dann lag es an uns, Wege zu finden, diese Vision umzusetzen, und so oft durften wir dabei erleben:

> *„Des Menschen Herz erdenkt sich seinen Weg; aber der HERR allein lenkt seinen Schritt." (Sprüche 16,9 LUT)*

Sowohl für uns als *Sunrise e.V.* als auch für uns Harters als Missionare in Deutschland war schon immer die Vision, die am Anfang stand und uns bis heute antreibt: Wir wollen Licht ins Dunkel bringen und die Gaben, die Gott uns geschenkt hat, in unserer Lebenszeit dafür nutzen, dass Menschen die Liebe Gottes erleben. **Auf dieser Reise durften wir lernen, immer wieder Herz und Ohren weit aufzumachen. Wir wollen keine Antworten auf Fragen geben, die keiner gestellt hat, sondern auf die Nöte in unserem Umfeld reagieren und das Licht dorthin bringen, wo es dunkel ist und gebraucht wird.** Unser Arbeitgeber ist Gott und wir wollen immer mit ihm im Gespräch sein und hören, was auf seinem Herzen liegt und wie er uns gebrauchen möchte.

Somit bleibt die Reise spannend und unsere Geschichte wird weitergeschrieben.

Nikolaos Rizidis

Die Route führt weiter östlich in die beschauliche Stadt Marburg. Dort werde ich mehrere Menschen mit unterschiedlichen Themen treffen. Meine Gesprächspartner sind, wenn man so will, so vielschichtig wie das Marburger Nationalgericht Auflauf. Der Ort, an dem ich Nikolaos (Niko) treffe, ist jedoch eher für exzellenten Cappuccino und selbstgemachten Kuchen bekannt. Niko arbeitet als Pädagoge im *Café Salamanca*. Dort begleitet er Kollegen, die auf Hilfestellungen im Arbeitsalltag angewiesen sind.

Außerdem ist es beratend in der Tourismusbranche und in verschiedenen Gremien aktiv. Aktiv zu sein, ist ihm aber nicht nur bei gesellschaftlichen Themen ein Anliegen. Er treibt auch unfassbar gerne Sport, zum Beispiel Kraftsport, und er klettert. Die Art, wie er sein Leben beschreibt, fasziniert mich. Niko ist ein Experte darin, Möglichkeiten zu finden. Und davon gibt es viele, das weiß Niko, obwohl – oder vielleicht gerade weil – er blind ist.

Um meine Geschichte ganz vorne anzufangen, muss ich sogar vor meinem Geburtstermin beginnen. Drei Monate bevor ich auf die Welt kommen sollte, bin ich geboren. 1992 waren die medizinischen Möglichkeiten noch nicht so weit wie heute, sonst wäre vielleicht noch eine Genesung möglich gewesen. Dennoch war ich nicht von Geburt an blind. Bis zu meinem achten Lebensjahr konnte ich tatsächlich sehen. Dann erhielt ich die Diagnose: Juvenile Makuladegeneration. Das ist eine progressive Augenerkrankung, also eine, die fortschreitet. Und so kam es, dass ich zunächst einen zentralen Gesichtsfeldausfall erlitt und damit nur noch wie durch ein Milchglas mit Schattierungen in der Peripherie, also am Rande des Blickfeldes, sehen konnte.

SCHMERZHAFTE GRENZEN

Ab diesem Zeitpunkt haben sehr viele Menschen nur noch von „Grenzen“ gesprochen, von Behinderung (– das Wort konnte ich noch nie leiden!) und von schlichtweg allem, was ich nicht mehr konnte. Nachdem ich bis zur zehnten Klasse noch auf eine Regelschule ging, wechselte ich nun in eine Blindenschule in Hannover und absolvierte dort meinen erweiterten Realschulabschluss mit Schwerpunkt Wirtschaft. Obwohl mich die Themen rund um Wirtschaft interessierten, merkte ich, dass ich beruflich in einen sozialen Bereich wollte. In der Regelschule erlebte ich sowohl durch Schüler als auch Lehrer viel Mobbing. Mein tiefer Wunsch war es, Pädagoge zu werden und damit Menschen positiv zu prägen.

Kurz bevor ich 2014 mein Abitur an der *Deutschen Blindenstudienanstalt* in Marburg machte, hatte ich erneut einen Sehsturz. Damit war ich nun staatlich anerkannt blind. Jetzt war kein Sehen mit Vergrößerungsglas mehr möglich und ich musste mich auf Blindenschrift umgewöhnen. Das funktionierte zwar, war aber trotzdem ein schmerzhafter Tritt in die Magengrube.

WER IST HIER EIGENTLICH „BEGRENZT“?

Mein Abitur zog ich dann eben ein Jahr später durch, um weiter meinen Weg zu gehen. Als nächster Schritt folgte für mich ein Studium im Studiengang Erziehungs- und Bildungswissenschaften mit dem Schwerpunkt Sozial- und Rehabilitationspädagogik. 2019 hatte ich es dann geschafft und meinen Bachelor in der Tasche. Diesmal feierte ich meine staatliche Anerkennung, denn nun war ich offiziell Pädagoge. Anschließend stand ein Bewerbungsmarathon an, der mich viel Kraft und immer wieder Überwindung kostete. Ich stand vor der Herausforderung, trotz meiner Erblindung auf dem für mich möglichen Arbeitsmarkt zu überzeugen. **Immer und immer**

wieder wiederholten Menschen, die noch nie durch meine Augen geschaut hatten, was ich nicht sehen konnte. Die noch nie meinen ausgeprägten Gehörsinn und meine unfassbar gute Orientierung am eigenen Leib erlebt hatten, wollten mir sagen, dass ich in die falsche Richtung unterwegs war. **Ich wusste genau, was ich konnte und wohin ich wollte, und dafür musste ich keine Wegweiser lesen können.**

Nach unzähligen Absagen bewarb ich mich dann im *Café Salamanca*. Das Einstellungsgespräch war ganz anders als die, die ich bisher erlebt hatte. Ich hatte das Gefühl, mit einem Freund zu sprechen, der sich freute, dass ich zu Besuch komme. Ich wurde nicht nach meinen Grenzen gefragt, sondern nach meiner Person. Kurze Zeit später begann ich dann dort als pädagogische Fachkraft. Parallel dazu hatte ich eine Stelle als Berater in einer Behörde für Menschen mit Beeinträchtigung inne.

CHANCEN STATT GRENZEN

Meine Berufsausübung als Pädagoge war mir vollständig möglich, es musste nur Arbeitsplätze geben, die nicht nur wegen des vorgegeben Schwerbehindertenanteils Menschen mit Beeinträchtigungen anstellten. **Es braucht meiner Erfahrung nach mehr Arbeitsplätze, die die Qualifikationen der Bewerber betrachten, wie bei jedem anderen Menschen auch.** Und im Gegensatz zum Denken vieler mangelt es nicht an Möglichkeiten, meine Expertise einzusetzen.

Das *Salamanca* ist ein Inklusionscafé und so arbeiten dort Personen mit psychischer, körperlicher oder geistiger Einschränkung. Ein Teil meines Arbeitsbereichs ist die Begleitung von Kollegen mit Sozialphobie. Morgens werden Tagesziele besprochen. Das kann zum Beispiel sein, eine Bestellung aufzunehmen. In genau dieser Stresssituation agiere ich begleitend und gehe auf die Herausforderungen im Ablauf ein. Dabei nehme ich viel intensiver wahr, ob sich die Stimmfarbe verändert, wie die Kommunikation zwischen Gast und Mitarbeiter ist und wie der Service abgelaufen ist. Eine sehende Kollegin nimmt gleichzeitig die Körpersprache wahr, sodass Lösungen und Hilfestellungen für den Mitarbeiter auf einer ganzheitlichen Ebene möglich sind. Das heißt jedoch nicht, dass wir fertige Verhaltensregeln vorsetzen. Nach der Begleitung folgt ein Austausch über die nun möglichen Arbeitsabläufe.

Es ist bemerkenswert, wie sich Menschen, welche von der Gesellschaft oft in eine Sackgasse gesetzt werden, weiterentwickeln, wenn sie eine solche Förderung erhalten.

GRENZENDENKEN ÜBERWINDEN

Ebenso wie in meiner Arbeit, habe ich auch in meiner Freizeit immer wieder eine riesige Freude daran, Grenzen zu verschieben. Dabei entwickle ich auch Selbstbewusstsein. Das heißt, ich bin mir selbst bewusst – darüber, was ich kann, und was ich nicht kann.

Hättest du gedacht, dass ein Blinder mit auditiver Anleitung klettern kann? Regelmäßig Kraftsport macht? Oder mehrere Tausend Abonnenten auf Social Media erreicht? Immer an meiner Seite, mein Blindenführhund Orlando und natürlich die wichtigste Person in meinem Leben: meine wunderbare Frau Sarah. Letztes Jahr haben wir geheiratet. Ich bin ein glücklicher Mann! Glücklich, weil ich das Leben frei gestalte. Weil ich für mich und andere meine Stimme erhebe. Wo ich die Möglichkeit bekomme, ermutige ich Menschen dazu, nicht stehen zu bleiben, sondern mutig voranzugehen. Dafür bekomme ich unfassbar gute Rückmeldungen. Eltern von erblindeten Kindern bekommen Zuversicht. Jugendliche werden selbstbewusster, weil sie anhand meiner Möglichkeiten ihr eigenes Potenzial entdecken. Generell habe ich eine

Leidenschaft dafür, Barrierefreiheit selbstverständlicher zu machen und „Grenzendenken" über den Haufen zu werfen. **Das Standarddenken geht vom Unmöglichen aus. Ich überzeuge täglich Leute vom Möglichen.**

Das Schönste ist, wenn mir ehrlich zugehört wird. Ich sitze in Gremien und spreche in Podcasts. Ich war schon bei verschiedenen Fernsehsendern präsent und werde nicht aufhören, die Augen von möglichst vielen für das Thema Leben mit Blindheit zu öffnen. Du denkst, das klingt komisch? Dann überlege dir mal, wie absurd es ist, dass es zahlreiche Barrieren gibt, die von der Gesellschaft schlichtweg nicht gesehen werden. Ja, auch unsere Gesellschaft ist manchmal ganz schön blind!

Ich lade dich ein, mitzugestalten und immer weiter dranzubleiben, die Gedankengrenzen zu sprengen.

blow
my
mind

AKTIV WARTEN

Carsten Waldeck

Die nächste Person, die ich in Marburg treffe, verschiebt Grenzen im technischen Bereich. Carsten trägt einen großen Teil zur Verminderung von Elektromüll bei. Sein Wissensschatz über den Zustand von Welt, Technik und Umwelt ist phänomenal. Doch als wir ins Gespräch kommen, erzählt mir Carsten von seinem Herzenszustand. Abseits von innovativer Technik schlägt sein Herz für heilende Beziehungen und ein Thema, das angesichts der hohen Scheidungsrate in Deutschland viel präsenter sein müsste. So erzählt er anfangs noch von seiner Leidenschaft für einen verantwortungsvollen Umgang mit der Schöpfung, lässt mich dann aber direkt an sehr persönlichen Gedanken teilhaben, die er so noch nie in der Öffentlichkeit preisgegeben hat. Ich bin sehr dankbar für das Vertrauen, das er mir und nun auch dir damit entgegenbringt.

Niemals hätte ich gedacht, dass ich irgendwann einmal die nachfolgenden Zeilen schreiben würde. Doch ich denke, es ist an der Zeit. Als ich mich ursprünglich mit der Aufgabe auseinandersetzte, diesem wunderbaren Buch ein Kapitel hinzuzufügen, war mir im ersten Moment sofort klar, dass ich über eines meiner Lieblingsanliegen schreiben würde. Dieses Anliegen, das wir sowohl in unserem Firmennamen als auch in vielen unserer Produkte verankert haben, ist mittlerweile einigen als *SHIFT* bekannt. Ich verstehe unter *SHIFT* die einmalige Zeit der Veränderung, in der wir uns befinden, und unsere gegenwärtige Chance und Verantwortung, Veränderung in dieser Welt positiv mitzugestalten. Es ist uns wichtig, Mut zu machen und zu zeigen, dass wir wirklich etwas bewegen können, auch wenn wir uns noch so klein oder hilflos fühlen.

Ich wollte dafür ursprünglich unsere Geschichte teilen, wie aus einem kleinen Vertrauensschritt ein Projekt und Unternehmen wurde, das viele Nachhaltigkeitsinnovationen wie das *SHIFTphone* hervorgebracht hat, ohne jede Abhängigkeit von Investoren. Heute ist *SHIFT* ein Purpose-Unternehmen, das 100 % der Gewinne in Nachhaltigkeit und Soziale Gerechtigkeit gibt. Die Firmenanteile können nicht verkauft oder vererbt werden, sodass sichergestellt ist, dass *SHIFT* auch über Generationen hinweg seinem Sinn und Ziel treu bleibt. In unserem Unternehmen arbeiten die unterschiedlichsten Menschen und es ist uns wichtig, diese Personen mit ihren individuellen Bedürfnissen, Lebenssituationen und Herzensanliegen wahrzunehmen und zu fördern. Das und vieles mehr ist unser *SHIFT*-Herz.

MEIN HERZSCHLAG ABSEITS VON TECHNIK

Als ich mich dann mit Anna in Marburg für ein Gespräch traf, merkten wir, dass es da noch ein anderes Thema gibt, das mich sehr berührt und das tatsächlich bisher sehr selten thematisiert wird. Doch es ist unglaublich wichtig, darüber zu sprechen, weil es eine große Not in unserem Land darstellt und natürlich auch in vielen anderen Teilen der Welt. Hast du schon einmal den Begriff „Eltern-Kind-Entfremdung“ gehört? Eine offizielle Definition dazu findet man im „Handbook for Mental Health and Legal Professionals“[3] (übersetzt): „Der Begriff Eltern-Kind-Entfremdung (kurz EKE) beschreibt ein Phänomen, bei dem ein Kind – meistens eines, dessen Eltern sich in einem konfliktbeladenen Trennungs- oder Scheidungsprozess befinden – sich stark mit einem Elternteil verbündet und eine Beziehung zum anderen Elternteil ohne legitime Begründung ablehnt.“

Etwas verständlicher ausgedrückt bedeutet das: **Ohne einen wirklichen Grund kann es passieren, dass man hierzulande das eigene Kind oder die eigenen Kinder niemals wiedersieht.** Das betrifft meist nicht nur einen der Elternteile, sondern auch Oma, Opa, Onkel, Tanten, Cousins und

Cousinen, etc. – also mitunter ein ganzes Familien-System. Nach einer Studie des Deutschen Jugend-Instituts haben in Deutschland 17,5 % der Trennungskinder keinen Kontakt mehr zum anderen Elternteil. 25 % haben nur selten Kontakt. Es betrifft also hunderttausende Kinder in Deutschland, Tendenz steigend. Daher ist dies ein sehr relevantes Thema, das große Auswirkungen auf die Gesellschaft und kommende Generationen hat. Ich mache dir Mut, auch einmal den Film „Weil du mir gehörst“ (ZDF/Arte) anzuschauen.

Obwohl EKE für mich ein sehr persönliches Thema ist, möchte ich den folgenden Abschnitt bewusst etwas allgemeiner halten und beziehe mich hier auf wichtige, generelle EKE-Zusammenhänge. Wäre ich mir dieser EKE-Dynamik damals bereits bewusst gewesen, und hätte ich die Erfahrung gehabt, die ich heute habe, dann hätte ich bestimmt viele Entscheidungen anders getroffen und in bestimmten Situationen anders gehandelt.

MÖGLICHE URSACHEN

Eine Eltern-Kind-Entfremdung kann sehr unterschiedliche Ursachen haben. Oft haben Eltern nach einer Trennung Angst, nach dem Partner vielleicht auch noch das Kind zu verlieren. Oder sie haben das Gefühl, dass der ehemalige Partner, mit dem sie selbst am liebsten nichts mehr zu tun haben möchten, auch für das Kind nicht gut sein kann. Solche Gefühle können dazu führen, dass das Kind bewusst oder unbewusst dazu gezwungen wird, sich zwischen den Eltern zu entscheiden und einen Elternteil zu bevorzugen. Auch Rachegedanken dem ursprünglichen Partner gegenüber können eine Rolle spielen. Allen Fällen gemeinsam ist, dass das Kind psychisch so sehr unter Druck gerät, dass es sich nicht anders zu helfen weiß, als sich für eine Seite zu entscheiden und den anderen Elternteil in seinem Herzen zu

„entsorgen". Dieser Druck entsteht in der Regel durch einen extremen Loyalitätskonflikt, dem das Kind psychisch nicht mehr gewachsen ist.

Wenn ein Kind dazu getrieben wird, sich für einen Elternteil und gegen das andere zu entscheiden, empfindet es zunächst starke Schuldgefühle dem abgelehnten Elternteil gegenüber, da es eigentlich beide Eltern liebt und keinem von beiden wehtun möchte. Um diesen Schuldgefühlen zu entgehen, verwendet das Kind einen psychologischen Abwehrmechanismus, die Spaltung. Der abgelehnte Elternteil wird als komplett böse empfunden, der bevorzugte Elternteil als komplett gut. So kann das Kind vor sich selbst die Ablehnung rechtfertigen und projiziert die Schuld auf den abgelehnten Elternteil. Die Folgen für das Kind: Die Entfremdung von einem liebenden Elternteil, zu dem das Kind vormals eine gesunde und gute Beziehung hatte.

Das ist für ein Kind eine traumatische Erfahrung. Das Kind erlebt einen Bindungsabbruch und wird zudem dazu getrieben, einen Elternteil als „böse" zu betrachten, von dem es 50 % seiner Gene geerbt hat, sodass es quasi auch sich selbst als „zur Hälfte böse" ansehen muss. Dazu kommt, dass die Schuldgefühle des Kindes dem abgelehnten Elternteil gegenüber zwar verdrängt werden, im Unterbewusstsein jedoch weiterwirken und so das Selbstwertgefühl des Kindes zusätzlich untergraben.

Wenn eine solche Situation nicht erkannt wird und über viele Jahre bis ins Erwachsenenalter hinweg andauert, kann dies für das Kind dramatische Folgen haben. Dazu können gehören: Schwierigkeiten bei der Ablösung vom bevorzugten Elternteil, mangelndes Selbstwertgefühl, Verhaltensauffälligkeiten, Schulprobleme, Angststörungen, Alpträume, Phobien, Depressionen bis hin zum Suizid, Posttraumatische

Belastungsstörungen, Suchterkrankungen, Essstörungen, weitere Persönlichkeitsstörungen und Unfähigkeit, später gesunde Partnerbeziehungen (und auch Beziehungen allgemein) zu leben. Die Entfremdung hat auch für den abgelehnten Elternteil gravierende Folgen, die sich in psychosomatischen Beschwerden, posttraumatischen Belastungsstörungen und Depressionen bis hin zum Suizid äußern können.

Die Trauer um ein verlorenes Kind, das noch lebt, gehört zu den emotional belastendsten Situationen, die man erleben kann. Ein „Kampf ums Kind" ist oft aussichtslos, zermürbend und sehr belastend. Auf Dauer kann die Ohnmacht dazu führen, dass der Elternteil seine Bemühungen um das Kind einstellt und versucht, loszulassen. Das jedoch vermittelt dem Kind den Eindruck, dass der abgelehnte Elternteil es nicht mehr liebe. Die Ablehnung des Kindes kann sich dadurch verstärken und gleichzeitig können Gefühle von Verlassenheit und Selbstzweifel entstehen. Deswegen ist es für den ausgegrenzten Elternteil sehr wichtig, sich bewusst zu machen, dass das entfremdete Kind beide Eltern liebt und braucht. Auch wenn das Kind vielleicht Sätze sagt, wie „Ich hasse dich!", „Ich will dich nie wiedersehen!" oder „Ich wünschte, du wärst tot!", trägt es dennoch die Liebe zum ausgegrenzten Elternteil tief in seinem Herzen, wie in einem verschütteten Versteck.

EIN VATER UND EIN VERLORENER SOHN

Was mir in meiner Erfahrung als entfremdeter Vater sehr geholfen hat, war das Versprechen Gottes aus Römer 8,28. Hier verspricht er, dass uns alle Dinge zum Besten dienen werden, wenn wir in Gottes Liebe bleiben. Natürlich fragt man sich in einer solchen Situation, die einem das Herz zerreißt und die einen hilflos und ohnmächtig zurücklässt, wie diese jemals zu etwas Gutem führen kann. Tiefste

Beziehungen sind zerstört und es besteht scheinbar keine Möglichkeit, daran etwas zu ändern. Das Ganze zieht sich über Jahre, manchmal leider auch das restliche Leben lang. Es tut wahnsinnig weh und ist unglaublich schwer auszuhalten.

Es hilft sehr, sich dann daran zu erinnern: Aus all dem Schmerz und all der Verletzung wird Gott etwas Schönes und Wertvolles machen. Für die Kinder, für die Mutter, für den Vater … auch wenn das unmöglich erscheint. Es braucht Zeit und vieles versteht man erst sehr viel später. Doch einen Punkt möchte ich mit euch teilen, der schon mitten im Prozess unglaublich wertvoll ist und der mich mit großer Dankbarkeit erfüllt: Irgendwann las ich ein weiteres Mal das Gleichnis vom verlorenen Sohn in Lukas 15. Hier ist ein Vater in „Trauer um ein verlorenes Kind, das noch lebt". Und mir wurde etwas klar: **Gott ist der am meisten entfremdete Vater des Universums! Er liebt jeden Menschen auf diesem Planeten mehr, als ich jemals meine Kinder lieben kann. Was für ein Schmerz in milliardenfachem Ausmaß!**

Zum ersten Mal hatte ich – im wahrsten Sinne des Wortes – ein Gefühl dafür, wie groß die Schmerzen sind, die Gott seit Anbeginn der Menschheit auszuhalten hat.

Und was macht Gott? Er bleibt in der Liebe. Er manipuliert nicht. Er lässt sich beschimpfen. Er bleibt ruhig, auch wenn Lügen über ihn verbreitet werden. Er wehrt sich nicht, wenn seine Liebe mit Füßen getreten wird. Er kämpft nicht um irgendwelche Rechte. Er hält den Schmerz aus, wartet, hält Ausschau. Wie sonst hätte er seinen Sohn erkennen können, „als er noch weit entfernt war" (Lukas 15,20)? Wie oft stand er dort an dieser Stelle, in Gedanken an sein Kind versunken, es segnend und um Schutz und Fürsorge bittend? Was für eine unglaubliche Liebe!

Von dieser Liebe möchte ich lernen. Sie hat mir geholfen, die ganzen Jahre ein weiches Herz zu behalten. Und diese Liebe gilt auch mir. Und dir. Ohne diese Liebe wären wir verloren.

Es gibt eine wichtige Möglichkeit, wie der entfremdete Elternteil dabei unterstützen kann, dass das Kind den Weg zum oben beschriebenen Versteck, wo seine Liebe für den entfremdeten Elternteil verschüttet wurde, wiederfindet. Es ist die Möglichkeit des „Aktiven Wartens". Aktives Warten ist eine Herausforderung. Trotz aller Ablehnung sendet es immer von Neuem die Botschaft: „Ich liebe dich. Meine Tür steht offen. Es erwarten dich keine Vorwürfe!" Oft ist es nicht möglich oder auch nicht unbedingt sinnvoll, diese Botschaft persönlich oder direkt an das Kind zu richten. Hier hilft es, wenn es gemeinsame Freunde oder andere Vertrauenspersonen gibt, die diese Botschaft überbringen können. [4]

Doch zurück zu unserem liebevoll wartenden Gott. Es gibt so viele Menschen auf diesem Planeten, deren Beziehung zu ihrem himmlischen Vater zerbrochen ist. So viel Entfremdung, Verletzung, Angst und falsche Bilder von Gott. Ich glaube, dass sie alle sofort in seine Arme springen würden, wenn sie wüssten, was für einen unglaublich liebevollen Vater sie haben.

Lasst uns Vertrauenspersonen sein, die diese Botschaft überbringen!

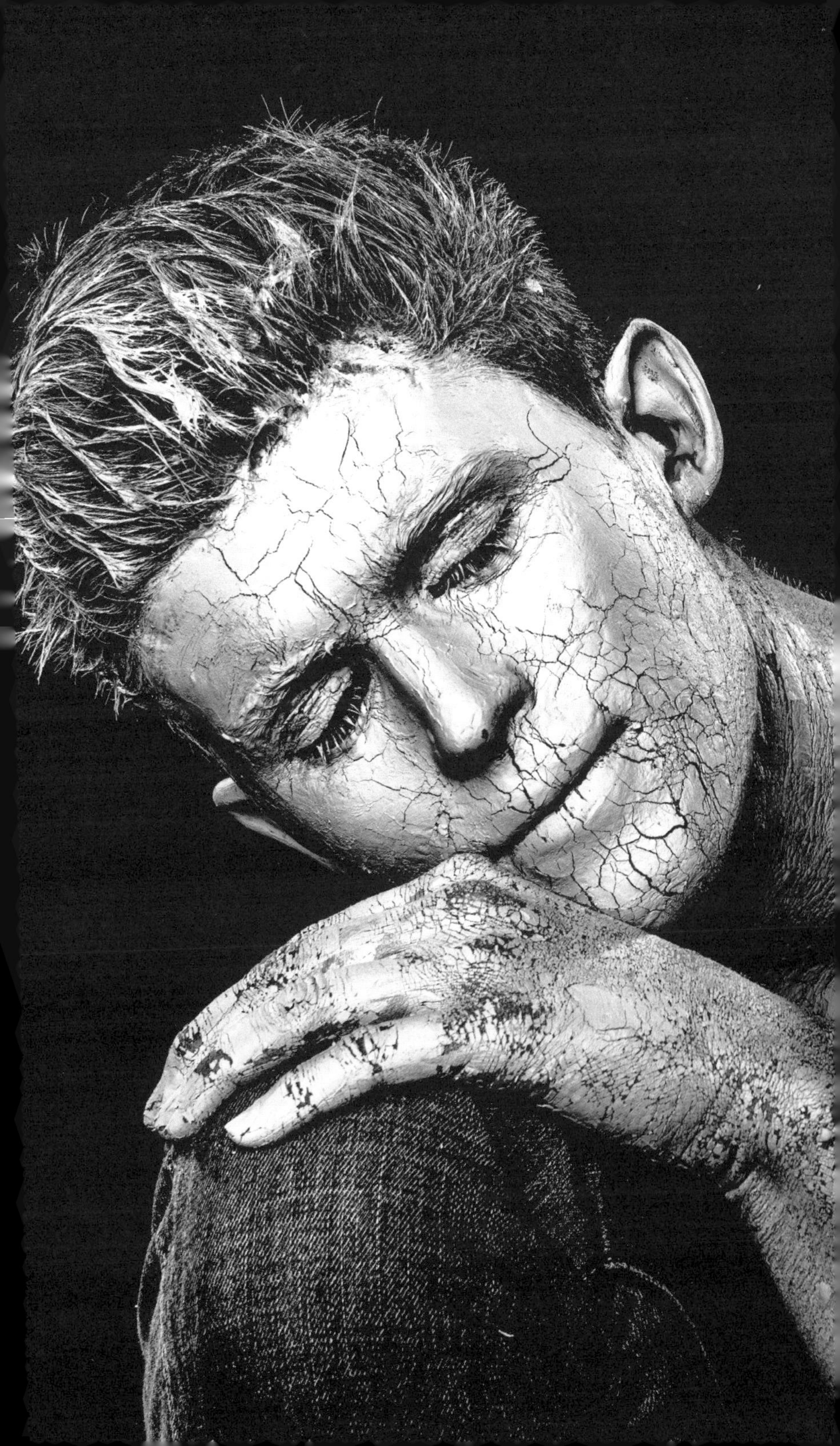

Matthias Schüssler

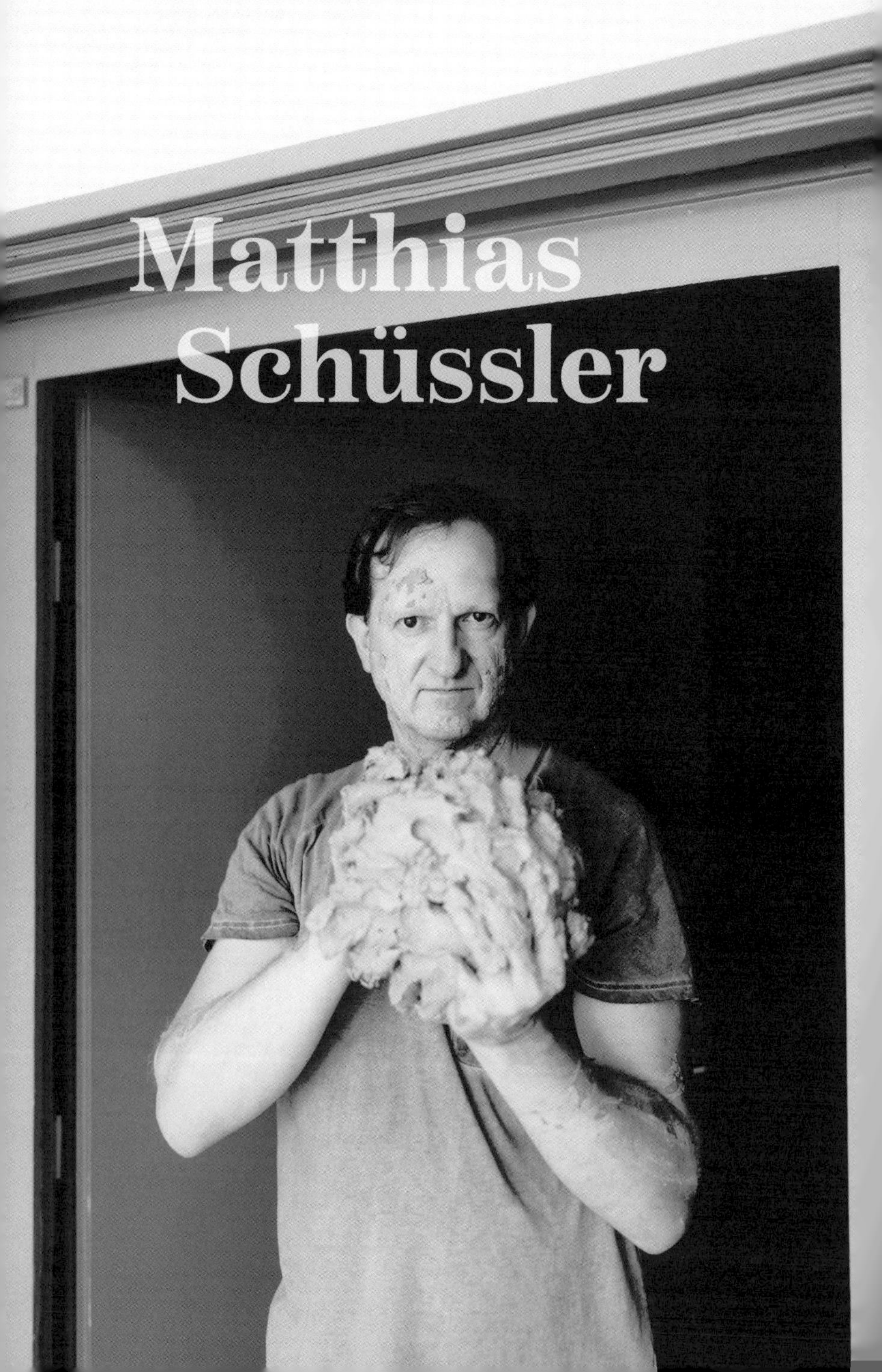

Bevor ich mit Matthias telefoniert habe, bekam ich zuerst seine Bilder zu Gesicht. Ausdruckstark und detailverliebt eröffnet er in ihnen vielen Menschen einen Einblick in das häufig stigmatisierte Themenfeld der psychischen Erkrankungen. Ich kann mit ziemlich hoher Wahrscheinlichkeit sagen, dass jeder mit diesem Thema schon mal mehr oder weniger zu tun hatte und so schätze ich es sehr, auch Matthias' Geschichte auf meiner Reise zu hören:

Das Leben ist oft bunt, lebendig, schnell und voller Dynamik – manchmal aber auch nicht. Manche Lebensphasen sind von Niederlagen oder Krankheiten geprägt. Erkrankt dabei die Psyche, stellt uns das Leben vor besondere Herausforderungen.

Für viele Menschen ist der Umgang mit psychischen Erkrankungen immer noch sehr schambehaftet. So kommt es, dass die Thematik häufig tabuisiert wird, obwohl fast jede dritte erwachsene Person in Deutschland im Laufe ihres Lebens von psychischer Erkrankung betroffen ist. Jedoch sucht nur ungefähr jede fünfte erwachsene Person professionelle Hilfe. Die Gründe dafür sind vielschichtig. So werden psychische Erkrankungen oft als (Charakter-)Schwäche empfunden oder aus Sorge vor Stigmatisierung bagatellisiert oder verheimlicht. Eine frühzeitige Behandlung wird somit verhindert und die Folgen der Erkrankungen dadurch unnötig schwerer. Als weitere Gründe können Vorurteile und Ängste angenommen werden. Aufklärung, Wissensvermittlung und persönlicher Austausch können dem jedoch entgegenwirken.

JEDER IST VERLETZLICH

Meine Bildserie *Gesicht zeigen* möchte hier ansetzen. Dafür wurden bislang 90 Menschen von mir porträtiert. Manche von ihnen sind selbst von psychischer Erkrankung betroffen, während andere Berührungspunkte mit Betroffenen über die eigene Arbeitsstelle, die Familie oder den Freundeskreis haben.

Betroffene leiden häufig unter Isolation, Unverständnis, Misserfolg, Ablehnung, Bevormundung sowie wirtschaftlichen und sozialen Einschnitten, um nur einige Probleme zu nennen. Dabei stellt sich die Frage, ob das so sein muss und ob wir das so belassen wollen. **Sind wir uns darüber bewusst, dass wir jederzeit und völlig ohne eigenes Verschulden zu Betroffenen werden können, und wie würden wir dann gesehen werden wollen?** Vielleicht ist aber auch schon die Formulierung „betroffen versus nichtbetroffen" bereits der erste Denkfehler, allein schon deshalb, weil die Grenzen fließend sind oder man nicht vorhersagen kann, was kommt.

Welches Selbstbild habe ich also von mir? Sehen wir uns als Teil derjenigen an, die bereits jetzt betroffen sind, oder wissen wir um das in uns liegende Potenzial, jederzeit erkranken zu können? Schieben wir diese Gedanken weit von uns weg, halten uns in dieser Frage für immun, stark und widerstandsfähig und geben uns der Vorstellung hin, uns könnte das ja nicht passieren? Dann schreiben wir den betroffenen Menschen bereits eine Mitschuld an ihrer Erkrankung zu und erheben uns über sie.

Psychische Erkrankung sucht man sich nicht aus. Und dennoch erfährt man als betroffener Mensch oft wenig Wohlwollen. Dieses Dilemma wurde für mich zum zentralen Thema für diese Bildserie.

GESICHT ZEIGEN

Ursprünglich entstand das Projekt aus der Idee, Menschen einer betreuten Wohneinrichtung und die betreuenden Personen für eine Ausstellung bei deren Sommerfest zu porträtieren. Die Menschen möglichst vorteilhaft darzustellen, also deren Schokoladenseite zu finden und abzubilden, wollte ich bewusst nicht. Die Brüchigkeit des getrockneten Tons auf der Haut fand ich hingegen symbolisch für all das Unvollkommene, Verletzte und Schwere, also die fragilen Seiten des Lebens, die sich auch in Form von psychischen Erkrankungen äußern können. So entstand die Bildidee, Menschen in diesem Kontext mit getrocknetem Ton auf der Haut zu fotografieren.

Bei der ersten Ausstellung der Bilder im Rahmen eines Hoffestes erhielten die Bilder eine unerwartet positive Aufmerksamkeit, was mich ermutigte, die Bilder zunächst auch im Rahmen lokaler Veranstaltungen zu zeigen. Später wurden die Bilder dann auch in einem Krankenhaus in Marburg, bei einem medizinischen Kongress in Berlin und in einer Kunstgalerie in Frankfurt ausgestellt. Meine Erfahrungen dabei waren immer, dass die Bilder und die begleitenden Impulse in Form von Texten oder Führungen einen Rahmen schafften, um im öffentlichen Raum über die Thematik ins Gespräch zu kommen. Erfahrungsgemäß kommen die Besuchenden in diesem Rahmen sehr schnell über persönliche Erfahrungen ins Gespräch und teilen sich mit. Anfangs war ich selbst über das positive Feedback zu der Bildserie überrascht. Auch meine Angst, dass sich die gezeigten Menschen mit ihren Bildern nicht identifizieren könnten, erwies sich als unbegründet. Dadurch ergaben sich im Laufe der Zeit verschiedenste Ausstellungen, bei denen die Serie gezeigt wurde. In jeder Ausstellung haben die Besuchenden die Möglichkeit, sich in ein Gästebuch einzutragen. Dort schrieben viele Menschen, dass die Bilder und die Thematik für sie sehr bedeutsam sind und die Ausstellung eine große gesellschaftliche Relevanz habe. Viele benennen dabei, dass sie sich in ihrer persönlichen Situation sehr gesehen fühlen und sich in den Bildern wiederfinden.

Mit der Zeit kamen immer wieder Menschen zu mir, die gerne Teil des Projektes werden wollten, weil ihnen sowohl die Bilder gefielen als auch das Thema der unbegründeten Stigmatisierung wichtig war. Dadurch geht das Projekt fortwährend weiter, indem immer wieder Menschen Interesse an einem Shooting zeigen und zukünftige Ausstellungen überlegt werden.

DRANBLEIBEN
AN EHRLICHEN GESPRÄCHEN
Felix Padur

In einer anderen Ecke von Marburg treffe ich Felix, für den das schöne Städtchen Wahlheimat geworden ist. An dem Treffpunkt stehend sehe ich, wie er lässig auf mich zuläuft. Auf den ersten Blick wirkt er wie der „nette Nachbar", ein Kumpeltyp eben. Doch je länger ich ihm zuhöre, desto mehr merke ich, dass er ein Mann mit Vision ist. Oft nehme ich ambitionierte Leitertypen in meinem Umfeld als abgehoben war, bei Felix ist das jedoch anders. Eines seiner Hauptthemen ist Ehrlichkeit. Er scheut sich nicht, die Wahrheit zu sagen. Gerade dann nicht, wenn es wirklich leichter wäre, so zu tun als ob. Diese Ehrlichkeit und die Veränderung, die passiert, wenn wir als kaputte Menschen anfangen, uns die Wahrheit zu sagen, prägt seine Geschichte.

NICHT DEIN ERNST!

Das kann doch nicht dein Ernst sein. Das kann doch nicht dein fucking ernster Ernst sein! Innerlich schüttle ich den Kopf, hau mir gegen die Schläfe, verkrampfe meine Hände vor dem Gesicht und presse meine Lippen zusammen. Meine Augen sind starr vor Unglauben.

Das alles passiert natürlich nur innerlich – äußerlich bleibe ich gelassen und ruhig. Ich nicke kurz und erwidere nur: „Hm … hm … okay." Ich höre meinem Gegenüber weiter zu. Innerlich kann ich es jedoch nicht fassen. „Für wie absolut dumm möchtest du mich eigentlich verkaufen?", fragt ihn meine innere Stimme. Diese Frage beschäftigt mich die nächsten Augenblicke so sehr, dass ich echt etwas Zeit brauche, um meinem Gegenüber wieder einen höheren Prozentsatz meiner Aufmerksamkeit zu schenken. Am liebsten würde ich ihm diese Frage auf ein Plakat schreiben und die nächsten 24 Stunden damit neben ihm herlaufen. Ich würde ihm die Frage gerne gegen seinen Kopf tackern, so sauer macht es mich, weil er einfach nicht ehrlich ist.

„Also im großen Ganzen geht's mir echt gut. Das Thema ist gar nicht mehr so groß in meinem Leben. Hab's ganz gut unter Kontrolle." So schließt er seinen kleinen Einblick kurz und knapp ab.

Unter Kontrolle hätte ich mich gerade auch gerne etwas besser. Dankbar dafür, dass mich keiner der Anwesenden so gut kennt wie zum Beispiel meine Mitbewohner, strecke ich meine Hand aus und nehme mir noch ein Stück von der selbstgemachten Pizza, die mit roten Zwiebeln, etwas zu günstigem Schinken und Champignons belegt wurde. Dazu gibt es noch zwei bis sechs gefüllte Peperoni. Ich glaube, ich versuche mich für mein eigenes Zusammenreißen gerade selbst zu belohnen.

Der Abend hatte dabei ganz ruhig angefangen. Es ist Dienstag und wie die letzten drei Monate auch, hatte ich meine Arbeit im Büro etwas früher beendet. Danach ging es für mich mit der am Abend zuvor geschriebenen Einkaufsliste zum Laden meines Vertrauens, um für heute Abend alles einzukaufen. Wie schon beschrieben, gab es heute in unserer Kleingruppe eine schöne, in unserem Fall viereckige, italienische Spezialität. Ich mag diese Gruppe von fünf jungen bis mittelalten Männern, die sich jede zweite Woche einen Abend Zeit nimmt, um über ein Thema zu sprechen, das in ihrem Alltag sonst eher nicht so im Fokus steht.

Ich bin Leiter dieser Kleingruppe mit dem Titel *Let's Talk about Porn, Baby*. Dieser Umstand verunsichert mich regelmäßig und macht mich gleichzeitig auch unfassbar stolz. Diese Kleingruppe ist schon die dritte in dieser Form und trotzdem macht es mich immer wieder etwas verlegen, wenn ich anderen Menschen davon erzähle. Ich muss oft nicht viel mehr als den Titel sagen und bekomme anschließend die üblichen Reaktionen darauf: „Stark ey, finde ich voll wichtig, dass man über so ein Thema mal spricht in der Kirche!"

„Boah, voll das Tabuthema. Aber umso wichtiger, dass mal jemand darüber spricht!“ „Also ich selbst habe damit kein Problem. Ich kenne aber jemanden, dem würde ich von der Gruppe erzählen, wäre das okay für dich?“

Das sind dann aber auch schon die einzigen Sätze, die dazu fallen. **Das Wort Pornos oder Pornografie fällt aus den Mündern meiner Gegenüber nur sehr, sehr selten. Es ist in meiner christlichen Bubble viel zu schambehaftet und manch ein erwachsener Mann wird dann doch etwas rot, wenn man es anspricht.**

WENN DU WÜSSTEST …

Wer nicht rot wird, ist der glücklich erscheinende Mann vor mir, der mir ernsthaft verkaufen will, dass alles doch eigentlich ganz okay ist und er nur aus Interesse an dem Thema in der Gruppe ist. „Damit ich anderen Männern in Zukunft helfen kann“, so seine Worte. Mal ganz abgesehen davon, dass für genau solche Personen die Kleingruppe nicht da ist, glaube ich einfach, dass er lügt. Vielleicht noch nicht einmal so ganz bewusst und reflektiert. Dafür fühlt er sich viel zu wohl in unserer Gruppe. Nein, ich glaube er lügt sich schon seit Jahren selbst in die Hose, wenn er sich einredet, dass sein aus seiner Sicht „geringer Pornokonsum“ keine Auswirkungen auf sein Leben hat. „Wenn du wüsstest, Bruder“, denke ich mir in dem gleichen Moment, in dem ich merke, dass die Peperoni doch etwas schärfer ist als gedacht. „Wenn du wüsstest, welche Folgen dein Konsum hat, dann hättest du hoffentlich nie damit angefangen …“

Der Mann vor mir ist unfassbar lieb. Er erinnert mich in so einigen Punkten an mich selbst. Seine geistige Biografie, seine Denkmuster, die von ihm antrainierten Verhaltensweisen. Da ist so einiges, das mich so fühlen lässt, als würde ich in einen Spiegel schauen, wenn er uns als Gruppe seine Story erzählt. Und genau deswegen macht es mich so sauer, wenn er uns zum Narren hält. „Mach doch nicht den gleichen Fehler wie ich, mein Freund, und sei doch einfach einmal so richtig ehrlich zu dir!“, möchte ich ihn anflehen. Und doch weiß ich, dass jeder Mensch seinen eigenen Weg geht. Aber wenn ich seinen hier etwas stärker beeinflussen dürfte, dann würde ich ihn jetzt in den Schwitzkasten nehmen, anflehen und gleichzeitig anbrüllen, dass er damit aufhören solle.

Doch würde das überhaupt etwas helfen? Nein. Hätte mir das damals etwas gebracht? Auch hier ist die klare Antwort: Nein.

KEINE HILFE

Vor mehr als 15 Jahren war ich doch genauso wie dieser Mann auf Freizeiten in Männerseminaren mit Titeln, wie „Liebe, Sex, Sexualität“, oder so ähnlich, die zwar alles andere als attraktiv klangen, aber an denen ich trotzdem teilnehmen wollte. Warum? Weil ich mich nach ehrlichen Antworten gesehnt hatte. Nach Antworten auf Fragen, wie „Was ist eigentlich ein Porno?“, „Warum fühle ich mich von ihnen extrem angezogen und gleichzeitig angeekelt?“, „Muss ich einfach nur heiraten und das Ganze ist endlich vorbei?“, oder „Warum fühlt es sich so gut an, sich Pornos reinzuziehen und sich selbst zu befriedigen, aber alle Christenmenschen sagen, es ist Sünde?“ **Ich wollte nur ein paar ehrliche Antworten auf meine tiefen Fragen, die ich mich nie getraut hatte, laut zu stellen. Geschämt habe ich mich für sie.**

Jahre später realisiere ich, dass wohl fast jeder der Teilnehmenden dieser Seminare diese oder ähnliche Fragen hatte und sie auch nicht stellen konnte. Stattdessen gab es dann Bier und Grillwust an einem Ort, der entweder irgendetwas mit Natur, Feuer oder Autos zu tun hatte. Warum? Weil das anscheinend richtig männlich ist.

Das Ergebnis dieser Treffen war eine Mischung aus Schuldgefühlen und gut gemeintem Rat aus den Mündern von Männern, bei denen ich mich nicht sicher, sondern unmännlich und unchristlich gefühlt habe. Weil ich Jesus scheinbar nicht vertraute, dass er meinen Zwang unterdrücken und mir eine Frau schenken konnte, die wunderschön und Jungfrau wäre. Nach Freizeiten wie diesen wurde mein Pornokonsum nur noch extremer.

WIE ALLES BEGANN

Aber wie hatte das alles angefangen?

Ich war etwa zwölf Jahre alt und blätterte in einer *Bravo*. Dort gab es Seiten mit nackten Personen, die Aufklärung meiner Jugend. In dieser Zeit hatte ich die ersten Erfahrungen mit Selbstbefriedigung gemacht und es gefiel mir. Nach einigen Monaten merkte ich, dass die Bravoreize mir nicht mehr reichten, und ich schaute mir die Toilettenhefte einer Firma, in der ich abends arbeitete, etwas genauer an. Daraus wurden immer mehr Hefte und aus diesen Heften wurden die ersten Videos, die ich mir nachts im Fernsehen ansah. Damals noch bei *DSF* und diesen Sportsendern, die ab 23 Uhr gefühlt nur noch nackte Frauen sendeten.

Aber das reizte mich nicht lange. Irgendwann gab es dann *YouTube*. Wie bei fast jeder neuen Onlineplattform gab es hier am Anfang nur sehr wenig Barrieren für Minderjährige und um auf einen Button zu klicken, der bestätigen sollte, dass man wirklich 18 Jahre alt sei, brauchte es nicht viel.

Es klingt komisch, aber aus Tagen wurden Wochen, aus Wochen Monate und daraus wurden Jahre. Insgesamt zwölf Jahre lang steigerte sich meine Sucht nach pornografischen Inhalten, meistens Videos. Irgendwann bekam ich von den bekannten freien Porno-Webseiten im Internet mit und meine Sucht erlebte eine neue Hochzeit.

STILLE

Im Nachhinein gibt es unterschiedliche Reaktionen auf meine „Porno-Geschichte". Ein paar Männer finden es einfach nur eklig. Und ich wünsche mir bei dieser Reaktion jedes Mal, dass es mir auch so gegangen wäre. Aber das war nicht so. Es versprach mir eine Befriedigung, die ich mir nirgends anders zu stillen erhoffte. Es war der kurze Klick und Kick, der mir half, für wenigstens ein paar Sekunden ein inneres Loch zu stopfen, das ich damals noch gar nicht so genau definieren konnte und mir heute immer noch schwerfällt.

Eine andere Reaktion auf meine Geschichte war ein Nicken. Ein wortloses „Ich kann es verstehen – geht mir ähnlich." Das gab es auch von anderen Christen.

Was mir aber am häufigsten von Christenmenschen entgegenkam, war Stille. Es war kein betretenes Schweigen, eher ein Versuch, nichts zu sagen, weil man dann hoffte, dass irgendein Mensch im Raum ein neues Thema ansprach. Das passierte dann auch drei bis maximal dreieinhalb Sekunden später. Diese Sekunden fühlten sich für mich aber trotzdem ziemlich lang und in einer leisen Art sehr laut an.

Ja, ich weiß, dass dieses Thema mit Scham zu tun hat. Ich kenne das doch selbst am besten. Jahrelang habe ich mich ja auch so verhalten und versucht, nicht rot zu werden, wenn das Thema Pornografie angesprochen wurde. Aber ich habe einfach keinen Bock mehr darauf, dass das so bleibt.

Ich habe keine Lust mehr, so zu tun, als ob alles in Ordnung sei, obwohl jede Statistik in dieser Sache uns ins Gesicht prustet: Wir haben ein Pornoproblem in Deutschland, auch wir Christenmenschen.

Vielleicht sogar erst recht wir Christenmenschen, weil wir so unfassbar gut darin sind, so zu tun, als wäre alles okay. Aber das ist es nun einmal nicht. Erst recht nicht in einer Bubble, in der nicht über Sexualität, Nähe, Sehnsüchte, Wünsche, Sex und Pornos gesprochen wird.

ES MACHT ETWAS MIT DIR

Ja, ich glaube, Pornos sind ein Problem. Sie lügen dir etwas vor und viele von ihnen wurden mit Menschen gedreht, die dazu gezwungen wurden, weil sie Opfer von Menschenhandel geworden sind.

Es ist darüber hinaus bewiesen, dass der Konsum von Pornos Männer aggressiver gegenüber Frauen macht, Konsum oft zur Sucht wird und Männer und Frauen in eine Traumwelt flüchten, in der sie davon ausgehen, dass sie sich holen und nehmen können, was und wann sie wollen. Und das zerstört ihr Gefühlsleben, ihre Beziehungen und Vertrauen. Und ich habe keinen Bock mehr, dass wir darüber einfach nicht sprechen. Offen. Ehrlich. So weit, wie du es möchtest.

Warum? Weil ich erfahren durfte, wie gut es tut.

Ich war anfangs überhaupt gar nicht dafür sensibilisiert, was mein regelmäßiger Pornokonsum mit mir machte, außer etwas müde zu sein und ein leichtes schlechtes Gewissen danach zu haben.

Irgendwann merkte ich aber, dass ich mir die Frauen in meiner Umgebung immer häufiger nackt vorstellte und darüber nachdachte, wie es wohl sei, mit ihnen Sex zu haben. Nicht, dass ich jemals Sex gehabt hätte – aber im Kopf schon. Und der war aktiv. Jedes Mal, wenn ich eine Frau sah. Wenn ich Frauen dann in Gesprächen etwas näherkam, war ich krass verunsichert. Ich hatte Schamgefühle und Angst, sie könnten meine Gedanken entlarven und wurde folglich nervös und unsicher. Kurzum: Ich versuchte einfach keinen Kontakt mehr mit „echten“ Frauen zu haben.

Es gab Monate, in denen störte mich das gar nicht. Und dann gab es Monate, da zerbrach etwas in mir, wenn ich mir wünschte, Menschen und vor allem einer hoffentlich zukünftigen Ehefrau näherkommen zu können.

Aber brachte mich das dazu, aufzuhören, Pornos zu schauen? Nein, natürlich nicht. Ich schaute nur noch mehr.

LET'S TALK ABOUT PORN!

Es gab Zeiten, da merkte ich in mir drinnen besonders intensiv, dass das nicht gesund sein konnte. Zeiten, in denen ich nicht ohne Pornos und Selbstbefriedigung einschlafen konnte. **Ich hatte Angst, allein zu sein und gleichzeitig Angst, unter Menschen zu sein. Mehrmals täglich schaute ich nach, ob ich auch wirklich meinen Browserverlauf gelöscht hatte.**

Da waren aber nicht nur die innere Aggressivität, Schlafstörungen, die Scham oder Insta-Accounts, denen ich folgte, um mehr Aufklärung über Pornografie zu bekommen, oder irgendwelche halb guten Predigten zu dem Thema. Da war, glaube ich, von alldem ein kleines bisschen und die Mischung aus einer tiefen Sehnsucht nach einer gesunden Beziehung zu einer Frau und ehrlichen Begegnungen mit Gott, in denen ich Pornografie aber nicht ausklammern wollte. Vor allem Letzteres soll auf keinen Fall cheesy klingen. Es war einfach, wie es war. Die Sehnsucht trieb mich an und ich machte mich immer intensiver auf die Suche nach Begegnungsorten – mit Gott und Frauen.

Zu dieser Zeit war ich für ein paar Monate nach Amerika gezogen, um mir für eine kurze Zeit Inspiration bei einer Kirche in der Nähe von Chicago zu holen, bevor ich selbst Pastor werden würde. Dort gab es einen zusätzlichen Mittwochabendgottesdienst. Der Gottesdienstraum war in kleine Blöcke unterteilt. Vorne rechts saßen die jungen Erwachsenen. Die Singles konnte man meistens durch ihr auffälliges Verhalten ausfindig machen. Manche versuchten, sich durch lautes Sprechen und großzügige Gesten Aufmerksamkeit zu verschaffen. Andere, so war meine Wahrnehmung auch bei meinem eigenen Verhalten, versuchten einfach, in der Nähe ihres Crushes zu stehen und beim Lobpreis besonders heilig auszusehen.

An einem Mittwochabend im Frühjahr 2014 war ich besonders ready, meine zukünftige Ehefrau kennenzulernen. Ich wusste irgendwie, heute würde etwas Besonderes passieren. Der Gottesdienst startete und es wurde ein besonderes Lied gesungen, das ich bis dahin schon hunderte Male gehört und es extra in meine Spotify-Playlist gepackt hatte. An dem Abend aber sprach Gott zu mir durch den Text „I need you, Lord, I need you. Every hour I need you." Es war, als würde Gott persönlich zu mir sprechen und sagen: „Ich habe diese Sehnsucht nach dir, Felix. Ich wünsche dir gute Menschen und auch eine Ehefrau an deiner Seite. Aber bitte bring vorher diesen Bereich in Ordnung, beziehungsweise fang an, ehrlich mit mir darüber zu reden, sonst wird jede Beziehung aufgrund von falschen Hoffnungen und kranken Frauenbildern scheitern."

Es soll kein falsches Bild von mir entstehen. Ich habe solche Momente nicht wirklich oft. Deswegen war mir in diesem Moment zu 100 Prozent klar, dass es Gott war, der da in meinem Kopf gesprochen hatte. Ich fühlte mich gesehen und ertappt und ging aus dem Gottesdienst, der noch im vollen Gange war, hinaus auf den Flur. Durch ein Fenster konnte ich weiter beobachten, dass alle Single-Frauen noch da waren und der Gottesdienst für alle normal weiterging. Ich konnte aber nicht so tun, als wäre nichts passiert, und hatte einen ganz klaren Gedanken: Es musste sich etwas ändern und ich musste jemandem von meinem Porno-Konsum erzählen.

Zu der Zeit hatte ich, wie heute immer noch, einen Zweierschaftspartner, der damals noch nichts von meinem heimlichen „Hobby“ wusste. Ich schickte ihm eine Nachricht: „Hey, bitte sprich mich beim nächsten Mal darauf an, dass ich dir was erzählen will.“ Ich hatte nicht den Mut, ihm wirklich zu schreiben, um was es genau ging. Aber beim nächsten Telefonat sprachen wir kurz darüber. Nicht besonders emotional, wie ich es mir vorgestellt hatte, oder mit einer perfekten „Sucht-Heilung“ verbunden. Aber mit der Beobachtung, dass das Thema danach keine so große Schwere in meinem Alltag mehr besaß. Genau so sah er aus, der Anfang vom Ende meiner Porno-Karriere.

SCHUTZWALL DER EHRLICHKEIT

Was passierte in den Tagen danach? Die Tage, Wochen und Monate danach passierte erst mal nichts Genaues. Ich hörte auf, Pornos zu schauen, kaufte mir kitschige „Porn Kills Love“-T-Shirts und fing an, darüber zu reden. Mit dem besagten Freund, bei Predigten, Vorträgen oder Ähnlichem, die ich über meine eigenen Erfahrungen hielt.

Bis zu einem Moment, an dem ich einfach wieder rückfällig wurde, völlig ungeplant und ungewollt. Immer wieder fiel ich zurück in alte Muster, wenn der Stress auf der Arbeit zu hoch wurde oder ich mich einfach nach einer Beziehung sehnte. Und zu diesem Zeitpunkt dachte ich, einfach wieder Pornos zu schauen, sei die beste Idee.

Und trotzdem war etwas in mir drinnen passiert. Ich hatte doch die Erfahrung gemacht, dass es ohne geht und sich mein Leben dabei echt gut anfühlt. Also fing ich an, mehr darüber zu reden, und baute mir somit einen „Schutzwall von Ehrlichkeit“ aus. Manche meiner Aussagen von damals waren wahrscheinlich echt cringe, naiv und manche bestimmt auch falsch und unsensibel. Trotzdem halfen sie mir über die Zeit hinweg und irgendwann kam dann dieser eine Tag.

Es gab ihn, den letzten Tag, an dem ich ein Porno schaute. Es war kein besonders sonniger Tag und Engelschöre habe ich auch keine gehört, und trotzdem gibt es ihn.

Um mich zu schützen, sprach ich weiter darüber und so auch einmal in einer Predigt in Marburg. Danach kam der Pastor auf mich zu und fragte mich, ob ich nicht eine Porno-Kleingruppe starten wollen würde. Mein Kopf sagte direkt: „Nein, du hast so etwas noch nie gemacht." Nach ein paar Millisekunden änderten sich jedoch meine Gedanken. Ich hatte in der Vergangenheit so viele dumme Gespräche verfolgt, in denen es um Pornografie ging. In Selbsthilfegruppen zu dem Thema oder auch Gesprächsrunden auf Freizeiten, und keine davon fand ich wirklich gut und hilfreich. Das könnte meine Chance sein, einmal selbst auszuprobieren, wie so etwas laufen könnte.

EIN MARATHON, DER SICH LOHNT

Hinter mir liegen mittlerweile drei Kleingruppen-Saisons. Gerade leite ich meine vierte *Let's Talk About Porn, Baby*-Kleingruppe. Eine Kleingruppe, in der jeder seine Porno-Geschichte erzählt, ohne ausgelacht oder gleich mit klugen Tipps überhäuft zu werden. Wir haben kleine „Männer-Gangs" gebildet, die sich gegenseitig so gut wie möglich unterstützen und dafür beten, dass sie ehrlich und frei werden.

Im letzten Jahr habe ich sehr viel Ehrlichkeit und Freiheit erleben dürfen. Wodurch? Durch Offenheit und Gastfreundschaft. Alle zwei Wochen treffe ich mich mit meiner Gruppe und koche für sie. Jeden Abend erzählt eine der vier bis sieben Personen aus dem eigenen Leben. Wenn alle durch sind, lesen wir Bibel, machen Lobpreis oder arbeiten Artikel zum Thema durch. Jeder kann sagen, was er will, oder auch gerne den Mund halten und das Essen genießen. Wir erzählen uns von unseren Stolpersteinen der kommenden Woche und versprechen uns, füreinander zu beten.

Wir sind ein kleiner kaputter Haufen von Männern, die lernen, sich die Wahrheit zu sagen. Wir lernen es. Manchmal habe ich das Gefühl, es klappt und es entstehen heilige Momente. Und manchmal entstehen solche Momente, wie ich sie eingangs beschrieben habe. Momente, die ich einfach nicht verstehe.

Wie geht es dir mit dem Thema?

Wenn du nicht ohne kannst, dann hast du ein Problem. Gestehe es dir ein in einem klaren und heiligen Moment, und dann rede mit deinen besten Freunden darüber. Keiner von ihnen wird dich auslachen. Sei ehrlich. So ganz ehrlich, auch wenn es ein wenig weh tut. Und dann geh den Weg in die Freiheit. Manchmal ist es ein Marathon und manchmal sind es 7x77 Marathons. Aber sie lohnen sich.

DRANBLEIBEN AN INKLUSION

Nicole & Dario Preuss

Ich treffe Dario und seine Mama Nicole in ihrer Wohnung in Marburg. Ich laufe das Treppenhaus in dem kleinen Reihenhaus nach oben und sehe, wie Nicole mich in der Tür stehend herzlich empfängt. Eine Frau mit schulterlangen Haaren und unglaublich blauen Augen. Sie winkt mich mit einer freundlichen Handbewegung hinein. Dario streckt seinen Kopf aus der Wohnzimmertür, um zu sehen, wer zu Besuch kommt. Ich staune nicht schlecht, als ich ihn in seinem lässigen Outfit kennenlerne und eine E-Gitarre in der Ecke stehen sehe. Dario wartet nicht lange und schließt wie ein Profi seinen Verstärker an, um sich anschließend auf die Sofaecke zu setzen und die Saiten zwar willkürlich, aber voller Enthusiasmus anzuschlagen. Für einen kurzen Moment habe ich das Gefühl, *AC/DC* würde gerade den Raum betreten.

Nicole steht lachend in der Zimmerecke und schaut ihrem Sohn dabei zu, wie er seine kleine Wohnzimmerbühne füllt. Umso mehr freue ich mich, „Backstage" mehr von den beiden erfahren zu dürfen.

DARIO – DAS BIN ICH

Hi, ich heiße Dario und bin 13 Jahre alt. Ich liebe Fußball, mein Lieblingsverein ist der *BVB* und deswegen ist mein komplettes Zimmer voll mit Postern und Schals in schwarz-gelb. Neben Fußball liebe ich auch Musik. Meine rot-weiße E-Gitarre steht immer griffbereit im Wohnzimmer. Ich hab's echt drauf. Freestyle spiele ich, was mir gerade einfällt und sich gut anhört, wenn es durch meinen Verstärker tönt. Auch sonst habe ich ziemlich viel Temperament, das habe ich wahrscheinlich von meiner Mama geerbt. Rot ist meine Lieblingsfarbe und mein Lieblingsessen ist Pizzabrot. Am besten in Kombination mit einem Filmabend. Den machen meine Mama und ich immer freitags. Nachdem alles erledigt ist, was über den Tag erledigt werden muss, chillen wir uns mit unseren Katzen aufs Sofa, es gibt leckeres Essen und einen Film. Diese Abende sind für mich das Schönste.

Wenn ich groß bin, will ich eine Familie und von Beruf entweder Taucher, Unterwasserforscher oder *YouTuber* werden. Meine Mama sagt, dass ich dafür ganz intensiv üben muss, deutlich zu sprechen. Das mache ich auch, deswegen ist meine Sprache schon sehr gut. Es fällt mir nicht so leicht, deutlich zu sprechen, weil ich ein Chromosom mehr habe als die meisten Teens. Ich habe das Down-Syndrom und du kannst dir sicherlich vorstellen, dass ich meine Hobbies deswegen nicht so gut ausleben kann wie andere Teens. Immer wieder kurz vor meinem Geburtstag ist der Welt-Down-Syndrom-Tag, immer am 21.03. Meinen ersten Down-Syndrom-Tag habe ich im Bauch meiner Mutter erlebt, zwei Tage später bin ich geboren und seitdem sind meine Mama und ich ein Team.

Hühnerdieb

Mein Held, Saubär, Granate, Schlitzohr, mein Schatz,
Lieblingsmensch, mein Stern, kleiner Sack, Knutschkugel,
Lieblingssohn, kleiner Chef und Babybär.
So nenne ich dich.
Verrücktes Huhn, Wahnsinnsmama, Furzkanone,
Nervensäge, Mamileini, Meckerziege, meine Süße,
Quatschkopf und Lieblingsmama.
So nennst du mich.
Vor zehn Jahren haben mich einige Leute davor gewarnt,
„so ein Kind zu bekommen“. Das sei „viel Verantwortung,
ein Leben lang“.
Wovor sie mich nicht gewarnt hatten, war,
wie viel Spaß ich mit dir haben würde.
Oder wie oft wir laut und heftig streiten und uns
anschließend wieder vertragen würden.

Sie haben mich auch nicht davor gewarnt, wie wahnsinnig lieb ich dich haben werde und du das Wichtigste auf der Welt für mich wirst.
Mit dir, mein Sohn, durch dick und dünn – egal was ist.
Ich hab dich lieb, mein Hühnerdieb.

NICOLE – MAMA OHNE WENN UND ABER

Diesen Text habe ich Dario zu seinem zehnten Geburtstag geschrieben. Mein Kind hat meine Welt auf den Kopf gestellt und ist gleichzeitig das Allerwichtigste für mich geworden. So viel ist seither passiert. Lachen, weinen, lernen, vertragen und zusammen tanzen. Langweilig wird es nie. Unser Leben ist bunt und manchmal chaotisch. Doch mal ehrlich, bei wem ist es das nicht? Der Unterschied ist wahrscheinlich, dass es bei uns immer wieder ein paar Hürden mehr gab als bei anderen. Die meisten der Hürden fingen mit dem kleinen Wort „aber“ an.

13 Jahre leben wir nun schon unseren Alltag und suchen täglich Lösungen für jedes „Aber“.

Das „Aber“ ist ein ständiger Begleiter im Leben mit einem Kind mit Behinderung. Angefangen bei meiner Schwangerschaft, bei der mir Menschen gesagt haben: „... *aber* es gibt ja auch andere Möglichkeiten ...“

Mein Kind ist keine Möglichkeit, es ist ein unfassbar geliebter Mensch!

Weiter ging es kurz nach der Geburt mit dem Thema Frühförderung und im Kleinkindalter dann mit Betreuungsgeldern. Es gibt Unterstützung, *aber* die Betreuung kostet viel mehr, als mit den Geldern abgedeckt werden könnte.

Bei kaum einer anderen Behinderung wird so stark stigmatisiert wie bei Menschen mit Down-Syndrom. So oft habe ich Sätze gehört, wie „*Aber die* sind immer so liebevoll!“ Wer ist denn „*die*“? Man kann doch auch nicht sagen, „*Die* mit braunen Haaren sind alle kreativ", oder „*Die* aus Norddeutschland sind ruhigerer Natur." Menschen und damit auch Kinder sind vielseitig und haben, und das würde jeder offensichtlich bejahen, verschiedene Charaktere. Und genauso ist es auch bei Kindern mit Behinderung. Das klingt logisch, oder? Und trotzdem heißt es „*Die* mit Down-Syndrom sind alle so lieb, brauchen alle das Gleiche, verhalten sich alle gleich und sind alle immer so glücklich." Ja, so glücklich wie jedes andere Kind eben auch. Dario ist auch öfter emotional. Dabei kann er seine Emotionen weniger kompensieren oder filtern. Er lässt sie einfach raus und im häufigsten Fall bin ich die, die es abfängt.

Warum ich das hier schreibe? Weil ich mir wünsche, dass mir und anderen Eltern zugehört wird, und wir auch mal ehrlich sagen können, dass es an manchen Tagen einfach nur ein Durchhalten ist. Dann kommen nämlich so Sätze, wie „*Aber* das hast du ja gewusst." Na klar wusste ich das! Aber muss ich deswegen jetzt allen ein lebensfrohes Grinsen zeigen, damit sie getrost das Thema Inklusion auf den Schultern der Eltern lassen und entspannt von dannen ziehen können? Versteht mich nicht falsch, Dario und ich sind ein eingespieltes Team und ich liebe mein Kind mehr, als ich mit Worten sagen kann. Umso mehr verletzt es mich, wenn sich Menschen aus unserem nahen oder fernen Umfeld abgrenzen. Manche davon wissen nicht so gut mit mir umzugehen, wenn ich immer wieder erschöpft bin. Anderen ist Dario „zu viel" oder sie befürchten, dass sie einfach „nicht so gut mit so etwas können".

Und wenn ich dann auch noch höre, „Ach, das sind ja so liebe Kinder!", dann möchte ich laut rufen: „Ich habe einen Teenie, der, wie jeder Teenie auch, sehr launisch ist!" Diese Launen, gepaart mit seinem Temperament und der Art, wie er seine Emotionen ausdrückt, sind eine Herausforderung.

Täglich. Und dann bin ich eben erschöpft, aber trotzdem überglücklich, Darios Mama zu sein. Denn ich habe eine Hoffnung. Und für diese Hoffnung stehe ich immer wieder auf und erhebe meine Stimme: **Mein Kind ist kein „Aber"!** Dario ist komplett. Er ist richtig, genau so, wie er ist. Er ist einer der witzigsten Menschen, die ich kenne, und eine Bereicherung für mein Leben. Und trotzdem will und darf ich sagen, dass ich oft müde bin. Dass ich weit über meine Grenzen gehe und ein „Du bist so eine starke Frau" oder ein „Ich hätte das nicht geschafft" mir nichts bringt, sondern eher schmerzt.

HOFFNUNG AUF FÖRDERUNG, DIE ETWAS BRINGT

Neulich meinte eine Frau, die auch Mutter einer Tochter mit Down-Syndrom ist, zu mir, dass Dario unglaublich gut sprechen kann. Sie meinte es ernst und das spürte ich. Die Kraft und Geduld, die ich in die Förderung von Darios Sprache gesteckt habe, hat eine Wirkung. Ich wünsche mir nichts mehr als das: Eine Förderung, die etwas bringt. Jedes Fußballtraining, zu dem ich ihn bringe, soll seine Motorik, sein Sozialverhalten und damit seine Lebensqualität steigern. Wie für jede Mutter ist es auch für mich das Höchste, mein Kind strahlen zu sehen und mit ihm Erfolge zu feiern. **Genau diese Hoffnung ist es, die mich kämpfen lässt. Die mich immer weitermachen lässt: Die Hoffnung auf eine Förderung, die etwas bringt. Oder auch das allzeit beliebte Wort Inklusion.**

Ein Wort, das vielen schon zu den Ohren heraushängt. Meine Bemühungen fühlen sich oft an, als würde ich Wasser in ein Sandloch schütten, sie versickern irgendwo im Nichts. Und damit bin ich nicht allein. Ich organisiere einen Stammtisch für Eltern von Kindern mit Behinderung. Einmal im Monat treffen wir uns ohne unsere Kinder und genießen den

Austausch und die Gemeinschaft. Dazwischen gibt es immer wieder Treffen, bei denen die Kinder dabei sind. Oder es gibt ganze Familientage. Jeder von uns wünscht sich einen normalen Alltag und eine uneingeschränkte Teilhabe an der Gesellschaft. Also Inklusion, die nachhaltig funktioniert: fähige Ärzte, gute Betreuung und Aufklärung. Betreuer, die Familien von Kindern mit Behinderung wirklich verstehen. Assistenten, die den Bedarf der Familie sehen und zuverlässig in eine Beziehung zum betreuenden Kind investieren können. Dafür muss sich zum einen viel an den Mängeln in unserem System ändern und zum anderen unsere Lebensrealität in den Köpfen der Menschen ankommen, die eine realistische Inklusion mit vorantreiben möchten.

MEINE HOFFNUNG IST: ETWAS ZU TUN, DAS ETWAS BRINGT.

Das Problem bei Inklusion ist jedoch, dass sie, wenn überhaupt, oft nur halbherzig gelebt wird. Das führt dazu, dass viele Eltern resignieren oder sogar ganz aufgeben. **Der Traum, dass das eigene Kind mal auf einen Kindergeburtstag eingeladen wird, wird irgendwann an den Nagel gehängt, wenn es einfach nicht geschieht.** Der Enthusiasmus, den man beim „örtlichen Ideensammeln" hatte, weicht langsam der Ahnung, dass die Ideen sowieso im Sand verlaufen, wenn nichts Konkretes unternommen wird. Das hemmt den Willen und die Kraft, immer und immer wieder für die Bedürfnisse der Kinder und später für sie als Erwachsene einzustehen.

Und dennoch gibt es Lichtblicke. Vor ein paar Monaten hatte ich zum Beispiel ein Gespräch mit der Bürgermeisterin, bei welchem ich zunächst unglaublich müde war. Es sollte bei dem Treffen im Prinzip nur um ein paar Grußworte zum Welt-Down-Syndrom-Tag gehen. Nachdem sie aber immer mehr Fragen gestellt und ich ihr ehrliches Interesse gespürt hatte, wurde ich wieder hoffnungsvoll.

Inklusion beginnt dort, wo Menschen zuhören und in ihrem eigenen Radius nach ihren Möglichkeiten suchen, Hindernisse zu überwinden. Gerade bei Menschen, die mit ihren Entscheidungen auch politische Kreise beeinflussen können, erzähle ich mit einem tiefen Wunsch nach Veränderung von meinen Bedürfnissen und denen meines Sohnes. Im besten Fall beeinflusst unser Gespräch ihre zukünftigen politischen Entscheidungen.

OFFENE AUGEN UND HERZEN

Die Rede unserer Bürgermeisterin beim kurz darauffolgenden Welt-Down-Syndrom Tag hat mich tief bewegt. Und genau aus diesem Grund schreibe ich dieses Kapitel. Ich wünsche mir so sehr, dass Menschen wie du, die dieses Kapitel lesen, sensibel für Menschen mit Behinderung werden und Freude daran haben, die Augen für Inklusion zu öffnen. **Ich wünsche mir Nachbarskinder, die bei uns klingeln, und Eltern, die ihren Kindern vorleben, dass jeder ein Freund werden kann. Freundschaften und Beziehungen – das bedeutet nachhaltiges Teilhaben.** Ich wünsche mir Fußballvereine und Schulbands für Kinder mit Behinderung. Und ich wünsche mir, dass jeder ein Stück mehr für- und zueinander schaut als nur auf sich. Jeder wünscht sich Zugehörigkeit. Gemeinschaft sollte kein Exklusivrecht darstellen. Ich weiß, dass das ein langer Weg ist, auf dem viele miteinander zusammenarbeiten müssen. Niemand sollte mit seinem Päckchen allein sein, wir brauchen alle mal jemanden, der uns ein Stück weit tragen hilft.

Unser Alltag ist anders als der von vielen, und trotzdem machen wir uns das Leben schön. Wir machen es menschlich. Zum Menschsein gehört auch, nicht immer alles wunderbar zu finden und auch mal am Ende zu sein. Ganz ehrlich, sind wir nicht alle mal durch? Lasst es uns gegenseitig mitteilen, wenn wir an einer Grenze sind. Keiner lebt ein Leben wie im Hollywoodfilm. Außer vielleicht freitagabends, wenn mein Dario und ich uns eine große Schüssel Popcorn machen, die Welt um uns herum ausschalten, mit unserem geliebten Filmabend in eine andere Welt abtauchen und für ein paar Stunden Superhelden sind. Und vielleicht sind wir das sogar auch an den anderen Tagen – Super-Alltags-Helden.

Christian Danneberg

Mein Weg führt mich von Marburg aus ein ganzes Stück weiter in den Süden. Nachdem er an den unterschiedlichsten Orten gewohnt hat, hat Christian (Chris) in Ludwigsburg seinen Platz gefunden. Bevor ich Chris selbst kannte, kannte ich zuerst viele Menschen aus seinem Umfeld. Jeder Einzelne von ihnen hat über beide Ohren gestrahlt, sobald ich erzählt habe, dass ich Chris treffen werde. Seine Art, Menschen zu begegnen und sie wertzuschätzen, hat bei vielen einen bleibenden Eindruck hinterlassen. Es ist verrückt, für wie viele Menschen er schon ein Segen wurde. Ich freue mich sehr und bin gespannt, einen Menschen zu treffen, von dem so viele begeistert sind, und bin dankbar, dass er mir seine Geschichte erzählt:

Es ist seltsam, wie sich kleine Gesten manchmal regelrecht ins Gedächtnis einbrennen. Sie kommen unscheinbar und alltäglich daher und können doch für einen Menschen so viel bedeuten. Ein solcher Mensch war ich an jenem herbstlichen Sonntagnachmittag.

Ich hatte vor Kurzem ein Gemeindepraktikum in Ulm begonnen, war neu dort und nun mit dem Auto auf dem Nachhauseweg zu meinem Quartier. Da erkannte ich auf einmal einen Fußgänger auf der verkehrsberuhigten Straße. Sein Outfit wirkte lässig und cool, sein Gang selbstbewusst. Ich kannte den Jugendlichen aus der offenen Jugendarbeit und ließ die Scheibe herunter, um ihm über den Beifahrersitz ein „Hallo!“ zuzurufen. Statt eines kurzen Grußes zurück kam mir – zu meiner Überraschung – sein ganzer Unterarm durch das offene Fenster entgegen, um mir lässig-liebevoll die Hand zum Gruß zu reichen. Seine Geste kam so einladend und warmherzig daher, dass ich gerne einschlug, gefolgt von einem beschwingten Smalltalk. Als er sich dann verabschiedete, fuhr ich schmunzelnd weiter. Glücklich schmunzelnd. Er hatte tatsächlich mein Herz erreicht.

Und da sage mal einer, dass kurze Begegnungen nur wenig bewirken! Es war ein Startschuss einer Geschichte, die neu geschrieben wurde.

Warum sehnen wir immer die großen Veränderungen und Aktionen herbei? Das Große wird doch so häufig im Kleinen entschieden. Ich glaube, vor lauter gewichtigen Gedanken im Kopf übersehen wir oft die Kraft des schlichten Beginns.

Ein paar Jahre zuvor wäre ich einfach an ihm vorbeigefahren. Was hätte uns schon verbunden? Unsere Welten waren so unterschiedlich! Typen wie er hatten mich oft genug genervt und gestört, oftmals wünschte ich mir sogar, sie wären gar nicht da. Persönliche Erinnerungen und Bilder bauten sich wie eine Mauer vor mir auf.

Ich gehörte als Kind nicht wirklich zu den Coolen – stattdessen geriet ich eher ins Visier von ihnen. Es war, als hätten sie eine Art Hackordnung in unserem Ort festgelegt, als müssten sie mir zeigen, wer oben war und dass ich zu denen da unten gehörte.

Solche Erfahrungen prägten mich, sie waren wie ein Stempel auf meiner Biografie. Angst und Wut hatten sich daraufhin in mir aufgebaut – ich wirkte regungslos, doch innerlich brodelte es.

PRÄGUNG DER BARMHERZIGKEIT

Zwischen meinem Groll auf Typen wie diesen Jugendlichen, der mich in Ulm so herzlich begrüßte, und der Begegnung mit ihm geschah eine wesentliche Veränderung in meinem Leben. Diese Veränderung begann zunächst nicht in mir selbst, sondern in meinem Umfeld. Es waren Mitglieder meiner Familie, die ein Verhalten an den Tag legten, wie es für mich bis dahin neu und unbekannt war.

In den neunziger Jahren – ich war noch ein Teenager – begann mein Vater, der Pastor eines Gemeindebezirks war, mit etlichen Helfern mehrsprachige Gottesdienste für Menschen aus anderen Kulturen zu veranstalten, insbesondere für Geflüchtete. Bei meiner Schwester sah ich, wie sie sich um die zugezogenen jungen Kinder im Flüchtlingsheim ein paar Häuser weiter kümmerte und mit ihnen sogar bei uns zu Hause Zeit verbrachte. Ich selbst blieb distanziert – das war alles andere als meine Welt. Doch bekam ich sehr wohl mit, wie sehr sich die Kinder freuten, und wie herzlich die Mitarbeitenden in den Gottesdiensten die Menschen willkommen hießen.

Das zeigte mir: Diejenigen, die barmherzig handeln, werden nicht nur für die Welt um sie herum zum Segen, sondern auch für die Leute „im eigenen Stall", die es mitbekommen! **Ich glaube sogar, dass wir erst Barmherzigkeit erlernen, wenn wir es zuvor bei anderen gesehen haben.** Ich selbst fühlte mich nicht dazu imstande, anders zu denken und zu fühlen. Aber diejenigen, die einen Unterschied machten, öffneten meinem Denken und Fühlen eine Tür. Ich würde jedoch erst später durch sie hindurchgehen. Aber das war in Ordnung so.

Meiner Familie kann ich im Rückblick nur danken. Menschen, die etwas bewegen, fühlen sich manchmal allein in ihrem Tun und würden so gerne sehen, dass auch andere Menschen Feuer fangen und die Möglichkeiten nutzen, die sie haben, um Gutes zu bewirken. All jenen, die etwas bewirken, möchte ich sagen: Euer Handeln macht sehr wohl etwas mit all den Leuten, die ihr so gerne dabeihättet! **Menschen werden angesteckt und schließen sich an, auch wenn sie vielleicht eine Weile dafür brauchen. Barmherzigkeit ist ansteckend!**

Bei den internationalen Gottesdiensten gab es eine Aufgabe, bei der ich irgendwann dann doch gerne mithalf: Kleinbus fahren und Leute abholen. Eltern und Kinder, zum Teil mit stark überladenem Bus. Das fand ich amüsant. Und beim Basketballspielen in unserem Hof gewöhnte ich mich immer mehr an die Kids aus der Nachbarschaft, die beständig für Stimmung sorgten und mir zeigten, dass sie mich gernhatten, als ich selbst noch weit entfernt davon war, sie auch gern zu haben.

Eine weitere Person, die mich auf meinem Weg hin zu barmherzigem Handeln prägte, war ein Student eines Theologischen Seminars ein paar Orte weiter, der eine große Leidenschaft dafür mitbrachte, unseren beinahe ausgestorbenen Teenagerkreis wiederzubeleben. Mit seiner fröhlichen Art fuhr er in seinem kleinen Auto im Ort herum und lud alle möglichen Leute ein – auch die aus der Szene der Jugendlichen mit Migrationshintergrund.

Und damit passierte das Unglaubliche: Sie kamen tatsächlich! Diese Jugendlichen in unserem Gemeindehaus! Ich hatte – mehr oder weniger unbewusst – immer eine innere Trennung vorgenommen. Ich unterschied zwischen Leuten, die, wie ich fand, zu uns passten, und denen, die eben nicht passten und die ich deshalb auch nie für unser Teenagertreffen auf dem Schirm, geschweige denn eingeladen hatte. Gott zeigte mir durch das Handeln des Studenten, wie sehr er es liebt, diese Grenzen zu sprengen.

Die Öffnung dieses Teenagertreffens für junge Menschen im Ort ohne Bezug zu Gemeinde und die Ausrichtung des Programms auf sie hin bewirkte eine großartige Erfrischung und eine Lebendigkeit, die mich inspirierte. **Die Jugendlichen waren nun nicht mehr „die aus dem Block“, sie hatten nun Namen und Geschichten, Highlights und Schwierigkeiten, Interessen und Grenzen.** Je mehr ich sie kennenlernte, desto mehr veränderten sich mein Denken und auch meine Gefühle. Plötzlich empfand ich eine tiefe Erleichterung und

Dankbarkeit, dass der Argwohn in mir all die Jahre hindurch nicht bei denen angekommen war, denen er gegolten hatte. Nun waren sie dabei und hörten von Jesus. Das faszinierte mich.

MEIN WEG IN DIE BARMHERZIGKEIT ...

So habe ich also zur Barmherzigkeit gefunden. Nicht als Entschluss, nicht geplant oder moralisch motiviert – mein Weg glich eher einem Hineinfinden, im kleinen Einmaleins des Lebens, angesteckt von Persönlichkeiten, die mir vorausgegangen waren und mir Einlass gewährten. Barmherzigkeit erschließt sich im Tun. Ihr Auslöser liegt bei den Menschen da draußen, nicht in dir. Warte nicht erst auf das richtige Gefühl oder auf einen besonderen Eindruck, um loszugehen und barmherzig zu handeln. Das alles wird dich erfüllen, die Feelings und Vibes werden kommen – jedoch nicht unbedingt im Vorhinein, sondern während du etwas tust. Barmherzig zu handeln, ist dabei weder Gewissensberuhigung noch Selbstoptimierung.

Es hat auch nichts „Romantisches" an sich. Dafür geht das Leben zu hart zur Sache. **Wenn wir die Augen öffnen und sehen, was eigentlich abgeht, dann können wir gar nicht mehr einfach wegsehen. Die Zeit der Scheuklappen ist vorbei. Ich will oberflächlichen Frieden im Herzen eintauschen gegen den tiefsinnigen.**

Hättest Du mir früher erzählt, dass ich einmal hauptberuflich unter diesen Jugendlichen arbeiten würde, hätte ich wohl Gott angeklagt, dass er mich also doch noch rumkriegen würde. Barmherzigkeit erschien mir wie ein Apell Gottes über meinem Leben. Das eigentliche Leben, das ich führen wollte, und meine Ziele waren jedoch ganz woanders. Das Thema Barmherzigkeit erschien mir wie eine leise Stimme, die sich von meinen inneren Wünschen unterschied.

Meine große Leidenschaft galt der Musik. Schon als Kind begann ich am Klavier zu improvisieren und merkte immer mehr, dass ich damit Gutes bewirken konnte. Als junger Erwachsener widmete ich mich schließlich ganz diesem Traum und zog zum Klavierstudium der Jazz- und Popularmusik nach Amsterdam. Dort führten mich verschiedene Brüche in meinem Leben wieder an den Punkt, an dem alles offen war und ich zu der Frage kam: Was soll nun geschehen mit meinem Leben? Das ist wohl das Gefühl in der Situation, die in der Bibel beschrieben wird:

„Du stellst meine Füße auf weiten Raum."
(Psalm 31,9 LUT)

Ich erkannte, dass nicht mehr ich der Mittelpunkt meines Lebens war, an dem sich mein Glücksgefühl auszurichten hatte. Und das war befreiend für mich. Aus der Last, etwas für Gott tun zu müssen, entstand der Wunsch, wirklich mit Gott gemeinsam etwas zu erleben und einen Unterschied zu machen.

Wieder in Deutschland fasste ich also den Entschluss, ein Theologisches Seminar zu besuchen, danach arbeitete ich vollzeitlich in einem Gemeindebezirk. Die Erfahrungen mit der Barmherzigkeit, die ich früher gemacht hatte, ließen mich dabei niemals los. Mir wurde klar, dass ich wieder zurück musste zu dieser Kraft der Barmherzigkeit, die ich früher erfahren hatte, und eine beständige Sehnsucht danach erfasste mich. Ich begann in einer Missionsgesellschaft zu arbeiten und zog mit meiner Frau Bettina für zehn Monate in die Türkei, um die Sprache und Kultur kennenzulernen und dann wieder nach Deutschland zurückzukehren.

Doch Gottes Gedanken waren noch weitreichender: Bis heute fasziniert mich, dass Gott gerade die Musik, die mich doch ständig in ein gefühltes „Entweder-Oder“ zwischen meinen persönlichen Träumen und Gottes Leidenschaft für die Welt zu führen schien, verwendete, um mich wieder auf den Weg der Barmherzigkeit zu führen …

… AUF AUGENHÖHE

Es war das Jahr 2012 und ich begann, Jugendliche an einer Ludwigsburger Werkrealschule einzuladen für ein neues, offenes Musik-Angebot, in dem es darum ging, eigene Songs zu schreiben und aufzunehmen, ob Rap oder Gesang. Ich dachte, dass bestimmt einige kommen würden, und freute mich über die gelungene Einladeaktion. Doch tatsächlich kam nur ein Schüler, den zudem ein Lehrer geschickt hatte.

Dieses Angebot war gut und richtig – und aus dieser kleinen Pflanze sollte wirklich ein Baum werden. Doch war es nicht dieses Angebot an sich, das etwas bewirkte. Der Gedanke leitete mich, dass mit meinen Ideen und Initiativen die Sonne aufgehen sollte. Aber schon bald musste ich eines feststellen: Die Welt schreit nicht nach meiner Barmherzigkeit, auf dass ich mich besser fühlen und sagen kann: Nun habe ich etwas bewirkt. Was sie aber sehr wohl merkt und spürt, ist echtes Interesse. Und das hat letztlich den Unterschied gemacht.

Ich gab also nicht auf und ging regelmäßig mit Sixpacks Cola unterm Arm und Plastikbechern zu dem Platz, an dem die Jugendlichen zusammen chillten, und redete ein Weilchen mit ihnen. Hier ist sie wieder, die Geste im Alltag.

Nachdem ich mit dem Musiklehrer der Schule und der Schulleitung im Gespräch war und von meinem Anliegen erzählte, bekam ich die Möglichkeit, mehrere Doppelstunden im Musikunterricht zu gestalten. Hier entwickelten sich

Beziehungen zwischen den Schülern und mir und die Jugendlichen wussten nun etwas mit mir anzufangen.

Immer wieder ermutigte ich die Schüler dazu, eigene Songs zu schreiben, gerne auch Rap-Songs. Eben die Musik, die sie mochten, und in der sie sich ausprobieren wollten. Zunächst hatte ich dabei den Anspruch, dass alle Songinhalte der Jugendlichen mit meinen Wertvorstellungen übereinstimmen sollten. Doch ich merkte immer häufiger, dass ich nicht von meinen eigenen Maßstäben ausgehen durfte, und dass diese Welt der Jugendlichen nun mal so ist, wie sie ist. **Wenn ich Barmherzigkeit als Vorwand gebrauche, um von vornherein Menschen in meinem Sinn ändern zu wollen, verliert sie ihren Sinn und ihr Wesen.**

Fehlende oder andere Moral ist oft ein Grund dafür, warum sich so wenige Christen mit „der Szene da draußen" abgeben wollen und ein Hinderungsgrund, Barmherzigkeit zu üben. In der Tat bietet Moral Leitplanken fürs Leben, sie ist vielgescholten und doch von großer Bedeutung. Aber Barmherzigkeit übertrumpft die Moral. Immer wieder fühlte ich eine große Belastung. Doch dann kam ich zu der Erkenntnis, dass ich die Menschen so anzunehmen habe, wie sie sind, wenn ich mit ihnen gemeinsam unterwegs sein möchte. **Und obwohl Barmherzigkeit Moral übertrumpft, tut sie das, ohne diese zu negieren. Anstelle der Moral treten dann der gemeinsame Weg und die Liebe. Barmherzigkeit ist es, was Menschen wirklich verwandelt.**

Das bedeutet für uns, dass wir den Rappern tatsächlich die Möglichkeit geben, ihre selbstgeschriebenen Texte aufzunehmen, auch wenn diese oftmals nicht unseren Moralvorstellungen entsprechen. Das bedeutet nicht, dass ich nie einen Stopp setzen würde – das kam auch öfters schon mal vor, wenn Grenzen überschritten wurden, die für mich wirklich gänzlich untragbar waren.

Ich möchte hier keine Schlacht anfangen. Stattdessen will ich Anreize schaffen, wirklich authentische Songs zu schreiben, die eine Message weitergeben, und diese Songs gemeinsam mit den Jugendlichen entwickeln. Mein Ziel ist es, gemeinsam mit ihnen unterwegs zu sein, und zwar hin zum Licht. Dieses Licht ist unser eigentliches Ziel und damit doch viel höher und kostbarer, als einfach nur ein „moralischeres Leben“ zu führen. Und dieses Licht hat einen Namen: Jesus Christus.

Zuvor hatte ich die Musik losgelassen im Vertrauen auf Gott und nun hatte ich sie also wiederbekommen – jedoch verwandelt. Früher war es meine Musik gewesen – nun war es die Musik der Jugendlichen, und ich konnte helfen, sie zur Entfaltung zu bringen und damit einen Zugang zum Herzen junger Menschen finden, wie er allein durch Worte nicht möglich gewesen wäre. Ich wollte die Liebe von Jesus teilen – und Musik wurde zu einer Brücke dafür.

ZWEI WELTEN – MITEINANDER VERBUNDEN

Eine der vielen Erinnerungen mit diesen jungen Leuten, die mir so lieb und teuer geworden sind in unserer Ludwigsburger Musik-Community *Lubu Beatz,* möchte ich zum Ende noch erzählen:

Es ist das Jahr 2020 und ich bin in unserer Partnergemeinde, in der sich junge Erwachsene heute treffen, so wie jede Woche. Der Saal ist voll von jungen Menschen, von denen die meisten im „gutbürgerlichen, christlichen Milieu“ aufgewachsen sind. Der Großteil hat Abitur und studiert hier in der Stadt. Heute komme ich mit zwei Gästen vorbei, Rappern aus unserer Jugendarbeit. Sie sind eingeladen, heute einen Song zu performen. Die beiden fühlen sich zugegebenermaßen wie Aliens in einer fremden Welt, aber sie spüren sehr wohl die warme, herzliche Atmosphäre und freuen sich auf ihren Auftritt.

Die Moderatorin fragt, ob jemand in der letzten Woche Geburtstag hatte, woraufhin kurze Zeit später zwei Studentinnen aus der Gruppe und einer meiner Gäste auf die Bühne treten. Es ist ein besonderer Anblick: ein durchtrainierter Rapper, stark, und doch gezeichnet vom Leben, daneben die beiden jungen Frauen. Sie werden eingeladen, eine Bibelverskarte zu ziehen und ihn vorzulesen. Nachdem die Studentinnen ihren Vers vorgelesen haben, ist mein Gast an der Reihe. Als er eine Karte zieht, herrscht gespannte Stille im Raum – man hätte eine Stecknadel fallen hören können. Alle Augen sind auf ihn gerichtet und auch ich bin so gespannt, was jetzt kommt. Ich weiß noch, dass mir der vorherige Vers etwas sperrig und schwer verständlich vorkam; ich hoffte, dass er nicht auch so einen Vers gezogen hatte.

Da liest er mit seiner markanten, verrauchten Stimme folgenden Vers vor:

> *„Ich bin gewiss, dass weder Tod noch Leben, weder Engel noch Mächte noch Gewalten, weder Gegenwärtiges noch Zukünftiges, weder Hohes noch Tiefes noch irgendeine andere Kreatur uns scheiden kann von der Liebe Gottes, die in Christus Jesus ist, unserm Herrn." (Römer 8,38-39)*

Die Sprache klingt etwas traditionell – das Statement aus seinem Mund jedoch so gewaltig, dass es das Highlight des Abends wird. Er hatte den Vers genau verstanden, das spürte ich. Der Auftritt der beiden danach war grandios, die Leute haben's gefeiert.

Zwei Welten sind sich an diesem Abend begegnet. Nicht deshalb, weil wir einfach mal eine Runde barmherzig sein wollten, sondern weil wir in eine ebenbürtige, künstlerische

Partnerschaft getreten waren in ihrer Lebenswelt, und das über mehrere Jahre hinweg. Weil es nicht nur um Musik ging, sondern weil wir Leben geteilt hatten, Höhen und Tiefen zusammen durchlebten. Dadurch lernte ich: Barmherzigkeit findet auf Augenhöhe statt.

Mittlerweile besteht unsere Studioarbeit seit über zehn Jahren. Viele Songs sind entstanden und vieles haben wir erlebt. Hier ist ein Ort der Barmherzigkeit, an dem immer wieder um sie gerungen wird. Gott hat mich überrascht: Der junge Mann, der damals diesen Vers vorgelesen hatte, hat Jesus tatsächlich immer wieder erlebt und sich ihm zugewandt – ich bin gespannt, wie der Song seines Lebens weitergeht!

Während ich diese Geschichte aufschreibe, muss ich schmunzeln. Eine Mischung aus Dankbarkeit und „Wenn ihr wüsstet…" breitet sich in mir aus. Auf dem Weg der Barmherzigkeit begegnete ich meinen Grenzen und Mankos. Und dann begeistert mich wieder, was Magnus Malm in seinem Buchtitel schreibt: „Gott braucht keine Helden". Also passe ich doch in dieses Buch. Und du auch. Ich hoffe, es gibt noch einmal eine Edition – dann mit deiner Geschichte! Ich möchte sie so gerne lesen.

Doch nicht wir müssen die „Messiasse" dieser Welt sein – denn es gibt nur den einen, wahren Messias. An ihm will ich dranbleiben und seinen Glanz und seine Liebe verbreiten – angefangen mit den kleinen Gesten des Alltags.

Flo Mack

Meine Reise führt mich eine gute halbe Stunde südöstlich weiter von Ludwigsburg nach Weinstadt. In die Einfahrt fahrend sehe ich schon Lisa, Flos Frau, im Garten und ihn an der Haustür stehen. Auf die erste Begegnung mit Flo war ich sehr gespannt. Er ist ein Mensch, der Dinge anpackt und ein faszinierendes Geschick für die Umsetzung innovativer Projekte zeigt. Ob im digitalen Kontext oder in der Jugendarbeit – seine Ideen hören scheinbar nie auf. Ist die eine umgesetzt, folgt schnell die nächste. Als Beziehungsmensch pflegt er dabei die unterschiedlichsten Kontakte in einem breiten Spektrum von Branchen und Kirchen und liebt es, Neuanfänge zu feiern. Ich nehme in einem Raum Platz, den man auch für ein Filmset verwenden könnte. Eine große Holzwohnwand erstreckt sich an der einen Seite des Raumes. In der Mitte befinden sich zwei Sessel und ein gemütliches beiges Sofa. Ein Leben wie im Film? Genau, das gibt es nicht, zumindest nicht einfach so! Ich bin gespannt, was Flo mir über sein Projekt und seine „Hollywood-Liebe" erzählt:

HOLLYWOOD?

Mit zwölf Jahren habe ich mich hoffnungslos in ein Mädchen verliebt. Heute ist sie meine Frau. So fangen perfekte Liebesgeschichten doch an, oder? Besonders die von Christen, stimmt's?

Die Vorstellung, mit ihr, meiner absoluten Traumfrau, gemeinsam in den Sonnenuntergang zu reiten, war alles, woran ich damals denken konnte. (Als Zwölfjähriger, wohlbemerkt.) Vor meinem inneren Auge sah ich uns Hollywoodfilme leben und jeden Tag mit ihr auf Wolke Sieben schweben. Es konnte gar nicht anders sein. Wir gehörten zusammen – da war ich mir sicher!

Und sie? Offensichtlich nicht. Sie gab mir einen Korb und all meine Träume und Vorstellungen von ihr im weißen Kleid und mir als edlem Bräutigam waren dahin. Vorerst. Denn nach ein paar Jahren passierte das scheinbar Unmögliche: Auch sie verliebte sich in mich.

Wir wurden ein Paar, heirateten mit 20 und lebten den Traum aller jungen Christen. Was außerhalb von Kirche und Gemeinde absolut ungewöhnlich und irre zu sein schien, war für uns das perfekte Leben!

Doch lange hat es nicht gedauert, bis wir feststellten, dass jung heiraten, während der Bartwuchs noch ein paar Jahre auf sich warten lässt, nicht nur Serotoninüberschuss und endlich Sex haben bedeutet. Als zwei Zwanzigjährige, die selbst noch mitten in ihrer Entwicklung steckten, zu versuchen, einen gemeinsamen Alltag zu gestalten und eine reife und gesunde Ehe zu führen, war zum Scheitern verurteilt. Und dann prägten uns natürlich auch noch sämtliche konservativ-christliche Werte ...

Wir wussten nicht, wie man Probleme anspricht und Konflikte führt. Oder wie man seine eigenen Bedürfnisse erkennt und sie adäquat ausdrückt, ohne den Partner dafür verantwortlich zu machen. Über Sex sprechen? Wie macht man das? Oder hat man den einfach? Auf all das hatte uns niemand vorbereitet.

Mit 20 Jahren hatten wir eine romantisierte Vorstellung von Ehe und es brauchte nicht lange, um auch nur eine Ahnung davon zu bekommen, dass unsere Verliebtheitsgefühle allein nicht für eine gute und gesunde Beziehung ausreichten.

Wir mussten lernen, miteinander zu streiten. Den eigenen Stolz abzulegen. Fehler nicht vorzuhalten. Zu vergeben. Und letztlich Zeit, Mühe und Kreativität in unsere Beziehung zu investieren, weil es sonst schlichtweg langweilig wurde.

Hätten wir uns damals nicht dazu entschieden, all das zu lernen und zu tun, wäre unser junges Eheglück vermutlich nur von kurzer Dauer gewesen. Doch heute, 17 Jahre und einige Ehe-Krisen später, schaue ich auf die Höhen und

Tiefen unserer Beziehung zurück und stelle fest, dass wir mit jeder Krise noch näher zusammengewachsen sind, uns noch tiefer kennengelernt haben und unser gemeinsames Leben sich (zumindest meistens) noch erfüllter anfühlt.

In den letzten Jahren habe ich viele junge Paare begleitet und immer wieder festgestellt: **Beziehungskrisen schweißen entweder zusammen oder zerbrechen die Beziehung. Und um letzteres zu vermeiden, braucht es eine Menge Energie, Ausdauer und Investment, um das gemeinsame Glück nachhaltig zu konservieren.**

WIE FUNKTIONIERT'S?

In Deutschland werden knapp 40 % der Ehen wieder geschieden. Das ist fast jedes zweite Paar. Wenn es also nicht die Beziehung deiner besten Freundin trifft, dann deine. Autsch! Der sitzt. Natürlich ist das „nur" eine Statistik (und keine Prognose), aber sie zeigt, wie brisant das ganze Thema ist. In der christlichen Community ist die Scheidungsrate geringer, aber meine Vermutung und Erfahrungen sagen mir, dass das nicht unbedingt an der besseren Qualität christlicher Ehen liegt, sondern manchmal vielleicht auch einfach nur an dem (ganz subtilen) Druck, zusammenbleiben zu müssen, „weil Christen das ja so machen".

No worries – ich will hier überhaupt keine theologische Debatte über Eheschließungen und Scheidungen (denn darüber spricht man ja nicht) in christlichen Gemeinden starten. Ich möchte aber dennoch kurz auf folgenden Punkt eingehen: Ein Ehepaar, das in einer unglücklichen, nicht erfüllenden (und vielleicht sogar toxischen) Beziehung lebt, ist meiner Meinung nach genauso am Ziel vorbeigeschossen, wie ein Ehepaar, das sich scheiden lässt.

Die Frage, die mich also in den letzten Jahren, ausgehend von meinen eigenen Ehe-Erfahrungen und denen der

Menschen in meinem Umfeld, umgetrieben hat, ist die: **Wie kann eine langfristige Beziehung wirklich funktionieren? Und ist sie überhaupt möglich?**

Stell dir einmal vor, du gehst in ein Autohaus, um dir das neueste Modell deiner Lieblingsautomarke zu kaufen, und die Verkäuferin sagt: „Das ist ein wirklich wunderschönes Auto. Viele haben sich für dieses Modell entschieden. Eine Sache muss ich Ihnen jedoch dazusagen: 40% der Fahrzeuge von diesem Modell hatten in den ersten Jahren einen Motorschaden." What?! Niemand mit gesundem Menschenverstand würde sich dieses Auto kaufen.

Aber gehen wir nicht mit genau diesem Wissen auch eine Beziehung ein? Wir wissen, dass Krisen und andere Probleme vorprogrammiert sind. Wir wissen auch, dass viele Paare es nicht schaffen, ihr Eheversprechen zu halten. Und trotzdem stehen wir voll Optimismus und unerschütterlicher Hoffnung vor dem Altar und glauben, dass uns das niemals passieren könnte.

Was ich dazu denke: gut so!

Doch wenn wir an feste Partnerschaften glauben, dann müssen wir uns genau dieser Frage stellen: Wie können sie gelingen? Und mit „gelingen" meine ich eben nicht, „bis dass der Tod uns scheidet – egal ob glücklich oder im Streit".

Nein, ich wünsche mir erfüllte Partnerschaften, in denen zwei Menschen miteinander und aneinander wachsen, Schicksalsschläge durchstehen, gemeinsam für Durchbrüche kämpfen und Erfolge feiern, den Alltag zusammen genießen und sich auch nach Jahren noch überraschen, aneinander freuen und verliebt in die Augen schauen.

Doch dafür braucht es Menschen und Ehen, die uns genau das vorleben. **Wir brauchen Vorbilder! Ehepaare, die auch nach 20 und 30 Jahren noch von einer gemeinsamen**

Zukunft träumen. Ohne Vorbilder ist es nicht einfach, ein „realistisches" Ziel vor Augen zu haben und ohne dieses erreichbare Ziel wird es schwer, durchzuhalten.

Anfang 20 dachte ich auch, dass ich es auf jeden Fall anders machen würde als all die, die gescheitert waren, und ihnen schon zeigen würde, wie eine wirklich gute Beziehung aussieht. Ohne jegliche Reflexion meiner eigenen Prägung und religiösen Überzeugungen damals, sowie der Unwissenheit um die Dunkelheit in meiner eigenen Seele, ließ sich das leicht sagen. Doch Zerbruch war auch in meiner Ehe vorprogrammiert.

Meine Beziehung ist zwar damals nicht zerbrochen, aber die heile Welt, von der ich glaubte, dass sie zum Ehe-Gesamt-Paket dazugehörte, schon. Und mit ihr all die Vorstellungen und Erwartungen von Ehe, die ich damals hatte. Ich war fest davon überzeugt, dass meine Beziehung und meine Frau mir mit dem Ja-Wort „sicher" waren. Das alles ganz genau so bleiben würde, wie es war. Doch wenn mich das Leben etwas gelehrt hat, dann das: Wir haben nichts in der Hand. Nicht unseren Partner oder unsere Partnerin. Nicht das Schicksal. Und nicht mal uns selbst.

WIE GESTALTEN WIR ZUKUNFT?

Es ist 2024 und ich stelle mir die Frage, wie sich unsere Gesellschaft in den nächsten Jahren entwickeln wird. Künstliche Intelligenz, Lockdowns, Inflation und *TikTok*-Trends – all das prägt die gerade aufwachsende Generation junger Menschen. Du denkst, unsere westliche Welt hat eine „kurze Krise" erlebt, und jetzt wird alles wieder normal? Die Prognosen deuten auf etwas anderes hin. Die kommenden Zeiten werden für die meisten Menschen vermutlich herausfordernder denn je. Insbesondere für die, die „unsere Zukunft" sind. Die junge Generation.

Denn das ist die Generation, die im Wohlstand aufgewachsen ist und ständig hört, dass sie ihren Träumen nachgehen soll. Die Beziehungen austauscht, wie andere ihre Bettwäsche, und daran gewöhnt ist, alles per Knopfdruck zu bekommen. Genau diese Generation steht in naher Zukunft vor einer gesellschaftlichen und wirtschaftlichen Krise und ist meiner Meinung nach nicht darauf vorbereitet.

Doch was hat all das mit gesunden Beziehungen zu tun?

Ich glaube, dass, wenn wir nicht gelernt haben, durch Krisen zu gehen und echte Herausforderungen zu meistern, unsere Fähigkeiten, eine gesunde Beziehung zu leben, schlichtweg nicht ausreichen. Wenn ich die Kommentarspalte unter *TikTok*-Reels beobachte, habe ich den Eindruck, dass die Erwartungen junger Menschen an eine Beziehung eher dem Motto „quick & dirty" entsprechen, als meiner Erwartung damals mit Zwölf von meinem ganz persönlichen „happily ever after".

Wir gehen mit Beziehungen um wie mit unseren Jeans. Wenn sie uns nicht mehr gefallen, einen Mangel haben oder uns Probleme machen, werfen wir sie einfach weg und suchen uns eine neue. Doch was ist die Konsequenz unseres Handelns? Wie prägt diese Wegwerfgesellschaft nachkommende Generationen?

Sie führt zu Kindern, die in zerrütteten Familien aufwachsen. Zu Eltern, die um Sorgerechtsentscheidungen streiten. Zu Ehepaaren, die üble Rosenkriege ausfechten. Zu Affären, aus denen Kinder hervorgehen, die sich nie ganz „gewollt" fühlen. Zu Teenagern, die das ständig wechselnde Dating-Leben ihrer Eltern nachahmen und Bestätigung und Liebe in Sexualität suchen. Und zu immer länger werdenden Wartelisten von Plätzen beim Psychotherapeuten.

Ich glaube, dass uns allen klar ist, dass etwas getan werden muss. Und wir haben mannigfaltige Möglichkeiten. Aber wer sind die Menschen, die den Problemen unserer Zeit wirklich gewachsen sind? Die mit Kreativität und Innovation die Zukunft unseres Planeten antreiben? Die soziale Netzwerke aufbauen und damit Positives bewirken? Die in der Lage sind, große politische Entscheidungen zu treffen, die für den Erhalt des Weltfriedens von Bedeutung sind?

Es sind Menschen, die in sich selbst angekommen sind und eine gesunde Beziehung mit sich und ihren Mitmenschen führen können. Die sich eigenständig um ihre Bedürfnisse kümmern und gleichzeitig die der anderen sehen können.

Vielleicht mag es naiv und „zu einfach gedacht" erscheinen. Aber ich bin davon überzeugt, dass gesunde Beziehungen essenziell sind, um unsere Gesellschaft und alle bestehenden wie künftigen Generationen junger Menschen positiv zu beeinflussen. Sodass sie als emotional reife Menschen heranwachsen können, die den Herausforderungen unserer Welt gewachsen sind und damit die Zukunft nachhaltig positiv beeinflussen.

Aber jetzt Schluss mit pathetischen Floskeln und Zukunftsszenarien. Zurück zu meiner Frage, ob und wie langfristige Beziehung wirklich möglich sind.

Zunächst mal: Ja, sie sind möglich! Da bin ich mir mittlerweile sicher. Wie? Nun ja, meine Antwort darauf hat mich vor zwei Jahren zusammen mit meinem Co-Founder Samuel dazu gebracht, ein Start-Up zu gründen. Was wir da „bauen"?

DATES! *WILDLY* DATES!

Echt jetzt? Dates? Aber Paare, die schon lange zusammen und vielleicht sogar verheiratet sind, haben doch keine Dates mehr. Richtig! Und genau das ist das Problem, glauben wir.

Woran scheitern Beziehungen? Immer wieder an Affären, zu viel Streit, verschiedenen Zukunftsvorstellungen, Langeweile, Auseinanderleben, fehlender Intimität, auseinandergehenden

Persönlichkeitsentwicklungen und so weiter… **All diese Beziehungsabbrüche haben etwas gemein und teilen den gleichen Kern: mangelnde Kommunikation, fehlende gemeinsame Momente und Beziehungsfähigkeit.**

In den meisten Beziehungen kommt es irgendwann zu dem Punkt, an dem sich die Prioritäten verschieben. An die Stelle von gemeinsamen Dates rückt beispielsweise das Neugeborene. Oder Hobbies und Freizeitausflüge werden weniger, weil die Verantwortung im Job zugenommen hat. Finanzielle Verpflichtungen, gesundheitliche Probleme und die Berge voller Wäsche belasten das seelische Wohlbefinden und rauben der Beziehung ihre anfängliche Leichtigkeit. Zeit für Erholung oder gar für schöne Momente zu zweit ist rar geworden.

Und während man abends völlig erschöpft nur noch auf dem Sofa zusammen eine halbe Folge irgendeiner Netflix-Serie schaut und dabei in Jogginghose und fettigen Haaren einen weiteren Chip in den Mund schiebt, fragt man sich, was man eigentlich noch mit der Person da neben sich gemeinsam hat – außer vielleicht den gleichen Nachnamen oder die elektrische Zahnbürste. Irgendwie ist alles ganz anders als in der Vorstellung, die man damals hatte, als man noch mit Kribbeln im Bauch „Ja“ zueinander gesagt hat. Und obwohl all das ganz offensichtlich ist und vermutlich beide genau das Gleiche empfinden, wird das Offensichtliche hinter der „Wir machen einfach weiter wie zuvor“-Maske versteckt.

Ja, und jetzt? Genau das ist das Szenario, das uns dazu motiviert hat, Produkte für Paare in langfristigen Beziehungen (oder die, die sie gerne haben möchten) zu entwickeln. **Wir glauben, dass es nicht viel braucht, um in das monotone „Nebeneinanderherleben“ vieler Paare wieder Tiefe, Abenteuer und Verbundenheit hineinzubringen.**

Deshalb machen wir Dates. Wir bieten Boxen an, die Paare durch einen abwechslungsreichen Date Abend führen. Mit einer guten Mischung aus leichter, lustiger Action, tiefen Gesprächen, die nicht in Monologen enden, Challenges, die einen aus der Komfortzone kitzeln, und natürlich intimen Momenten, die ein bisschen Abwechslung ins Schlafzimmer bringen. Das ist unser Erfolgsrezept? Unter anderem … aber JA! Und es funktioniert! Für Frisch-Verliebte wie für Ewig-Verheiratete. Für Paare mit Kindern und ohne. Für junge wie alte Paare.

Neben den Dates haben wir uns auch noch zum Ziel gemacht, weitere Produkte wie Journals und vieles mehr für Paare zu entwerfen. Alles mit dem Ziel, Paare in langfristigen Beziehungen zu inspirieren und zu unterstützen.

Das Motto von *Wildly* lautet „Bleibt verliebt.“ Und das ist es, was wir wollen: Paare wieder ineinander verliebt zu machen. Für immer.

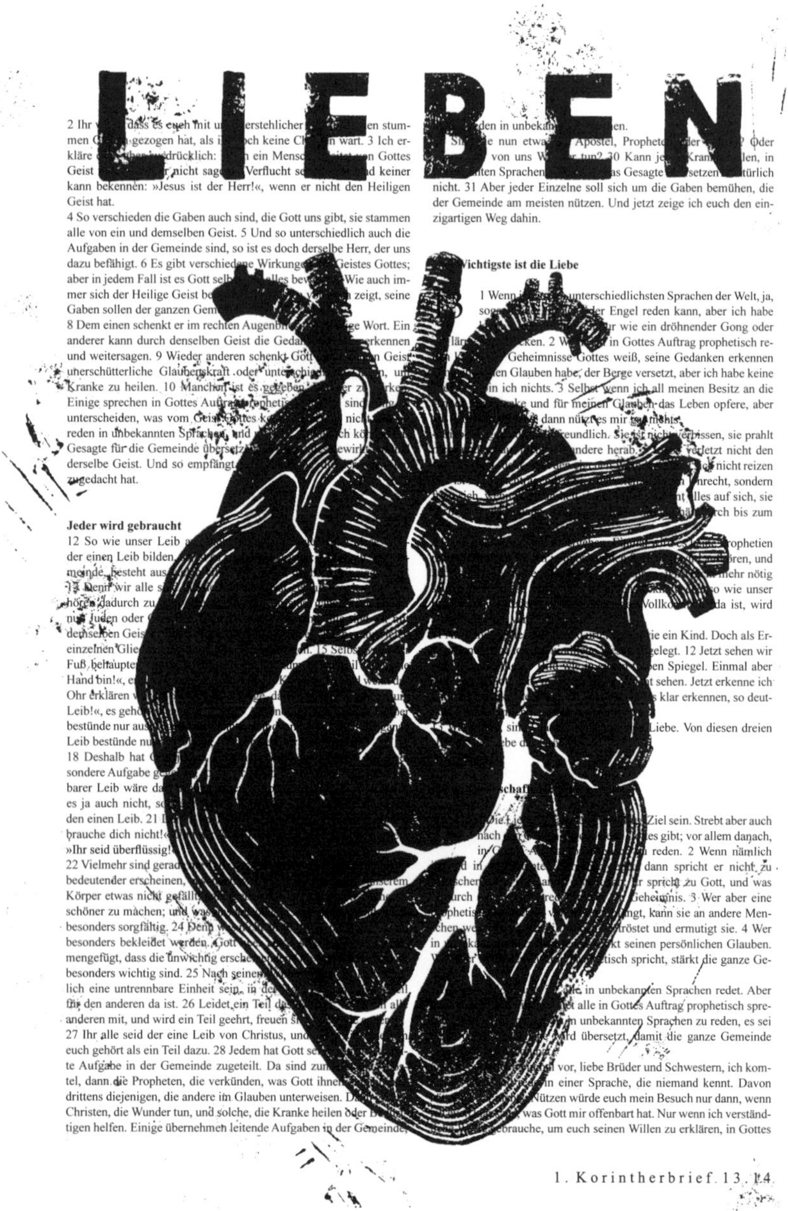

1. Korintherbrief 13 14

DRANBLEIBEN

LICHT SEIN

Damaris Hoppe

Damaris habe ich vor elf Jahren kennengelernt. Immer wieder kreuzten sich unsere Wege und jedes Mal ist es eine riesige Freude, einander anzufeuern, uns auszutauschen und über verschiedene Lebensphasen hinweg mal mehr und mal nur hin und wieder miteinander verbunden zu sein. Ich liebe Damaris' Art, wie sie authentisch über ihren Alltag und die Fragen spricht, die sie beschäftigen. Die Erfahrungen, die sie durch ihre herausfordernde Arbeit und ihr umfassendes Studium schon gesammelt hat, spiegeln sich in der Weise wider, wie sie die Welt wahrnimmt, Verhalten spiegeln und ihren Glauben ganzheitlich kommunizieren kann. Ich habe mich sehr gefreut, sie in Karlsruhe zu treffen, und bin tief beeindruckt von ihrem Herz und ihrer Geschichte:

„Menschenhandel und Zwangsprostitution" – was sich anhört, wie Begriffe aus längst vergangenen Zeiten, ist leider aktueller denn je. Der illegale Sklavenmarkt findet nicht nur in fernen Gegenden wie Asien, Osteuropa oder Afrika statt, sondern auch in unseren eigenen Städten und Dörfern. Als Botschafterin und ehemalige Sozialarbeiterin von *The Justice Project e.V.* in Karlsruhe ist es mein Wunsch und mein Ziel, dass das Thema Menschenhandel immer mehr Aufmerksamkeit im gesellschaftlichen Diskurs bekommt. **Menschenhandel ist und bleibt eine der größten Menschenrechtsverletzungen des 21. Jahrhunderts und ein menschenunwürdiges Unrecht!**

FAKTEN ZUM THEMA MENSCHENHANDEL IN DEUTSCHLAND

In Deutschland ist Menschenhandel zum Zweck der sexuellen Ausbeutung seit 1973 strafbar und unser Staat geht proaktiv dagegen vor. Als *The Justice Project* arbeiten wir daher eng mit der Kriminalpolizei, der Stadt und verschiedenen

Fachberatungsstellen zusammen. Dabei merken wir: Nur wenn man die einzelnen Kräfte bündelt und gut vernetzt, kann der „Kampf gegen Menschenhandel“ (unser Motto) Siege einbringen. Denn der Gegner hat es in sich: **Wusstest du, dass der Handel mit Menschen zum Zweck der sexuellen Ausbeutung eines der weltweit lukrativsten Geschäfte der Organisierten Kriminalität ist?** Ganz simpel erklärt: Verkauft man eine Currywurst, macht man damit einmal einen Gewinn. Handelt man mit einem (oder mehreren) Menschen und verkauft ihn in die Zwangsprostitution, verdient man täglich an ihm. Der Umsatz des weltweiten Menschenhandels wird zwischen 30 und 150 Milliarden US-Dollar jährlich geschätzt, mit steigender Tendenz. Zweidrittel dieses Umsatzes werden hierbei direkt der Zwangsprostitution zugeschrieben.[5]

An dieser Stelle ist mir wichtig zu betonen, dass nicht jede Form der Prostitution auf Zwang basiert und nicht jede Frau in der Prostitution automatisch eine Betroffene von Menschenhandel ist.[6] Die Gründe, warum Menschen, vorrangig Frauen, der Prostitution nachgehen, sind vielschichtig. Sie reichen von der selbstbestimmten, eigenen Entscheidung über finanzielle Not und fehlende Perspektiven bis hin zu Zwang und Gewalt.

Die Opfer kommen aus Deutschland, Asien, Osteuropa (vorwiegend aus Rumänien und Bulgarien), Südamerika und Afrika (insbesondere Westafrika). Der Altersdurchschnitt der identifizierten Betroffenen lag in den zuletzt erfassten Zahlen von 2021 bei 27 Jahren, jedes dritte Opfer war unter 21 Jahren alt.[7]

Hinter jeder dieser Zahlen und hinter der Variablen X der Dunkelziffer verbergen sich ganz individuelle Schicksale. **Und doch haben die Lebensberichte eines gemeinsam: Die persönliche Hilflosigkeit und Zwangslage der Betroffenen**

wurden ausgenutzt, um sie dazu zu zwingen, in der Prostitution zu arbeiten oder andere sexuelle Dienstleistungen anzubieten. Hierfür wurden sie bereits mit der Absicht der Ausbeutung durch Täuschung, Gewalt, Entführung oder Machtmissbrauch angeworben. Es gibt übrigens auch Menschenhandel ohne sexuellen Bezug, wie zum Beispiel Organhandel oder Arbeitsausbeutung. Hier gelten oft ähnliche Prinzipien und Vorgehensweisen.

THE JUSTICE PROJECT E.V.

Die Arbeit von *The Justice Project* hat zwei große Schwerpunkte. Zum einen die Arbeit mit Betroffenen von Menschenhandel zur sexuellen Ausbeutung (vorrangig aus Westafrika) und zum anderen eine Beratungsstelle für Frauen, die in der Prostitution tätig sind oder waren mit Aufsuchender Arbeit, Anlaufstelle und intensiver Sozialberatung (u. a. Ausstiegshilfe).

Zudem haben wir ein Schutzhaus, welches offiziell als Unterkunft für Geflüchtete anerkannt ist. In ihm finden sieben von Menschenhandel betroffene Frauen und ihre Kinder ein sicheres Zuhause. Wir haben uns als Organisation auf Frauen aus Westafrika spezialisiert, da diese eine häufig betroffene Zielgruppe darstellen. Außerdem haben wir im Laufe der Jahre gemerkt, wie kräftezehrend es für diese Frauen sein kann, wenn sie nicht nur ihr Trauma verarbeiten, sondern sich auch zu Hause mit kulturellen Unterschieden auseinandersetzen müssen. Dadurch, dass unsere Frauen nun fast alle aus Westafrika kommen, haben sie viele Gemeinsamkeiten, was ihnen das Zusammenwohnen erleichtert.

Während die Frauen bei uns untergebracht sind, lernen sie neben Deutsch und Englisch, wie sie sich in der deutschen Kultur und im Asylverfahren zurechtfinden können. Außerdem schulen wir sie in Themen wie Persönlichkeitsentwicklung,

Rückfallprävention oder dem Umgang mit Finanzen. Wir begleiten sie engmaschig in ihrem Asylprozess und dem Prozess einer möglichen Strafanzeige gegen die Menschenhändler. Alle unsere Maßnahmen haben das Ziel, die Frauen zu unterstützen und zu befähigen, ein selbstbestimmtes und freies Leben in Deutschland führen zu können.

WIE ES DAZU KAM, DASS MIR DAS THEMA AUF DEM HERZEN LIEGT

Ich werde oft gefragt: „Wie kamst du dazu, dich im Kampf gegen Menschenhandel zu engagieren – einem so dunklen Bereich?" **Es ist mir ein Anliegen, dir mit meiner Geschichte Mut zu machen, genau hinzuhören, was Gott dir ins Herz schreibt. Denn selbst wenn es Bereiche sind, die offensichtlich „dunkel" sind, ist es eines der bewegendsten Dinge, hautnah dabei zu sein, wenn Gott Stück für Stück die Dunkelheit erhellt.**

Ich bin davon überzeugt, dass wir keine Angst vor „dunklen Bereichen und Arbeitsfeldern" haben brauchen, denn wir haben Jesus an unserer Seite, der von sich selbst sagt:

„Ich bin das Licht der Welt. Wer mir nachfolgt,
der wird nicht wandeln in der Finsternis,
sondern wird das Licht des Lebens haben."
(Johannes 8,12 LUT)

Auch wenn es sich manchmal anders anfühlt, will ich daran festhalten: Kein Bereich ist so finster, dass das Licht Gottes nicht stärker wäre!

Wie kam ich also dazu, mit Betroffenen von Menschenhandel und Zwangsprostitution zu arbeiten? Zum ersten Mal wurde ich Anfang 2012 mit diesen Themen konfrontiert. Ich war damals Schülerin der Jüngerschaftsschule *Glaubenszentrum* in

Bad Gandersheim und hörte dort in einem Vortrag davon, dass Menschenhandel und Zwangsprostitution in verschiedenen deutschen Städten zum Alltag vieler Menschen gehören. Das war unvorstellbar und schockierend für mich – aber anscheinend doch so real. **Ich glaube, wenn es um das Thema „Berufung" geht, erwarten manche Menschen den spektakulären „Brief vom Himmel". Doch kann es manchmal auch ganz anders sein – unspektakulärer, einfach mit einer leisen inneren Stimme, die eine feste innere Gewissheit und Entschlossenheit mit sich bringt.** Während des Vortrags hatte ich den Eindruck, dass Gott mir zuflüstert: „Damaris, eines Tages wirst du genau für diese Mädchen und Frauen Hilfe und Sprachrohr sein." Was das bedeuten würde, davon hatte ich in dem Moment keine Ahnung. Aber ich wusste, dass Gott in diesem Moment mein Herz mit den Herzen derjenigen verknüpft hatte, die Menschenhandel zum Opfer gefallen waren.

Gleichzeitig war mein Berufswunsch, seit ich zurückdenken kann, immer der einer Hauptamtlichen im Kontext von Kirche und Gemeinde gewesen. Und nun sollte ich Sprachrohr und Hilfe für Betroffene von Menschenhandel werden? Hatte sich mein langjähriger Berufswunsch damit nun zerschlagen? Ich wusste es nicht. Ich trug beide Zukunftsmöglichkeiten in meinem Herzen, gepaart mit vielen Fragen. Was ist der „richtige Weg"? Gibt es überhaupt einen „richtigen Weg", oder darf ich mich einfach entscheiden? Kann man sich denn eigentlich „falsch" entscheiden? Und was bedeutete, „Eines Tages wirst du das sein"? Schon direkt nach dem Studium? Oder sogar noch davor? Oder erst, wenn ich vierzig oder fünfzig bin? Diese Fragen verunsicherten mich, aber weißt du was? Im Rückblick glaube ich, das ist okay. Man darf auch ringen, Schritte zur Seite machen, Schritte nach hinten gehen oder auch mal den Kurs wechseln. Man darf auch unsicher sein. Das Bild des „Berufenen", der unbeirrt und 24/7 mutig und voller Tatendrang und Vision nach vorne prescht, kann ungesunden Druck aufbauen. **Doch ich glaube, wenn Gott uns Dinge ans Herz legt und uns in einem speziellen Bereich gebrauchen möchte, will und kann er das ganz ohne Druck tun. Er wird zu seiner Zeit die richtigen Türen öffnen.** Das habe ich erlebt und das will ich auch dir zusprechen!

Nach meinem anschließenden Studium „Soziale Arbeit im interkulturellen Kontext und evangelische Theologie" an der *Internationalen Hochschule Bad Liebenzell* beschlossen mein Mann und ich am *Fuller Theological Seminary* in Pasadena, Los Angeles unser Studium fortzusetzen. Ich bewarb mich für den Studiengang „Recovery Ministry", konkret für Seelsorge bei geistlichem, physischem, emotionalem und sexuellem Missbrauch. Ich erhoffte mir, dass mir dieses Studium für den Bereich Menschenhandel hilfreich sein würde, da alle vier Missbrauchsformen von Menschenhändlern eng verknüpft angewandt werden.

Nach unserer Zeit in den Staaten öffnete mir Gott die Türen zu zwei Teilzeitstellen – zum einen als Sozialarbeiterin bei *The Justice Project*, zum anderen als Co-Pastorin in der *Landeskirchlichen Gemeinschaft Karlsruhe*. Besser hätte ich es selbst weder planen noch mir vorstellen können. Gott hatte es bis ins letzte Detail vorbereitet und unverhofft Türen geöffnet – in meinen beiden Berufswünschen. Als mein Mann und ich unsere erste Tochter bekamen, konnte ich die flexiblen Arbeitszeiten als Sozialarbeiterin nicht mehr leisten. Seitdem bin ich als Vereinsmitglied und ehrenamtliche Botschafterin im Bereich der Öffentlichkeitsarbeit unterwegs. War ich also davor ganz praktisch „Hilfe" als Sozialarbeiterin vor Ort, bin ich nun hauptsächlich „Sprachrohr" für die Anliegen unserer Klientinnen.

WAS MIR BEIM UMGANG MIT DEM THEMA HILFT

Wenn Frauen zu uns kommen, sind sie in aller Regel sehr abgekämpft – sowohl psychisch als auch körperlich. Ihre Erfahrungen in der Zwangsprostitution haben deutliche Spuren hinterlassen, in jedem Bereich ihres Lebens. Oft kämpfen sie mit posttraumatischen Folgen wie Angstzuständen, Panikattacken, Schlafproblemen und psychosomatischen Schmerzen. Ihnen fehlt oftmals jegliche Hoffnung und sie sind wie in einem Tunnel.

Ausgehend von meinen Erfahrungen bei *The Justice Project* bin ich Gott so dankbar, dass er für unsere Klientinnen nicht nur ein „Licht am Ende des Tunnels" bereit hat, das irgendwann in Zukunft aufleuchten wird. Sondern dass er schon jetzt, mitten im Prozess, ihr Leben erhellen möchte und sie erleben können: **Es gibt ein „Licht im Tunnel". Oft habe ich miterlebt, wie Klientinnen neue Zuversicht und Hoffnung für ihren Alltag finden konnten, obwohl sich bei Weitem nicht alles in ihrem Leben geklärt hatte und sie auch vieles noch nicht aufgearbeitet hatten. Gott ist ein Gott der Hoffnung – und er liebt es, uns Menschen als Hoffnungsbringer zu gebrauchen.**

Doch Hoffnung brauchen nicht nur unsere Klientinnen, sondern auch wir Sozialarbeiterinnen und Sozialarbeiter. Denn wenn man sich für Frauen aus Menschenhandel und Zwangsprostitution engagiert, wird man jeden Tag neu mit brutaler Perversion und unvorstellbarem Leid konfrontiert. Zurecht drängt sich dann die Frage auf: Wie kann man damit umgehen, ohne selbst daran zu zerbrechen?

Ganz grundsätzlich war es für mich wichtig zu erkennen: Es ist gut, dass Leid mich bewegt. Die Alternative dazu wäre, dass gehörte Lebensgeschichten mich kaltlassen und die

Personen vor mir zu einem „Objekt meiner Arbeit“ werden, einer Zahl oder einer Aufgabe auf der To-Do-Liste. Und das möchte ich nicht. Ich möchte die Personen wirklich wahrnehmen mit ihrer Geschichte und ihrem Erleben, mit ihren Zweifeln und auch ihrer Wut und Trauer über die Entwicklung ihres oftmals noch so jungen Lebens. Ich möchte die Augen davor nicht verschließen oder aufkommende negative Gefühle bei mir verdrängen, sondern sie bewusst aushalten. Ich bin davon überzeugt, dass, wenn mich die Person vor mir in der Tiefe bewegt, meine Empathie aufrichtig wird. Dazu gehört meines Erachtens nach das bewusste Zulassen von Leid, welches mich bewegen und ja, manchmal auch umtreiben darf. Außerdem braucht es Zuhören und die Bereitschaft, gemeinsam auf ressourcenorientierte Lösungssuche zu gehen – aber eben auch Aushalten und einfaches Dasein.

Und dennoch finde ich es wichtig, dass mich Schicksale nicht überwältigen – eine gewisse „professionelle“, gesunde Distanz ist bei aller Empathie also ebenfalls unglaublich wichtig!

In der Sozialen Arbeit und Traumatherapie ist ein Spruch relativ geläufig: **„Wer mit traumatisierten Menschen arbeitet, muss drei Dinge unbedingt beherzigen: Erstens gut essen, zweitens viel feiern und drittens wütend putzen!“** (Verena Engel) Ich liebe an dieser Lebensweisheit, dass sie ganz praktisch und lebensnah ist.

„Gut essen“ bedeutet für mich, dass es wichtig ist, meine eigenen Bedürfnisse wahrzunehmen und sie zu erfüllen, ja, insgesamt gut auf mich aufzupassen. Dazu gehören auch die ganz banal erscheinenden Grundbedürfnisse, wie eine gesunde Ernährung, ausreichend Schlaf und Bewegung an der frischen Luft.

„Viel feiern“ steht für mich für das bewusste Schaffen eines Ausgleichs. Es ist wichtig, Freude im Alltag wahrnehmen zu können und sich nicht von der Dunkelheit im Arbeitsfeld den eigenen Alltag beständig grau einfärben zu lassen. Es lohnt sich, über folgende Fragen nachzudenken: Was macht mir Freude? Wo kann ich so richtig abschalten und auftanken? Was tut meiner Seele gut?

„Wütend putzen“ bringt einen vielleicht etwas zum Schmunzeln, und doch ist es so wichtig, dass man ein Ventil hat, um aufgestaute Gefühle wie Wut oder auch Frust rauslassen zu können. Für den einen ist es Sport, für den anderen ist es vielleicht tatsächlich das Putzen. Ganz praktisch hat mir zum Beispiel geholfen, auf meinem Rückweg von der Arbeit zwei S-Bahn-Stationen früher auszusteigen und den restlichen Weg zu laufen. Ich habe auf diesem 30-minütigen Spaziergang den Arbeitstag reflektiert, in mich gespürt und versucht, negativen und positiven Gefühlen auf den Grund zu gehen.

Als Christ füge ich dem oberen Zitat gerne noch einen vierten Punkt hinzu:

„Ehrlich beten“, denn ich muss Gott nichts vorspielen, keine „Heile-Welt-Maske“ tragen und muss vor ihm nicht die immerzu starke und professionelle Sozialarbeiterin sein. Nein, ich darf ihm anvertrauen, wie es mir im tiefsten Inneren geht. Es tut meiner Seele gut, dass ich weiß, es gibt einen Gott, der mich hört und der mich sieht – in meinen Erfolgen genauso wie in meinen Misserfolgen, in den Höhen wie den Tiefen. **Ein Gott, der sich um mich kümmert, mich nach einem vielleicht dunklen Tag in den Arm nimmt und mir neue Kraft, Weisheit und auch Freude für den Umgang mit den Frauen gibt.** Und gleichermaßen tut es mir gut, dass ich unsere ganze Arbeit und jede einzelne Klientin Gott anbefehlen darf: „Herr, heile du sie, hilf ihnen dabei, ihre

Vergangenheit zu verarbeiten und heile ihre Wunden. Lass dein Licht in ihr Leben strahlen!“ Mehrfach durfte ich miterleben, wie Gott durch alle Höhen und Tiefen genau das tat. Zu sehen, wie sich Gott den Frauen neu offenbart als liebender und treuer Vater, der eine Hoffnung und Zukunft für sie hat, hat mich Gott nochmals neu lieben gelehrt. Es ist wie in Jesaja 42,3 beschrieben:

„Das geknickte Schilfrohr zerbricht er nicht,
den glimmenden Docht löscht er nicht aus.
Er bringt dem geschlagenen Volk das Recht,
damit Gottes Treue ans Licht kommt.“
(GNB)

WAS SICH IN DER GESELLSCHAFT VERÄNDERN MUSS

Weltweit gibt es viele Missstände, die Menschenhandel begünstigen und denen dringend weiter entgegengewirkt werden muss. Zum einen braucht es mehr Aufklärung in den Herkunftsländern der Opfer über dieses Thema. Gleichzeitig müssen sich die Lebensumstände in diesen Ländern verbessern, indem zum Beispiel rechtliche Standards eingeführt und Korruption und Armut bekämpft werden. **Solange sich Menschen in katastrophalen Umständen befinden, werden sie alles tun, um der Situation zu entfliehen. Damit werden sie zu einer „leichten Beute“ für Menschenhändler, die die Hilfsbedürftigkeit der Betroffenen ausnutzen.**

Als Organisation betrachten wir auch das oftmals vorherrschende, männliche sexuelle Anspruchsdenken und die Objektivierung von Frauen als ein grundlegendes und weitreichendes Problem – in Deutschland, aber auch darüber hinaus. Wir glauben, dass sich dieses Problem leider nicht allein durch eine neue, schärfere Gesetzgebung beheben lässt.

Daher machen wir uns stark für präventive Aufklärungsarbeit und eine gegensätzliche Wertevermittlung. Insbesondere ist es uns ein Anliegen, junge Menschen über die schädlichen Auswirkungen eines übersexualisierten Menschenbildes und dessen Folgen zu informieren, die im schlimmsten Falle zu Missbrauch und Ausbeutung führen können.

WIE DU SPRACHROHR UND HILFE SEIN KANNST

Vielleicht fragst du dich jetzt, wie du dich auf deine eigene Art und mit den dir zur Verfügung stehenden Mitteln und Kapazitäten einsetzen kannst, um etwas zu verändern. Dann möchte ich dir zum Schluss ein paar Ideen geben:

HILF GANZ PRAKTISCH – zum Beispiel als Sozialarbeiter:in oder ehrenamtliche:r Helfer:in. Unterstütze Organisationen vor Ort mit deiner praktischen Mitarbeit!

Ich bin der Meinung, wir brauchen noch mehr christliche Sozialarbeiterinnen und Sozialarbeiter in unserem Land, die ihren Glauben auf reflektierte und authentische Art und Weise als Ressource in ihre Arbeit einbringen. Als Christen können wir hier eine andere Perspektive einbringen: Ja, es gibt dunkle Realitäten, die Macht haben – aber wir kennen einen, der stärker ist – Jesus! Für unsere Klientinnen, die diese dunkle Macht am eigenen Leib erfahren haben, ist das die Hoffnung schlechthin! **Gerade auch in einem Arbeitsfeld, in dem die Dunkelheit so mächtig erscheint, ist es wichtig, das Licht Gottes leuchten zu lassen, das in uns lebt.**

SEI SPRACHROHR und mach dich für die Anliegen der Frauen stark! Sei ihre Stimme.

Informiere dich weiter über dieses Thema und sprich mit anderen darüber, sodass das Thema gesellschaftlich präsenter wird. *The Justice Project* bietet beispielsweise immer wieder Vortragsabende an, in unserem Standort in Karlsruhe oder auch in deiner Gemeinde, deiner Schule oder deinem Verein. Ich ermutige dich dazu, wenn dieses Thema dein Herz genauso bewegt hat wie meins, dich in deinem Radius dem Kampf gegen Menschenhandel anzuschließen.

Ich danke dir von Herzen!

Melanie Henschel

Ich fahre weiter Richtung Süden ins Stuttgarter Umland, um Melanie (Mel) zu treffen. Eine der schönsten Geschichten, die ich mit Mel verbinde, hat mit ihrer Tochter Mia zu tun. Sie war eines der Mädchen in der Jungschar, in der ich Mitarbeiterin war. An einem der Abende bemalten wir eine Holzkiste. Kurz nachdem alle Materialien verteilt waren, bemängelte eines der Mädchen eine Macke an ihrer Holzbox. Ohne zu zögern, streckte Mia dem Mädchen ihre makellose Box zum Tausch hin. Bei der Gestaltung der Boxen malte sie anschließend die Macke nach und verzierte sie mit Glitzer. Als ich Mel später davon erzähle, strahlt sie über das ganze Gesicht. Offensichtlich hatte etwas von ihrem Verhalten auf ihre Tochter abgefärbt. Auch sie sieht die Schönheit im Unperfekten und nimmt vermeintliche Fehler an und füllt sie mit Liebe. Dieses Muster prägt auch ihre Geschichte:

Dass ich heute über mein Herzensprojekt *Zoey* schreiben darf, erfüllt mich mit großer Dankbarkeit.

Als ich 16 Jahre alt war, hat Gott angefangen, diese Projektidee in meinem Herzen zu bewegen. Diese Vision hat meinen beruflichen Werdegang sowie Fort- und Weiterbildungen massiv beeinflusst. Diese Idee war ein Ziel, auf das ich die letzten Jahre hingearbeitet habe.

Oft hatte ich das Gefühl, ich würde mein Ziel niemals erreichen. Es gab in den letzten Jahren tiefe Täler, Zweifel, Ängste und viele Herausforderungen in meinem Leben. Im Rückblick war jede einzelne Situation wichtig, damit ich die Person werden konnte, die ich heute bin. Ich kenne Jesus als meinen persönlichen Begleiter, seit ich 14 Jahre alt bin. Mit jeder Krise konnte ich eine neue Facette seiner Liebe zu mir und Gnade für mich kennenlernen und fühle mich heute bereit dazu, loszulassen. Meine vermeintlichen Sicherheiten möchte ich seinem Plan von meinem Leben unterordnen. Ich sage nicht, dass dieser Schritt leicht ist. Es gibt Tage, da bin ich voller Vorfreude auf das, was kommen wird und im nächsten Moment wird die leise Stimme in meinem Kopf immer lauter, die sagt, „Du bist nicht gut genug!“, „Das schaffst du niemals!“, oder „Du wirst scheitern!“ **Es ist immer wieder aufs Neue eine Entscheidung, im Vertrauen den Schritt aus dem Boot hinaus aufs Wasser zu gehen. Ein Schritt ins Ungewisse. Ich weiß aber, dass ich einen Gott an meiner Seite habe, der in dieser Ungewissheit Großes bewirken kann.** Er hat bereits begonnen, meinen Weg vorzubereiten.

Ich möchte dich heute einladen, mich auf meiner Reise zu begleiten und dir einen Einblick in mein Herzensprojekt geben, das sich momentan in der Entstehungsphase befindet.

DIE HERAUSFORDERUNG: KINDERSEELEN IN NOT

„Mehr als jedes 5. Schulkind zeigt psychische Auffälligkeiten.“ (Presseportal); *„78 Prozent aller Minderjährigen noch immer durch Corona psychisch belastet.“* (Spiegel); *„Jeder fünfte junge Mensch hat psychische Probleme.“* (Kölner Stadtanzeiger).

Diese Schlagzeilen berühren mein Herz. Es gibt eine große Not in Deutschland, die ich auch in meinem Job in der Schulsozialarbeit tagtäglich zu spüren bekomme. Es wäre zu einfach zu sagen, die psychische Belastung bei jungen Menschen ist die Folge der Pandemie. Meiner Erfahrung nach haben die psychischen Belastungen schon viele Jahre zuvor angefangen und wurden durch die vielen Krisen der letzten Jahre nur verstärkt. Die größten Herausforderungen in meinem Alltag in der Schulsozialarbeit sind Angststörungen, Panikattacken, Depressionen, Überlastungen und Störungen des Sozialverhaltens. **Junge Menschen haben oftmals keine Strategien, um den Herausforderungen in ihrem Alltag zu begegnen. Sie haben keinen Halt und keine Orientierung.**

Viele Kinderseelen leiden oft schon lange im Stillen, bevor es ihrem Umfeld auffällt.

Bereits im Jahr 2020 haben Studien der WHO und der EU betont, dass psychische Erkrankungen immer weiter zunehmen und zu den gesundheitsökonomisch gravierendsten Erkrankungen bei Kindern und Jugendlichen zählen. Der Zugang zu Hilfssystemen, wie zum Beispiel einer ambulanten Therapie oder einem Klinikplatz, wird durch lange Wartezeiten und die dabei empfundene Scham erschwert.

In unserer Gesellschaft ist es ganz selbstverständlich, sich wegen eines gebrochenen Fingers behandeln zu lassen. Die Schreie einer zerbrochenen Seele hingegen werden oftmals über viele Jahre ignoriert. Dabei können psychische Auffälligkeiten schwerwiegende Folgen haben, die sich bis ins Erwachsenenalter ziehen. Denn die psychische Gesundheit ist eine zentrale Voraussetzung für Lebensqualität, Leistungsfähigkeit und soziale Teilhabe. Sie umfasst das Zusammenspiel des sozialen, emotionalen und kognitiven Wohlbefindens. Das bedeutet, dass Kinder und Jugendliche die Fähigkeiten entwickeln müssen, die eigenen Emotionen und Gedanken zu regulieren, Beziehungen aufzubauen sowie zu pflegen, Probleme eigenständig zu lösen und sich dadurch an verschiedene Lebensbedingungen anzupassen und die eigene Zukunft zu planen. Hier wird deutlich, wie wichtig das Erkennen von und frühzeitige Eingreifen bei psychischen Problemen von Kindern und Jugendlichen ist.

MIT *ZOEY* MAUERN DURCHBRECHEN UND POTENZIALE FREISETZEN

Genau hier möchte *Zoey* ansetzen, hinschauen und handeln. Im Fokus des Projektes steht die psychische Gesundheit von Kindern und Jugendlichen. *Zoey* kommt aus dem Griechischen und bedeutet Leben. In einer Phase, die von

Dunkelheit und Herausforderungen geprägt ist, soll durch Coaching Hoffnung, Licht und Leben in ihr Herz gesprochen werden. Dabei werden Tiere und die Natur eingesetzt, um eine positive Atmosphäre im Coachingprozess zu ermöglichen. Die Interaktion mit Tieren kann Brücken bauen und Verbindungen zu Menschen herstellen. Die Ergotherapeutin Nack (2013) hat das sehr schön zusammengefasst: „Viele Menschen bauen eine Mauer um sich herum auf, um niemanden in ihr Herz oder ihre Seele blicken zu lassen [...]. Für Hunde sind die Mauern wie seidige Vorhänge, durch die man nur hindurchzugehen braucht."

In der Arbeit mit meiner Hündin Nola habe ich bereits viele dieser Seidenvorhang-Momente erlebt. Die Wirkung des Tieres in Gesprächen mit Kindern und Jugendlichen begeistert mich immer wieder. **Wie wir alle sind auch Kinder und Jugendliche sehr gut darin, die Fassade aufrechtzuerhalten und bauen zum Schutz Mauern um ihre Seele und ihr Herz. Tiere können diese Mauern durchbrechen, Türen öffnen und dabei helfen, die verletzte Seele zu heilen.** Bei *Zoey* kommen neben meiner Hündin auch Pferde zum Einsatz. In der freien Begegnung auf der Koppel können Ängste abgebaut, neuer Mut geschöpft und Potenziale freigesetzt werden.

STALLLUFT, STROHBALLEN UND NEUANFÄNGE

Um die Art des Coachings besser verstehen zu können, möchte ich von Lisa erzählen. Ich kenne sie aus der Schule und hatte die Möglichkeit, tiergestützt mit Lisa zu arbeiten. Lisa ist 16 Jahre alt und hat bereits eine lange Krankheits- und Leidenszeit hinter sich. Mit zwölf war sie nicht mehr in der Lage dazu, morgens aufzustehen und in die Schule zu gehen. Zunächst handelte es sich „nur" um eine Schulverweigerung.

Die Gründe dafür waren für Eltern und Lehrkräfte nicht nachvollziehbar. Nachdem sie zu viele Fehltage hatte, musste sie das Gymnasium verlassen.

In der neuen Schule schien es zunächst besser zu werden. Nach ein paar Wochen traten schulverweigernde Verhaltensweisen erneut auf. Mit der Zeit wurde deutlich, dass nicht die Schule der Grund für die Verweigerung war, sondern psychische Probleme dahintersteckten. Nach einer Wartezeit von sechs Monaten bekam Lisa einen Platz für einen stationären Klinikaufenthalt. Dort wurden bei ihr eine Depression und eine Angststörung diagnostiziert. Durch die gute Arbeit des Klinikpersonals konnte Lisa zahlreiche Skills (Methoden) erlernen, die ihr dabei helfen sollten, im Alltag mit den Folgen der psychischen Erkrankungen gut klarzukommen.

Zunächst war bei Lisa eine positive Entwicklung erkennbar. Sie hatte das Glück, nach dem Klinikaufenthalt durch eine ambulante Nachsorge unterstützt zu werden. Vor einem halben Jahr entschied sie sich dazu, ohne Therapeutin weiterzumachen. Sie schien stark genug und fühlte sich aufgrund der erlernten Skills in der Lage, die Herausforderungen des Alltags zu bewältigen. Auf den steigenden Leistungsdruck in der Schule reagierte Lisas Körper jedoch immer wieder mit Panikattacken. Die Angstreaktionen waren nicht neu für Lisa, die erlernten Skills zeigten allerdings keine Wirkung mehr. Das Schlimme an der Angst ist die Angst vor der Angst. Und so begann auch Lisa, immer häufiger Rückschritte zu machen. Als Lisa zu mir kam, war sie frustriert und hoffnungslos. Sie stand auf sämtlichen Wartelisten der Kinder- und Jugendtherapeuten in der Umgebung und musste mit einer Wartezeit von bis zu drei Jahren rechnen. Wie soll ein junger Mensch mit so einer Perspektive hoffnungsvoll in die Zukunft schauen?

Um Lisas aktuelles Befinden besser einschätzen zu können, bat ich sie zu Beginn des Termins, eine Skalierung zu machen: „Auf einer Skala von Null (es geht nicht mehr schlimmer) bis Zehn (mein Leben ist perfekt) – wo würdest du dich gerade einordnen?“ Lisa überlegte kurz und sagte: „Jetzt, wo ich hier bei dir bin, würde ich mich bei einer Fünf einordnen. Davor war es eher eine Drei.“ Wir sprachen noch eine Weile über die Dinge, die in der Vergangenheit hilfreich für sie gewesen waren. Als sie sagte, dass alle Skills, die ihr sonst halfen, ihre positive Wirkung verloren hatten, gingen wir in den Stall. Ich wollte im Erstkontakt mit dem Tier sehen, wie sie reagieren würde, um das weitere Vorgehen besser planen zu können. Lisa lief mit mir durch die Stallgasse. Sie atmete tief ein und betonte, dass bereits der Geruch eine beruhigende Wirkung auf sie hatte. **In der Box schloss sie die Augen und fokussierte sich auf die Geräusche im Stall: Gleichmäßiges Kauen der Tiere, Schnauben, raschelndes Stroh. Lisa streichelte das Pferd und alle Last schien in diesem Augenblick von ihr abgefallen zu sein. Dieser Moment berührt mich jedes Mal aufs Neue. Zerbrochene Kinderseelen, die plötzlich wieder anfangen, neuen Mut zu schöpfen.** Das spiegelt sich in ihrer Körpersprache, ihren Augen, ihrer gesamten Ausstrahlung wider. Lisas Skalierung am Ende des Termins drückt meine Beobachtungen in Zahlen aus und bestätigt sie damit: Ihr individuelles Empfinden war nach zehn Minuten Stallzeit von einer Fünf auf eine Acht(!) gestiegen.

Der Besuch im Stall ist also die Grundlage für einen Neubeginn. Hier können positive Emotionen wie Freude, Zuneigung und Verbundenheit verknüpft und über das Coaching in den Alltag übertragen werden. Nach dem Stallbesuch war Lisa so gestärkt, dass sie sich sicher genug fühlte, am Unterricht ihres „Angstlehrers“ teilzunehmen.

STÄRKEN IM SCHEINWERFERLICHT BETRACHTEN

Diese Begegnung hat mich nachhaltig beeindruckt. Ein Mädchen, das völlig niedergeschlagen und hoffnungslos in mein Büro kam, kann durch positive Erlebnisse in der Gegenwart des Pferdes neuen Mut schöpfen. Natürlich ist Veränderung immer mit einem länger andauernden Prozess verbunden. Das Tier ermöglicht es Kindern und Jugendlichen, ihre Diagnosen und Herausforderungen für einen Moment zu vergessen und davon befreit Schritte vorwärtszugehen.

Gott hat unseren Körper und unsere Psyche faszinierend erschaffen! Unsere Wahrnehmung ist wie ein Suchscheinwerfer: Die Dinge, die im Scheinwerferlicht stehen, sind in unseren Gedanken und Empfindungen im Fokus. Alles andere verschwindet in der Dunkelheit und gerät in den Hintergrund. **Oft stehen die Probleme im Fokus des Scheinwerfers, wodurch die Kinder und Jugendlichen ihre vorhandenen Ressourcen und Fähigkeiten gar nicht mehr erkennen können. Bei Zoey wird deshalb der Blick auf die Stärken, Fähigkeiten und Ressourcen der Kinder und Jugendlichen gelenkt.** Ich bin davon überzeugt, dass, egal welche Diagnose im Raum steht, immer nur ein Teil des Menschen erkrankt ist und in jedem Menschen unglaublich viel Potenzial vorhanden ist, Veränderung hervorzurufen.

In der Resilienzforschung spielt auch der Glaube eine wichtige Rolle, um Stärkung und Hoffnung zu erfahren. Gott ist derjenige, der ein Leben in Freiheit schenkt und in jeden Menschen Gaben hineingelegt hat. Manchmal brauchen Menschen die Unterstützung von anderen, um diese zu entdecken. Junge Menschen haben ihre gesamte Zukunft noch vor sich. *Zoey* möchte sie durch tiergestütztes Coaching dazu befähigen, ihr Leben in die Hand zu nehmen, ihr Potential zu entfalten und mutig Schritte zu gehen.

VERTRAUENSVOLLE SCHRITTE WAGEN

Bis es so weit ist, gibt es noch einige Hürden zu bewältigen. *Zoey* steht noch ganz am Anfang. Das Konzept ist fertig und die Bilder in meinem Kopf sehr präzise. Im Moment dreht sich alles um die Vereinsgründung und Akquise von Fördergeldern. Ziel ist es, das Coaching über Spenden- und Fördergelder zu finanzieren, um es für alle Kinder und Jugendlichen kostenfrei anbieten zu können. Für mich persönlich heißt das: Raus aus der Komfortzone eines sicheren Gehalts in der Schulsozialarbeit und rein in eine gemeinnützige Organisation, die abhängig ist von der Freigiebigkeit anderer Menschen. Es fühlt sich im Moment so an, als ob ich wie Petrus auf dem Wasser laufe. Die Wellen sind hoch, die Folgen des nächsten Schrittes nicht abzusehen. Ich könnte jeden Moment untergehen. Manchmal denke ich, ich gehe lieber wieder zurück ins Boot. Da bin ich sicher. Ich mache doch auch jetzt schon einen guten und sinnvollen Job. Reicht das denn nicht aus, um ein gutes Leben zu führen?

Doch, es reicht aus, aber es ist nicht das, was Gott sich von mir wünscht. Also gehe ich weiter. Einen Schritt nach dem anderen. Mit dem Blick auf Jesus gerichtet, der mir immer wieder verspricht: „Ich bin bei dir! Du hast alles, was du brauchst. Vertraue mir!“

TRÄUMEN
Epheserbrief 4.5

DRANBLEIBEN UND ÜBERFLIESSEN

Marion Koch

Ich wusste nicht genau, was mich erwartet, als ich die Nummer des *Samuel Koch und Freunde e.V.* anrief. Doch ich musste nicht lange warten, bis sich am anderen Ende eine freundliche Stimme mit dem Namen Koch vorstellte. Marion hörte meinem Anliegen gespannt zu und begann, mir mit Herzenswärme und Euphorie von ihrem Tun zu erzählen. Wenige Wochen nach diesem inspirierenden Telefonat habe ich sie dann persönlich kennengelernt. Sie wirkt bescheiden und hat mich mit ihrer selbstlosen Art, die sie kontinuierlich abstreitet, noch einmal mehr beeindruckt. Ihre Lebenserfahrung und die Bereitschaft anzupacken, wo Hilfe benötigt wird, prägen ihre Geschichte:

Wir schauen aus dem Fenster des Kreissaals. Unten steht mein Mann mit Alex im Rollstuhl. Alex ermutigt seine Frau, die mit Wehen neben mir sitzt. Ich kenne Alla zu diesem Zeitpunkt seit knapp einem Monat. Wir haben sie und ihren Mann aus der Ukraine evakuiert. Alla ist blind und ihr Mann Alex ist gehbehindert. Nachdem sie sich selbst nach Kriegsbeginn nicht in Sicherheit bringen konnten, haben einige Helfer sich zum Ziel gesetzt, denen zu helfen, die sich selbst nicht helfen können.

WIE BIN ICH HIER GELANDET?

Mit meinem Mann Christoph wohne ich im Dreiländereck an den Grenzen zur Schweiz und Frankreich. Unser Haus liegt abgelegen. Hier begleiteten wir unsere vier Kinder durch eine sportliche und bewahrte Kindheit. Inzwischen sind alle erwachsen. Der Weg, den wir als Familie gemeinsam finden mussten, wurde durch den 4. Dezember 2010 geprägt. Dieser Tag teilte unser aller Leben in „vor dem Unfall“ und „nach dem Unfall“. Unser Sohn Samuel verletzte sich bei der Sendung *Wetten, dass…?!* und ist seither vom Hals ab gelähmt. In der Zeit danach war unser Alltag von Ratlosigkeit, Hoffnung, einem Gefühl der Ohnmacht, aber auch mit der starken Gewissheit des „Getragen Seins" erfüllt. **Unser Glaube wurde auf unterschiedlichste Weise auf die Probe gestellt, doch niemals kam er uns abhanden. Jeder von uns musste seinen Platz in der neuen Realität finden.** Allen voran Samuel selbst.

Wir bewunderten in dieser Zeit besonders, wie er sich nicht mit dem Status Quo zufriedengab und gleichzeitig doch zufrieden war. Samuel nahm sein Studium in Hannover wieder auf. Ein Professor machte ihm trotz großer Selbstzweifel klar, dass sie ihn unter 1200 Bewerbern nicht nur wegen seiner Körperlichkeit, sondern wegen seiner fachlichen Eignung zum Studium zugelassen hatten. Was als Experiment begann, endete mit einem staatlich anerkannten Diplom als Schauspieler. Jedes Mal, wenn der Satz „Das geht nicht!" fiel, versetzte Samuel diese Grenze ein Stück weiter zum „also doch Machbaren".

NICHT NUR ZUSEHEN, SONDERN ANPACKEN

Als Krankenschwester war es für mich eine logische Konsequenz der neuen Umstände nach dem Unfall, mich um alle pflegerischen und medizinischen Belange zu kümmern. Ich machte eine Zusatzausbildung und bin seitdem die Speerspitze seines Pflege- bzw. Assistententeams. Das bedeutet: Anlernen von neuen Mitarbeitern, Hilfsmittel organisieren, Behinderten- und Parkausweise beantragen und weitere solche Dinge.

Warum erzähle ich das?

Nachrichten unzähliger frisch Verletzter mit Samuels Krankheitsbild landen seitdem auf irgendeine Weise in unserem Mail-Briefkasten oder direkt am anderen Ende der Telefonleitung. Meist überbracht vom Umfeld der Betroffenen, durch Schwestern, Papas, Omas, Onkels, Klassenkameraden, Physiotherapeuten, gute Freunde …

Sie alle sind unsicher und verängstigt. Oft bitten sie um Hilfe, zum Beispiel beim Beantragen eines Treppenlifts oder einer Rollstuhlrampe, beim Auswählen des passenden Pflegedienstes oder Ermitteln eines geeigneten Therapeuten. Und manchmal müssen sie einfach auch nur einmal abkotzen über Krankenkassen oder Behörden. Auch familiäre Disharmonien kommen zum Teil schon beim ersten Gespräch auf den Tisch. Eine stetige Überforderung ist dabei immer offensichtlich. Die Hilfesuchenden erhoffen sich von einem Kontakt mit Samuel die Lösung ihrer Probleme.

Ohne den heilenden Zusammenhalt von Familie und Freunden sowie wirklich wertschätzende Menschen im eigenen Umfeld, ist eine Zukunft für Menschen mit körperlicher Behinderung nicht möglich. Es gibt in unserem gut aufgestellten Sozialstaat und Gesundheitssystem viele hilfreiche Angebote für akut Betroffene. Aber eine Lücke klafft, wenn es um die Unterstützung von pflegenden Angehörigen und den betroffenen Familien geht.

Und genau hierfür haben wir den *Samuel Koch und Freunde e.V.* gegründet. **Der Verein steht Menschen bei, die anderen Menschen in Notlagen zur Seite stehen und sich dabei selbst verausgaben.** Wir wünschen uns, dass diese Menschen wieder neuen Mut, Kraft und Hoffnung schöpfen können.

Aus unserer Vereinsgründung entstand ein Netzwerk und wir konnten unserer Vision, „Helfenden zu helfen", mit großen Schritten näherkommen. Wir erleben eine große Dankbarkeit von Familien, die froh sind, dass jemand sich ihrer Anliegen annimmt und ihnen das Gefühl schenkt, gesehen zu werden.

Wir haben uns zum Ziel gesetzt, eine Wohlfühl- und Freizeitanlage für Angehörige und Betroffene zu errichten. Darin soll es Kunst-, Kultur- und Urlaubsangebote, Werkstätten,

Physiotherapie, Begegnung und Beratung geben. Außerdem möchten wir ein Netzwerk für Helfende und Hilfesuchende etablieren, in dem ein Erfahrungsaustausch von Betroffenen stattfinden kann, individuelle Hilfe vor Ort anbieten und wir planen eine Rollstuhl-Pannenhilfe. Und als letztes Ziel möchten wir ein Kompetenzzentrum errichten, in dem Seelsorge, Fachtage, Informations- und Fortbildungsveranstaltungen einen Platz finden und mögliche Ansprechpartner vermittelt werden können.

Durch Samuels Unfall haben wir die Möglichkeit, den Scheinwerfer der Öffentlichkeit zu nutzen, um das Licht auch auf andere belastende Lebenssituationen zu richten, wie ich im Folgenden erzählen möchte.

DER PHÖNIX

Samuels Bekanntheitsgrad wurde so hoch, dass er von *Pro Sieben* zu der Sendung *The Masked Singer* eingeladen wurde. Eine Show, in der verkleidete Prominente ihren Gesang unter Beweis stellen. Die Kostüme verhindern, dass man die berühmte Person darunter erkennen kann. Eine Jury beratschlagt, welche bekannte Persönlichkeit sich hinter der Maske versteckt. Damit die neugierigen Reporter das Ganze nicht schon bei der Anreise aufdecken können, muss jeder der Gäste in einem „anonymen Auto" anreisen. Weder Aussehen noch Kennzeichen dürfen Aufschluss über die Identität der Person geben. In unserem Fall musste das Auto zusätzlich barrierefrei sein. Ein Transporter wurde extra für die Show so ausgestattet, dass der Plan gelingen konnte. Samuel hatte ein unfassbar strahlendes Kostüm. Er verkleidete sich als Vogel mit weiten Flügeln und glitzernden Federn. Ein Phönix, der aus der Asche steigt.

WIR HOLEN EUCH DA RAUS

Wenige Wochen nach der Aufzeichnung der Sendung begann der Krieg zwischen Russland und der Ukraine. Tausende Ukrainer retteten sich und suchten Obhut außerhalb der Landesgrenzen. Doch zahlreiche Menschen hatten keine Chance, sich selbst aus den Kriegsgebieten zu bergen. Menschen mit körperlicher Behinderung sind darauf angewiesen, Hilfe von außen zu bekommen. **Wir konnten nicht tatenlos zusehen, wie Hilfsbedürftige keine Möglichkeit hatten, sich in Sicherheit zu bringen. Wir brauchten barrierefreie Transporter, um in den Kriegsgebieten Hilfe anbieten zu können.** Und hier schließt sich der Kreis.

Am zweiten Tag nach Kriegsbeginn formierte sich an der Grenze zu Polen ein Konvoi, bestehend aus Fahrzeugen der *Evangelischen Allianz*, des Autohauses *Sodermanns*, einem Sprinter von einem Freund aus London und unserem „Phönix-Transporter". Nur weil Samuel den barrierefreien Transporter für die Fernseh-Show benötigt hatte, konnten wir nun so schnell reagieren und hatten in wenigen Tagen, dank vieler Fahrer, zahlreiche Menschen mit Behinderung aus den Kriegsgebieten retten können. Der Phönix, der aus der Asche steigt, wurde für uns zum Sinnbild für die Arbeit mit den ukrainischen Familien. Ich habe passend dazu eine Phönix-Brosche geschenkt bekommen, die ich von Herzen gerne trage.

Beim täglichen Angehen von Problemen hilft mir das Vertrauen in Jesus, der die Geschichte vom Ende her betrachtet.

DER ALLTAG MIT UNSEREN NEUEN FREUNDEN

Die Kultur der Familien, die mit uns nach Deutschland gekommen sind, ist einmalig. Sie singen Lieder und teilen Alltag auf eine ganz besondere Weise – und wir sind mittendrin. Als mich eine blinde Frau im Alter meiner Tochter bat, sie zur Geburt ins Krankenhaus zu begleiten, sagte ich ihr im April 2022 trotz großer Aufregung wie selbstverständlich zu. Alla nannte ihre wunderschöne Tochter Anuschka mit zweitem Namen Marion – was für ein Privileg, sie zu begleiten!

So teile ich mein Leben mit meinem Mann, unseren wundervollen Kindern und vielen mir anvertrauten Menschen. Manche begleite ich nur ein Stück des Weges und andere sind lebenslange Weggefährten. Bei allem Denken und Tun habe ich ein „Sinnbild", welches mich immer wieder daran erinnert, warum und wie ich Kraft schöpfen kann. Dieses Bild habe ich aus dem Gedicht „Der alte Brunnen" von Artur Kleemann, auf welches ich mal gestoßen bin.

Zu meinem 60. Geburtstag wünschte ich mir dann einen römischen Brunnen, an dem ich mich nun jeden Morgen erfreue. Er stellt mir die Motivation für mein Handeln jeden Morgen von meinem Küchenfenster aus sichtbar vor Augen. Im Anschluss wurde das Gedicht abgedruckt, und ich würde mich freuen, wenn es auch dich ermutigt, Brunnen und nicht Quelle zu sein. **Wir müssen nicht selbst eine Quelle sein, sondern werden von der nie versiegenden Quelle gefüllt!**

Der alte Brunnen spendet leise
sein Wasser täglich gleicherweise.
Wie segensreich ist doch solch Leben:
Nur immer geben, immer geben!

Mein Leben sollt dem Brunnen gleichen,
ich leb, um andern darzureichen.
Doch geben, geben alle Tage …
„Sag, Brunnen, wird dir's nie zur Plage?"

Da sagt er mir als Jochgeselle:
„Ich bin ja Brunnen nur, nicht Quelle!
Mir fließt es zu, ich geb nur weiter,
drum klingt mein Plätschern froh und heiter."

Nun leb ich nach des Brunnens Weise,
zieh stille meine Segenskreise.
Was mir von Christo fließt ins Leben,
das kann ich mühlos weitergeben.

Artur Kleemann[8]

Von
LIEBE
bewegt

Mit allen Eindrücken und neuen Erkenntnissen komme ich nun bei der letzten Person meiner Reise an. Mein Kopf ist schon recht voll. Nichtsdestotrotz freue ich mich nun, den Abschluss meiner Tour bei einem Gläschen Wein und Antipasti ausklingen zu lassen. Ich parke mein Auto ein letztes Mal, hänge mir meine Ledertasche noch mal um und laufe die gepflasterte Straße in Richtung seiner Adresse. Seit ein paar Jahren wohnt er hier in einem alten Fachwerkhaus direkt am Marktplatz. Auf dem Weg in Richtung Haustür komme ich an einem Brunnen vorbei und muss dabei an Marion denken. Ich betätige die Klingel und bin gespannt, was ich auf dem letzten Sofa meiner Reise von einem Mann hören werde, der unfassbar viel bewegt hat. Ich möchte von ihm erfahren, was sein Beweggrund ist, zu handeln, und warum er nicht lockergelassen hat, sondern drangeblieben ist, auch wenn Widerstände da waren.

Durch die kleine Küche komme ich in ein gemütliches Wohnzimmer. Eine graue Eckcouch mit vielen Decken und Kissen ist genau das, was ich jetzt brauche. Wir nehmen Platz und die gleiche Neugier wie bei den letzten Gesprächen packt mich wieder. Ich stelle ein Glas Wein auf den Couchtisch vor mir und lege mein Notizbuch daneben, falte meine Hände in meinem Schoss und höre ihm zu:

DER TRAUM RAUSZUGEHEN

Ich bin in einem kleinen Dorf aufgewachsen, in dem sich alle Leute kannten. Und obwohl ich es dort eigentlich mochte, war mir klar, dass ich nicht fürs Dorfleben geboren bin. Sehr zum Leidwesen meiner Mutter war ich schon früh sehr aktiv. In meinen Jugendjahren habe ich mich immer mehr für Politik und Kirche interessiert und wusste schon bald, dass meine Berufung irgendwo in diesem Gebiet sein würde.

Ich wollte zwei Dinge: Ganz praktisch anpacken und Veränderung vorantreiben. **Ich wollte Menschen zeigen, wie sie den Plan Gottes für ihr Leben besser verstehen und seine Liebe neu begreifen können.** Und so bin ich nach meiner Ausbildung direkt in den Missionsdienst eingestiegen. Das, was mich dann erwartet hat, war für mich eine der prägendsten Zeiten meines Lebens. Ich hatte es schon immer auf dem Herzen, für die da zu sein, die ausgegrenzt wurden. Menschen, die aus den unterschiedlichsten Gründen nicht in das Idealdenken gepasst haben. Dabei sind genau diese Leute an Herzlichkeit oftmals kaum zu übertreffen. Und außerdem, was ist schon ideal oder normal? Ich liebe die Vielseitigkeit der Menschheit!

NEUE PERSPEKTIVEN SCHENKEN

Das, was mich in dieser Zeit mit am meisten beschäftigte, war die Tatsache, dass es zwar viele Menschen gab, die Hilfe benötigten, aber kaum jemanden, der Hilfe anbot. Die Familienstrukturen waren zwar stark, wurde jedoch jemand ausgeschlossen und war somit auf sich allein gestellt, hatte er keine Perspektive. **Diese Perspektivlosigkeit ergriff mein Herz. So kümmerte ich mich intensiv um Kranke, Obdachlose, Menschen in Armut und um die, die hoffnungslos in ihrer Situation feststeckten.** Diese Situationen hatten die unterschiedlichsten Gründe: Einmal war ich bei einem Mann zu Gast, der sehr darunter litt, von der Gesellschaft gemieden zu werden. Keiner vertraute ihm, weil rauskam, dass er Steuern hinterzogen hatte. Wo er hinkam, erlebte er Misstrauen. Ich wollte trotzdem einen Abend in Gemeinschaft mit ihm verbringen, um ihn näher kennenzulernen. Schließlich hat jeder Mensch seine eigene Geschichte und seine Gründe, warum er so handelt, wie er es tut. Am Anfang des Abends war die Distanz noch groß zwischen uns. **Aber die Gespräche**

gingen wirklich in die Tiefe und am Ende war mir wieder einmal bewusst, dass Menschen Vergebung brauchen. Jeder Mensch hat seine ganz eigenen Kämpfe zu kämpfen.

Egal, wo mein Dienst mich hinführte, es gab immer genug zu tun. Ich wusste, ich war von Gott berufen, genau dort zu dienen. Noch immer schlägt mein Herz für die, die nirgends einen Platz finden.

LIEBE DEINEN MITMENSCHEN WIE DICH SELBST

Da ich mit ein paar anderen Leuten unterwegs war, um Veränderung in kirchliche Strukturen zu bringen, hatte ich mit frommen Leuten aus den unterschiedlichsten Kreisen zu tun. Jede Denomination hatte ihre Argumente für die Richtigkeit ihrer Meinung und diese teils auf lange Traditionen gestützt. Ich suchte Menschen, die bereit waren, ihre Tür für alle zu öffnen und nicht nur für die, die eben „dem Ideal" entsprachen. Ich führte hunderte Gespräche und Diskussionen und lief leider oft gegen zugenagelte Türen. Dabei hatten es doch gerade fromme Leute auf dem Herzen, den Schwachen zu helfen – das dachte ich zumindest. Der Wunsch nach Veränderung wurde von religiösen Strukturen jedoch häufig aufgehalten.

Ich habe oft das Gefühl, dass das heute immer noch der Fall ist. **Wir arbeiten mehr an der Tonqualität auf der Bühne als an dem Ton, der zwischenmenschlich herrscht.** Und heute wie damals sehne ich mich danach, dass Kranken, Menschen in Armut und Hoffnungslosen, also denen, die gebrochen sind, mit bedingungsloser Liebe begegnet wird. Für diese Liebe lohnt es sich, auch mal laut zu sein, Strukturen zu hinterfragen und aktiv zu werden.

Viele fragen mich, was ich tun würde, wäre ich heute an ihrer Stelle. Nun, ich würde lieben. In jede dunkle Ecke ein

Licht bringen und zwischenmenschliche Mauern einreißen. Ich würde in meinem Umfeld ganz praktisch dort anpacken, wo Hilfe gebraucht wird. Und ich würde zuhören, ganz viel zuhören. **Meine Füße würden losgehen, meine Augen hinsehen und mit Liebe würde ich dranbleiben. Und um genau das tun zu können, lasse ich damals wie heute mein Herz von der Not der Welt so stark bewegen, als wäre ich selbst an der Stelle der Notleidenden.**

Und wie damals, als mich ein religiöser Mann nach dem ewigen Leben gefragt hat, würde ich auch heute wieder auf das verweisen, was mein Vater den Menschen schon vor langer Zeit aufgetragen hat:

„Du sollst den Herrn, deinen Gott,
lieben aus deinem ganzen Herzen und mit deiner
ganzen Seele und mit deiner ganzen Kraft und mit deinem
ganzen Verstand und deinen Nächsten wie dich selbst.“
(Lukas 10,27 ELB)

Ich will jedem sagen: Liebe, weil ich dich zuerst geliebt habe.

Ich werde bei dir sein, bei jedem Schritt, den du auf andere zugehst. Ich sehe dich, wo immer du Menschen mit Liebe ansiehst. Ich bleibe an dir dran und freue mich von Herzen, wenn du ebenfalls an anderen Menschen dranbleibst.

„Amen“, sagte ich und hebe meinen Kopf. Meine Hände lagen nach dem Gebet immer noch gefaltet in meinem Schoß, der Wein und das Notizbuch vor mir auf dem Couchtisch. Ich lächelte eine Weile und schaute mich in meinem Wohnzimmer in dem alten Fachwerkhaus am Marktplatz, meiner Heimat, um. Ich war angekommen.

ANKOM

Ankommen beim Ursprung

Egal, welchen Weg ich gehe oder gegangen bin, Jesus ist vor mir hergegangen. Nach all den Etappen sinkt diese Wahrheit tief in mein Herz.

Als wen betrachtest du Jesus? Egal, ob du dich in einem tiefen Glauben oder einer „Ich habe nichts gegen ihn"-Stimmung befindest, ob du ihn als historische Person oder als einen dich begleitenden Gott wahrnimmst, eines steht fest: **Er war vor uns allen hier auf der Erde und hat für alle Zeit sein Herz in dieser „10/33 Tiefe" berühren lassen, um unsere Herzen zu retten.** Sein Blick auf Menschen ist uns Vorbild und Wegweiser. Und ein Schild auf diesem Weg sind seine Gleichnisse. Geschichten, die wir als „oft gehört" abstempeln, die aber revolutionäres Potenzial besitzen. Eine Welle der Nächstenliebe würde losbrechen, wenn wir, nicht nur allein, sondern alle gemeinsam, unsere Herzen von der Not um uns herum bewegen ließen.

Was würde Jesus tun? Vielleicht ist das eine Frage, die du nicht zum ersten Mal hörst. Ich will sie dir heute trotzdem noch mal ehrlich stellen. Stell dir mal vor, jeder Worshipsong, in dem wir singen, dass wir Jesus ähnlicher werden wollen, hätte barmherziges Handeln als logische Konsequenz. Wie lebensverändernd wäre das?!

So viel über Aussagen der Bibel auch diskutiert wird, über eine Legitimation von Nächstenliebe ist keine Debatte notwendig. Und obwohl wir oft meinen, dass Glaube eine Kopfsache und eine Verständnisfrage ist, zeigt er sich erst so richtig „in den Füßen". Denn Glaube entsteht in Bewegung.

Eine tiefe Liebe für den praktischen, innovativen Gott breitet sich in mir aus. **Rückblickend erkenne ich nun in all den Menschen, die mir und nun auch dir einen Einblick in ihr Leben und Handeln gegeben haben, einen Teil von Jesus selbst.**

Ich wünsche mir so sehr, dass wir nicht aufhören, unperfekte Gemeinschaft, ehrliche Beziehungen und eine handelnde Kirche zu bauen und zu leben. Dann werden immer mehr zuckende Schultern zu helfenden Händen. Viele meiner Aussagen gründen sich darauf, dass ich glaube. Durch diese Reise wurde mir nicht nur klar, *dass* ich glaube, sondern auch *was* ich glaube:

Ich glaube fest, Jesus würde Familien in Bayern in Kirche integrieren,
jederzeit seine Koffer packen, um Reich Gottes zu bauen,
in Erfurt Rieth mit Kindern spielen,
in Dresden auf Ledersofas sitzen und die Verletzungen der Vergangenheit heilen,
im Asylheim Brücken bauen
und einen Triathlon hinlegen, um Jugendliche zu unterstützen.
Auf einer Onkologie-Station würde er Eltern und Kinder begleiten,
unerwünschte Kinder in Hamburg lieben,
sich für Frauen stark machen,
eine starke Schulter für Eltern mit Fehlgeburten sein
und Obdachlosen auf Augenhöhe begegnen.
Seine Stimme würde er gegen Rassismus erheben,
er würde die Modebranche aufrütteln,

neue Ideen umsetzen, um Licht ins Dunkle zu bringen
und Menschen mit Behinderung unterstützen.
Sein Herz bricht für kaputte Eltern-Kind-Beziehungen,
Menschen mit psychischen Erkrankungen gibt er die Hand
und kämpft für Freiheit und gegen Pornographie-Sucht.
Er würde mit aller Kraft für Inklusion einstehen,
im Tonstudio Jugendlichen die Tür öffnen,
Ehepaare unterstützen und anfeuern,
Betroffene von Menschenhandel begleiten und wieder aufrichten,
Jugendliche mit psychischen Erkrankungen in seine Arme schließen
und Menschen mit körperlicher Behinderung und ihren Angehörigen Hoffnung schenken.

Meine „10/33 Lifehacks“

Wir nähern uns jetzt dem Buchrücken. Danke, dass du dich auf diese Reise eingelassen und mich auf ihr begleitet hast! Ich wünsche mir, dass sie dir genauso viele „Gedanken-Fotoalbums-Momente“ beschert hat wie mir.

Bevor sich unsere Wege nun trennen und du dich mit deinem Koffer auf deinen eigenen Weg aufmachst, möchte ich dir noch drei „10/33 Lifehacks“ mitgeben. **Wenn ich mal wieder mehr Wände als Wege sehe, helfen mir diese drei Tricks, mich wieder auf das Mögliche zu fokussieren.** Der Weg, der vor dir liegt, wird vielleicht kein Spaziergang werden. Vielleicht wirst du dich fragen, ob es überhaupt möglich ist, einen Unterschied zu machen. Dein Ziel wird dir eventuell öfter so fern vorkommen, dass du mehr Gründe dagegen findest als dafür. Doch es lohnt sich so sehr, trotzdem dranzubleiben! Mit diesen „Trotzdem-Hacks“ wünsche ich dir einen genialen Start in dein *10/33-Leben*!

~~1. Wand: Aus Liebe retten lohnt sich nicht~~

LOSGEHEN HEISST, SICH SELBST **BEWUSST SEIN**

Sich selbst bewusst zu sein, bedeutet, seine eigene Identität zu kennen. Denn dein Sein bedingt dein Tun. Doch warum sind wir?

Die Antwort auf diese Frage zeigt uns einen Umgang mit der ersten Wand, die wir zum Beginn dieses Buches kennengelernt haben: der bedingungslosen Liebe und ihrer Unmöglichkeit. Wir erinnern uns: Unsere Liebe kann nicht einfach aus dem Nichts beginnen und gleichzeitig sollten wir doch vor allem die Menschen „einfach so lieben", von denen wir selten spürbare Liebe zurückbekommen werden.

Sei dir selbst bewusst, bevor du losgehst. Schau dir deine Hände an, deinen Körper und dein ganzes Wesen. Du bist geschaffen – und zwar wunderbar! Und das heißt, dass du zuerst geliebt wurdest. Die Auswirkungen und der Perspektivwechsel, die damit für unser Handeln entstehen, sind entscheidend. Wenn ich zuerst geliebt wurde, besteht schon seit Ewigkeiten eine sichere, beständige Liebe mir gegenüber. **Meine Liebe muss gar nicht auf menschliche Liebe warten, um *agieren* zu können. Und dennoch *reagiert* sie in ihrer Aktion, nämlich auf die Liebe des Schöpfers mit Liebe zum Schöpfer, zur Schöpfung und zum Geschöpf.**

Ich habe am Anfang gefragt, wer die erste Hand reicht. Gott selbst tut das. Aber was ist mit Menschen, die sich nicht als von Gott geschaffen fühlen? Es gibt schließlich genug Organisationen, die Gutes tun, ohne den christlichen Glauben als ihr Fundament zu betrachten.

Für mich macht folgende Überlegung Sinn: Nur weil du dich nicht von Gott geschaffen fühlst, heißt das nicht, dass du es nicht bist. Ab dem Zeitpunkt deiner Existenz bist du gewollt – daran glaube ich fest. **Und weil wir gewollt sind, können wir anderen zeigen, dass sie gewollt sind.**

Und selbst, wenn manche auch außerhalb des Glaubens die moralische Rechnung eines „good will" finden können, bin ich der Meinung: Dem Universum sind wir relativ egal, die Natur wächst ohne uns und für den Planeten sind wir meistens eher hinderlich als förderlich. Nur Gott selbst wollte uns aus Liebe und gibt unserem Sein eine Identität. Schlussendlich sind wir, egal, wie viel wir bewegen, immer noch zu einem Teil unseres Seins ein kleines Mädchen oder ein kleiner Junge, die einfach nur geliebt werden wollen. Selbstbewusst losgehen und andere lieben kann ich also dann, wenn ich mich selbst – bedingungslos! – geliebt weiß.

„Die Würde des Menschen ist unantastbar" ist ein Grundsatz unseres Rechtssystems – der Glaube gibt ihm aber erst seinen Ursprung. Immer wenn du einem Menschen mit Liebe begegnest und seine Würde anerkennst, kannst du dich daran erinnern, selbst geliebt und würdevoll zu sein. Probier's gerne aus.

„Wenn sie entdecken, wie einzigartig Sie sind,
gehen Ihnen plötzlich auch die Augen auf,
wie einzigartig der andere ist."
Henri J.M. Nouwen

~~2. Wand: Die Welt kann uns nicht retten~~

HINSEHEN HEISST HOFFNUNGSBEKENNTNIS

Wir sind der Dualität der Menschheit unterlegen und können weder Leben noch Tod final beeinflussen. Das ist, so oft auch schon versucht wurde, es zu widerlegen, ein Fakt. Trotzdem sind wir berufen hinzusehen. Also genau dazu, was den beiden Gottesmännern im Gleichnis vom barmherzigen Samariter so schwergefallen ist.

Sich selbst bewusst zu sein und seine in Gottes Liebe begründete Identität zu kennen, bedeutet folglich auch, sich seiner Verantwortung, Ressourcen, Möglichkeiten und Grenzen bewusst zu sein. **Ich wünsche mir, dass wir mutig werden, der Dualität der Menschheit zu zeigen, was es bedeutet, Christ zu sein. Denn wenn wir in den Nachrichten Kriegsberichte in Dauerschleife hören und uns fragen, worauf wir**

überhaupt noch hoffen können, greift die Hoffnungsperspektive Jesu. Er war dieser eine Mensch, der der Dualität der Welt nicht unterlegen war. Der Kern des christlichen Glaubens steht der Macht dieser Wand noch viel mächtiger entgegen: Jesus trat in genau diese Spannung zwischen Leben und Tod hinein und hat den Tod besiegt. Wenn Gott für uns ist, wer kann dann noch gegen uns sein – richtig?

Diese Hoffnung, gepaart mit der bedingungslosen Liebe, setzt eine unfassbare Dynamik in Gang. Die Liebe treibt die Furcht aus und schmeißt sie aus dem Ring. Und ohne die Furcht ist es eine logische Konsequenz, dass wir Missständen furchtlos begegnen und in Liebe handeln. Es klingt fast verrückt, doch es stimmt. Nehmen wir unseren Glauben an einen lebendigen Gott ernst, gibt es absolut keinen Grund, nicht sofort zu handeln! Diese Befähigung können wir mit gesundem Stolz tragen, denn es hat Stärke, Christ zu sein!

~~3. Wand: Wir können nicht die ganze Welt retten~~

DRANBLEIBEN HEISST STANDORTBESTIMMUNG

Nachdem du dir deiner selbst und deiner hoffnungsspendenden Kraft bewusst wurdest, schaue dich um: Ja, wir können vielleicht nicht die ganze Welt retten, doch befinden wir uns nicht sowieso nur in einem kleinen Teil davon und haben unseren menschlichen Radius?

Der Samariter war auf einem überschaubaren Stück Weg unterwegs, und nicht an fünf Orten gleichzeitig. So hatte er Kopf und Hände frei, um dranbleiben zu können. Dabei half er „nur“ einem Mann, und nicht hundert auf einmal. Damit löst er den „Engelskomplex“ auf, den ich bereits zu Beginn des Buchs erwähnt habe: Unser Handeln muss demnach gar nicht Perfektion gleichen, damit es etwas zählt. Wir sind nicht in der Wirkungskette von Perfektion und Resignation gefangen, die sich in Sätzen äußert, wie: „Ich kann mich nicht für Umweltschutz starkmachen, dafür benutze ich viel zu oft Plastik." Oder: „Wenn ich dem obdachlosen Mann zwei Euro gebe, bringt das doch sowieso nichts."

Niemand verlangt von Vorbildern, dass sie perfekt sind. Kein Marathonläufer stellt sich direkt ins Ziel. Es ist sein Weg, der anderen erst zeigt, was auf Strecke machbar ist. *Schritt für Schritt.* Und dabei ist jedes Ziel und jeder Weg ein anderer.

Nachdem du jetzt weißt, dass du nicht morgen die Meere gerettet, den Hunger besiegt und dein Haus ausgebaut haben musst, kann deine örtliche Standortbestimmung beginnen: **Wo bist du? Und was bewegt dein Herz? Was ist es, das dich innerlich berührt?**

Ich lade dich ein, dieses Buch in tiefer Ehrlichkeit zu beenden. Keiner prüft dich, keiner verlangt von dir irgendwas. Mein größter Wunsch und der Hauptgrund, warum ich dieses Buch herausgegeben habe, ist, dass diese letzte Seite der Anfang deiner persönlichen Reise wird. Dass deine eigene Suche hier beginnt. Es gibt unzählige Bilder, die beschreiben, was ich meine: Da gibt es viele kleine Wellen, die gemeinsam einen ganzen Ozean bewegen, eine einzelne Note in einer großen Symphonie, ein Licht, das gemeinsam mit anderen zu einer gigantischen Lichterkette wird. Egal, welche Metapher dir am besten taugt, mein Herzensanliegen ist so sehr, dass du dich mit deinen Möglichkeiten einreihst. **Viele kleine Momente von „okay, ich mach das jetzt" ergeben gemeinsam eine riesengroße Hommage an das Mögliche.**

Lass dich innerlich und äußerlich bewegen. Nicht weil du musst, sondern weil du es willst. Das ist mein Gebet und mein Wunsch für dich ganz persönlich. Komm mit, mach dich auf den Weg in ein *10/33 Leben*. Lass uns dadurch die Welt Stück für Stück zu einem liebe- und hoffnungsvolleren Ort machen!

Und während ich auf meinem Lebensweg Schritt für Schritt vorangehe, lasse ich es zu, dass mich Not berühren darf. Ich bin geliebt und kann Liebe weitergeben. Ich habe eine Hoffnung, die von keiner Wand begrenzt werden kann. Ich weiß um meine Grenzen, aber nehme das Mögliche in den Blick. Ich lebe ein *10/33 Leben*.

We are not only called to move, we are made to be moved.

DEIN KAPITEL

Dein Leben selbst ist eine Hommage an das Mögliche. Deine bloße Existenz ist ein Wunder! Wenn du möchtest, schließe so, wie am Anfang des Buchs, noch mal deine Augen und stell dir vor, was du gerne verändern möchtest. Egal, wie unmöglich es dir erscheint – du kannst so viel bewegen, glaub mir!

Für das, was dir jetzt durch den Kopf gegangen ist, ist genau hier Platz, um es aufzuschreiben. (Oder du holst dir noch ein Blatt oder ein Notizbuch dazu.) Dein eigenes Kapitel fehlt in diesem Buch und das kannst du jetzt ändern!

Die drei im vorherigen Kapitel beschriebenen „Lifehacks" können dir dabei helfen, deine Gedanken zu ordnen:

Bewusstsein – Wer bin ich?

Bekenntnis – Warum kann ich?

Bestimmung – Wo will ich?

Mit diesen Antworten im Gepäck kannst du deine persönliche Reiseroute planen und erkennen.

Ich freue mich so sehr, mit dir gemeinsam einen Unterschied zu machen!

Erzähle hier deine Geschichte:

„Ich nehme mir mal einen Schal der Zuversicht“,
denke ich, „und Schuhe mit Profil,
denn ich brauch viel und guten Stand.“
Drehe mich wieder zu meinem Garderobenschrank und
greife, damit ist’s komplett,
den Mantel der Barmherzigkeit,
der passt recht nett.
Außerdem hat er viele Taschen dran,
damit man viel ertragen kann.
Türe auf und dann nach links,
immer auf dem Weg in Richtung Steg am Wasser.
Diesen Weg mag ich sehr.
Am Wegrand stehen mal weniger,
mal mehr Bäume und darunter
Bänke aus weißen Latten,
unter denen,
wegen der Bäume,
schon viele Schatten hatten.
Leider.
Hier bleibe ich als erstes stehen.
Will eigentlich weitergehen,
nicht genau hinsehen,
warum die Frau dort weint.
Doch ich will nicht so tun
als ob.
Das hatten bei den Bänken
dort im Schatten
schon viele gemacht.

Gehofft, dass die Frau einfach bald wieder lacht.
Die Frau weint nicht wegen Kleinigkeiten.
Sie sitzt hier in den Schattenseiten des Lebens.
Hatte hergerichtet und geräumt,
von einer Zukunft geträumt.
Sie weint um ein Kind,
sie wollte es nach all dem Sehnen mit weiten
Armen entgegennehmen und hat kein Wunder erlebt.
Ich setze mich zu ihr.
Geben konnte ich ihr nichts,
also griff ich zum Schal der Zuversicht.
Sie lächelte ein wenig, schwieg, und ich blieb.
Denn oft heißt Barmherzigkeit zu zeigen,
einfach auch mal dazubleiben.
Während ich mit ihr die Stille aushalte,
denke ich an die kalte Nacht, in der ich Peter getroffen hab.
Er lebt auf der Straße, ist selten satt.
Menschen denken über ihn ganz verschieden,
doch eins hatten sie gemeinsam – sie schwiegen.
Peter wünscht sich ein Gespräch auf Augenhöhe,
ein Lächeln, doch durch die Brille des Reichtums sehen sie
nur einen betteln.
Sie fragen sich, ob er falsch abgebogen ist. Ich meine
schlicht, ich habe von Peter gehört, dass er nie geplant hat,
auf der Straße zu sein. Aber das Leben ist nun mal kein
Plan, der immer aufgeht, und jetzt ist niemand, der mal
hinsteht, hinsieht, ihn fragt, wie es ihm geht.
Weil jeder danach schaut, dass der eigene Plan hinhaut.

Die Begegnung mit Peter hat mir klargemacht,
dort, in dieser kalten Nacht:
Wir sollten weniger richten
und mehr Licht sein
und Frieden stiften.
Ich denke an Peter und an die Frau
neben mir.
Ich konnte hier keine Lösung
und kein Wunder geben,
doch ich gab ihnen ein „wir".
Wir haben Wunden,
die nicht in Sekunden
und auch nicht in Stunden
erledigt sind.
Ein „wir" ist nicht blind.
Ein „wir" ist bunt,
und reich
an Farben.
Auch wenn manche Narben bleiben,
„wir" heißt,
nicht alleine leiden.

Auszug aus dem sick of pretending-Kick-off-Poetry
von Anna Hofacker

Kunst

Pascal Rößler www.wahrundwundervoll.at

„WAHR UND WUNDERVOLL ist ein Kreativstudio für Glaubenskommunikation. Mit unserer Vorliebe für die deutsche Sprache, Minimalismus und Typographie gestalten wir Dinge, um den Blick auf Gott zu lenken. Mit allem, was wir tun, wollen wir Menschen ermutigen und inspirieren, sich mit dem christlichen Glauben auseinandersetzen.

Warum? Weil wir glauben, dass Gottes Wort wahr und wundervoll ist.“

WAHR UND WUNDERVOLL sind Pascals Artworks auf den Seiten 168, 228 und 251 in der Tat. Danke für deine Schmuckstücke in diesem Buch!

Tabitha Hanan www.tabithahanan.de

„Durch Kunst und Schreiben kann ich Ereignisse und Emotionen sortieren, besser verstehen und loslassen. Ich liebe es, diese Erlebnisse für andere in Texte zu verpacken, damit sie erleben, dass sie darin nicht allein sind.“

Diese liebevolle Art der Ermutigung spiegelt sich auch in Tabithas Wortkunst auf den Seiten 92 und 122 wieder – herzlichen Dank für deine Beiträge!

Kristina Hoda @ichbin.papeterie

„Grund für meine Kunst ist meine Krankheit. In einem Leben mit Hirntumor ist man dazu gezwungen, viel im Bett zu liegen und langsame Tätigkeiten zu erledigen. So kams dazu, dass ich das mit

Ermutigungen verbinden konnte. „Break the circle" – den Kreis der Krankheit brechen und was Gutes draus machen. Sätzen aus Tälern anderen weitergeben und gleichzeitig Kreativität ausleben. Das ist herzerfüllend!"

Kristinas Designs auf den Seiten 35, 72 und 105 bereichern dieses Buch durch ihre schlichte Eleganz – danke für deine Beiträge, die eine Hoffnungsperspektive vermitteln!

Die scharfsinnigen Fotografien in diesem Buch wurden von Nico Stolz angefertigt.

Auf meinem Roadtrip einmal quer durch Deutschland hat mich Nico auf dem Beifahrersitz begleitet, immer bereit, die Geschichten der Personen durch eine wundervolle Fotografie zu ergänzen. Die Wertschätzung, mit der er dabei auf jeden Einzelnen zugegangen ist, hat mich tief beeindruckt.

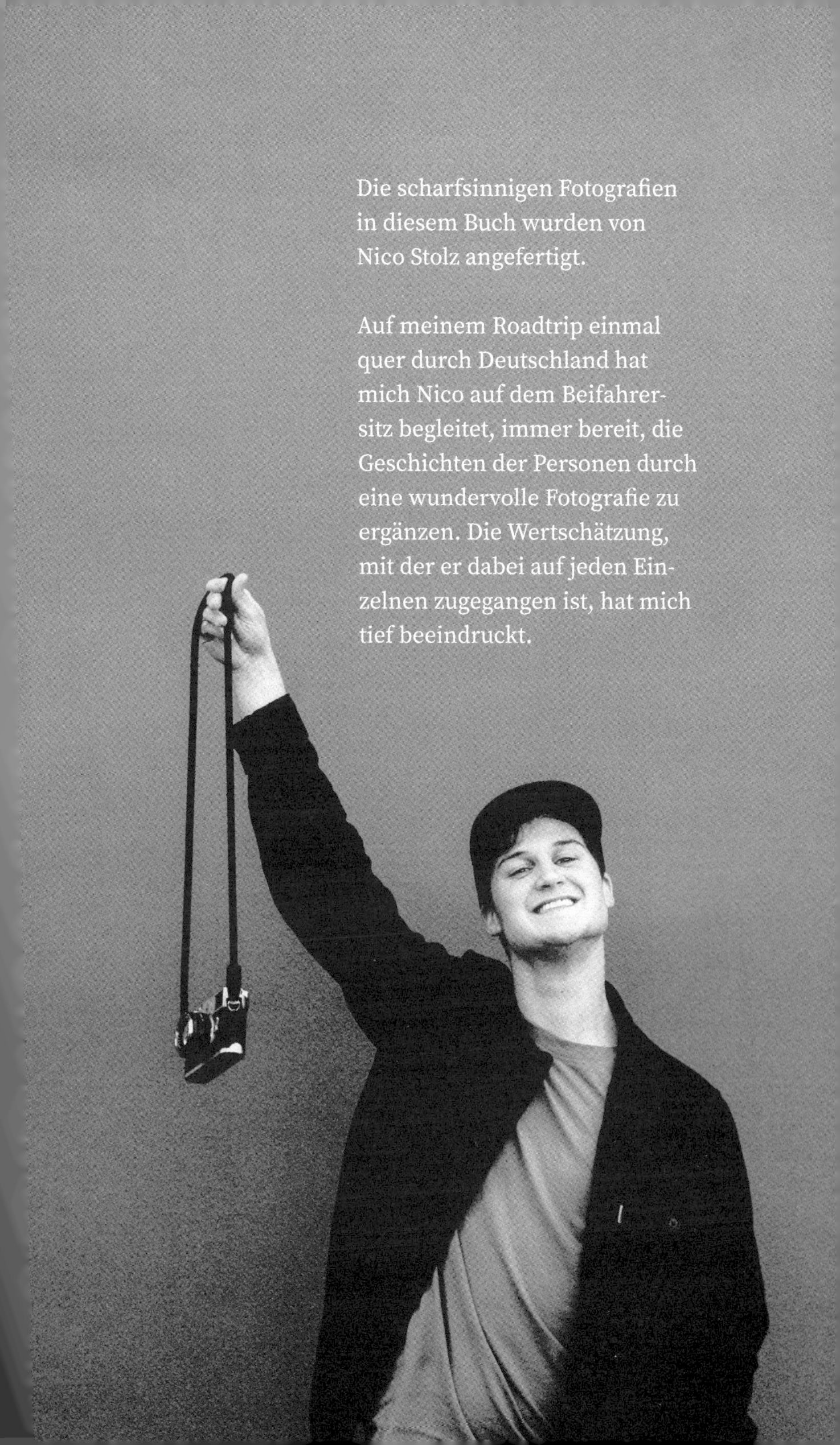

DANKE

Zuallererst möchte ich den Menschen danken, die ein Kapitel zu dieser Reise hinzugefügt haben. Danke für eure Arbeit und Ehrlichkeit! Euer Vertrauen, an diesem Projekt teilzunehmen und eure Geschichte zu teilen, macht dieses Buch zu dem, was es ist.

Die Gestaltung dieses Buchs wäre nicht möglich gewesen ohne Nico Stolz, der seine grandiosen Foto-Künste auf so vielfältige Weise eingesetzt hat! Außerdem ist er ein begnadeter Auto-DJ. Vielen, vielen Dank, Nico!

Der besten Lektorin Ellen ein riesen Dankeschön für die unfassbar herzliche Zusammenarbeit. Deine liebevolle Art wurde mir zum Vorbild. Du bist Ermutigerin und Herzensmensch – ich feier dich!

Generell ein herzliches Dankeschön an Gerth Medien, die Grafik, Herstellung, Hannes Böhm, Johannes Leuchtmann und die liebe Désirée fürs Impuls-Folgen und Ermöglichen.

Ein herzliches Danke an Lara und Maxe aus meinem liebsten Café GoldAmmer. Nicht nur euer Cappuccino und Kuchen sind einmalig, sondern auch die Herzlichkeit, die ihr lebt. Ich habe es so geschätzt, bei euch Seiten zu füllen. Ihr seid der Hammer!

Von tiefstem Herzen ein großes Danke an alle Zuhörer, Probeleser und Mitbeter. So viele haben dieses Projekt in ihren Herzen mitgetragen, dass ich sie hier niemals alle nennen könnte.

Mein Dank gilt auch denen, die mir bei Verständnisfragen und Logiklücken mit Rat zur Seite standen: Silja, Johnny, Glori, Raffi, Hannah –

und vor allem meinem größten Unterstützer Philipp – du bist mein allerbester Freund und die Liebe meines Lebens! Danke für deine Geduld, dein Mutmachen, Hinterfragen und Mitfiebern.

Danke an meine Familie, für eure Liebe. Ein großes Danke an meine Eltern, die meine Neugier maßgeblich geprägt haben. Danke, Mama, für deinen vorgelebten, tiefen Glauben. Danke, Papa, dass du mir mit deinem Wissensdurst beigebracht hast, Dingen auf den Grund zu gehen.

Den größten Dank möchte ich jedoch dem lebendigen Gott geben. Dieses Buch hat mir gezeigt, dass es sich lohnt, ihn zu suchen. Eine Hommage an das Mögliche, denn bei ihm ist nichts unmöglich!

Links

Wenn du noch mehr über die in diesem Buch vorgestellten Personen, Projekte und Initiativen erfahren möchtest, lade ich dich ein, dich auf einem „digitalen Roadtrip“ mal durch folgende Links zu klicken – viel Freude dabei!

Daniela Mailänder:
https://www.danielamailaender.de/

Familie Mann:
https://www.michimann.com/

David Grund:
https://pixel-sozialwerk.de/

Matze Klotz:
https://stoffwechsel.org/kontakt/

Micha Orth:
https://xtra-mile.de/

Evi Rodemann:
https://evirodemann.com/

Merle Schoon-Webermann:
https://merleschoon.de/

Judy Bailey & Patrick Depuhl:
https://judybailey.com/

Dajana Piwowarski:
https://johnfoursixteen.com/

Daniel & Jorinna Harter:
https://www.sunrise-online.de/

Nikolaos Rizidis:
https://www.instagram.com/nikolaos.pegasos/

Carsten Waldeck:
https://www.shiftphones.com/
https://eke-pas.de/index.php/de/

Matthias Schüssler:
http://gesicht-zeigen.schuessler-photography.com/

Nicole Preuss:
nic.ct@gmx.de

Felix Padur:
https://www.instagram.com/coach_panda/

Christian Danneberg:
https://www.lubu-beatz.de/

Flo Mack:
https://www.flomack.de/

Damaris Hoppe:
https://www.thejusticeproject.de/

Melanie Henschel:
www.zoey-tiergestütztescoaching.de

Marion Koch:
https://samuel-koch-und-freunde.de/

Anna Hofacker:
http://www.annahofacker.com/ http://sickofpretending.de/

Anmerkungen

1 Vgl. Claudia Langer: Die Generation Man-müsste-mal: Eine Streitschrift. Droemer Knaur, München 2012.

2 Nachzulesen im englischen Original auf der Website von World Vision: https://www.wvi.org/our-history.

3 Demosthenes Lorandos, William Bernet und S. Richard Sauber (Hgg.): Parental Alienation: The Handbook for Mental Health and Legal Professionals. Charles C Thomas Publisher, Illinois 2013.

4 Für weitere Informationen zum Thema EKE empfehle ich dir die Webseite: eltern-kind-entfremdung.de. Gern kannst du dich auch an mich wenden unter: eke@shift-ev.org.

5 Vgl. Frank Heinrich und Uwe Heimowski (Hrsg.): Der verdrängte Skandal: Menschenhandel in Deutschland. Joh. Brendow & Sohn Verlag GmbH, Moers 2016. S.23.

6 Vgl. ebd.

7 Vgl. Bundeskriminalamt: Bundeslagebild Menschenhandel und Ausbeutung 2021. 07.10.2022. S.8f. Online verfügbar unter: https://www.bka.de/DE/AktuelleInformationen/StatistikenLagebilder/Lagebilder/Menschenhandel/menschenhandel_node.html.

8 Textrechte: Schäfer-Verlag Plauen i.V., www.schaefer-verlag.de. Abdruck mit freundlicher Genehmigung des Verlags.